다시 설교를 디자인하라!

좋은 설교를 위한 실제적 안내

아힘 헤르트너, 홀거 에쉬만 지음 | 손성현 옮김

kmc

Predigen Lernen

Ein Lehrbuch für die Praxis

Achim Härtner, Holger Eschmann

Predigen Lernen

2. Auflage 2008

By Achim Härtner, Holger Eschmann

© Edition Ruprecht 2013
All rights reserved.

Translation rights © 2014 KMC Press, Seoul, Korea
This Translation is published by arrangement with Edition Ruprecht.

이 책의 한국어판 저작권은
독일 Edition Ruprecht와의 계약으로
도서출판kmc에 있습니다.
저작권법에 의해 대한민국 안에서 보호를 받는 저작물이므로
허락 없이 복사, 인용, 전재하는 것을 금합니다.

다시 설교를 디자인하라!

초판 1쇄   2014년 11월 21일
    2쇄   2021년 10월 19일

아힘 헤르트너, 홀거 에쉬만 지음
손성현 옮김

발 행 인   이   철
편 집 인   한만철
펴 낸 곳   도서출판kmc

  서울특별시 종로구 세종대로 149 감리회관 16층
  (재)기독교대한감리회 도서출판kmc
   전화 02-399-2008 팩스 02-399-2085
   www.kmcpress.co.kr

인   쇄   리더스커뮤니케이션

ISBN 978-89-8430-667-7 93230

값 15,000원

　　　우리 두 사람은 목사로서 설교를 통해 교회를 섬기고 있으며, 독일 로이트링겐에 있는 감리교신학대학에서 실천신학을 가르치고 있다. 이 책은 우리의 설교 및 가르침의 경험에서 우러나온 것이다. 또한 우리가 평신도 설교자 교육과정과 목회자 연수 프로그램을 함께 진행하면서, 설교자들과 많은 대화를 나누며 새로이 알게 된 것도 이 책에 반영되었다. 어쩌면 그래서일까? 이 책은 신학교의 설교학 수업 교재로 쓰이는 데 그치지 않고 평신도 사역자·설교자 교육 프로그램에서도 다양하게 사용되고 있다. 초판이 다 나간 후에도 지속적으로 수요가 있었고, 거기에 힘입어 우리는 개정·증보판을 내기로 했다. 그렇게 나온 제2판은 여러 나라 말로 번역되기에 이르렀다. 이 책은 영어권 국가들, 동유럽, 아프리카의 신학교 수업에서도, 나아가 실습 중심의 설교자 훈련과정에서도 교재로서 그 가치를 인정받았다. 이미 영어, 불가리아어, 러시아어로 번역된 이 책이 마침내 한국어 번역본까지 갖게 됐다. 우리는 이 작업을 여러 가지 모습으로 지지해 준 모든 사람에게 감사의 마음을 표하고 싶다. 특히 우리가 집필에 몰두할 수 있도록 배려해준 가족들에게 감사한다. 우리의 원고를 세심하게 한국어로 옮겨준 번역자 손성현 박사, 그리고 이 책을 출판해준 도서출판 kmc, 국경을 초월한 이 작업에 기꺼이 협조해준 Edition Ruprecht 출판사에 각별한 감사의 마음을 전한다. 모쪼록 이 책이 설교의 기쁨을 일깨우는 책이 되기를, 온 세상을 향한 하나님의 아름다운 이야기가 뭇 사람에게 전파되는 데 일조하는 책이 되기를 바란다.

2014년 성령강림절
로이트링겐에서

아힘 헤르트너, 홀거 에쉬만

너와 나의 설교학 아카데미

로이트링겐 신학대학(Theologische Hochschule in Reutlingen)은 독일어권 감리교 신학의 총본산이다. 독일 곳곳에서, 또한 독일어권 스위스와 오스트리아에서 생기발랄한 감리교회 청년들이 신학을 공부하기 위해 독일 남서부의 아름답고 풍요로운 도시 로이트링겐으로 찾아온다. 그들은 그곳 신학대학에서 수년간 집중적으로 신학수업을 받으면서 감리교회의 목회자로 성숙해 나간다. 로이트링겐 신학대학의 최대 장점은 신학적 사유와 목회적 실천 사이의 간격을 극복하는 데 도움을 주는 구체적인 논의와 실습이 대단히 활발하다는 점이다. 이 책의 저자인 홀거 에쉬만과 아힘 헤르트너는 이 신학교의 실천신학 교수로서 오랫동안 학생들을 지도하고 있다. 두 사람은 신학생들에게 설교와 관련된 학문적 논의를 소개하는 데 그치지 않고 그들과 더불어 설교의 총체적 과정을 하나하나 짚어나간다. 소탈하게 대화하고 철저하게 훈련시킨다. 모든 학생이 자신의 첫 번째 설교 원고를 작성하고, 실제로 어느 교회의 강단에 서서 설교를 하고, 그 설교에 대한 비평과 격려를 받아서 더 나은 설교를 할 수 있게 만드는 것도 두 교수의 몫이다. 한 사람의 실력 있는 설교자를 키워내기 위한 두 사람의 꼼꼼한 노력은 독일어권 감리교회 안에서, 로이트링겐 신학대학의 단아한 교정 안에서 계속되고 있다. 이 책은 두 사람의 이러한 노력과 열정이 고스란히 배어 있는 설교학 교과서이다.

나는 지난겨울 이 책의 번역에 몰두하면서 설교자로서 나에게 익숙해진 패턴을 하나하나 검토해 볼 수 있었다. 한 편의 설교문을 완성하기 위해 내가 사용하던 도구와 연장을 점검해 볼 수 있었다. 이 책을 읽어가는 가운데 내 마음에 선연하게 부각된 설교자 이미지는 '장인(匠人)' 이미지였다. 최상의 작품이 나올 때까지 모든 지성과 감성과 기예를 총동원하여 원재료를 붙잡고 씨름하는 장인 말이다. 한 편의 설교를 작성하는 일이란 '두 손으로 정성을 다해 일하는 장인의 노동[手工業]'이다. 이 책은 설교 장인의 숨결이 느껴지는 '작업장'의 면면을 보여주었다. 그것은 설교자로서 나의 작업장을 한층 더 효율적으로 재정비할 수 있는 기회이기도 했다. 이렇게 견실한 나만의 설교 작업장을 구축할 수 있다면, 그곳에서 장인처럼 나만의 설교를 도야(陶冶)할 수 있는 힘과 기예를 갖출 수 있다면! 그렇다면 우리는 누군가의 설교를 모방하는 부끄러운 관행에 빠지지 않을 것이다. 그때그때의 컨디션이나 분위기에 따라 설교의 완성도가 들쑥날쑥하는 일도 줄어들 것이다. 무엇보다도 그런 정성스러운 설교 수행을 통해 나 스스로가 설교자로서의 자긍심과 단단한 기쁨을 누릴 수 있을 것이다. 그런 의미에서 이 책은 설교자를 위한 책, 설교자로 살아가는 '나'를 위한 책이다.

그런데 이 책은 설교자가 참된 '나'로 서기 위해서 청중의 역할이 얼마나 중요한지를 역설한다. 청중이 설교자의 든든한 버팀목이 되어주지 않는다면 설교자는 바로 서기 어렵다. 청중이 설교자를 무조건 지지하고 응원해줘야 한다는 말이 아니다. 청중은 '적극적인 들음'으로 설교 사건에 동참한다. 또한 청중은 객관적인 피드백을 통해 설교자에게 긍정적인 영향을 끼친다. 요컨대 청중은 설교와 관련하여 - 설교자와 더불어 - '공동의 책임'을 진다. 설교의 모든 것을 오로지 설교자와 결부시키는, 설교자 중심의 사고를 하는 사람에게는 이 책이 제시하는 '설교 후 대화'와 '설교 분석'이 낯설기만 할 것이다. 설교에 대한 질문과 문제제기가 금기처럼 여겨지는 상황에서는 더더욱 그럴 것이다. 그러나 이 책은 차분한 어조로 설교자와 청중 사이에서 이루어지는 '대화'의 필요성과 가능성을 지적한다. 설교자는 강단에서 청중을 '너'로서 만난다. 그들의 목소리에 세심하게 귀 기울이며, 그들의 조언을 자신에 대한 비난으로 오해하지 않으며, 그들과 더 깊이 대화하며 함께 길을 찾아나가려고 노력하는 설교자가 필요하다. 그런 설교자는 일방적인 선포나 독백의 테두리에 갇히지 않고, 청중과 더불어 겸허히 말씀을 향해 나아가는 공감의 설교자가 될 것이다. 그런 의미에서 이 책은 설교자와 청중을 위한 책이다. 청중 속에서 '너'를 발견하고 그와 대화하며 생명력 있는 설교를 함께 구성해 나가기 위한 책이다. 대화를 통해 배우고 그 배움의 기쁨을 점점 키워나가며, 마침내 그 배움의 풍성한 열매를 수확하여 함께 나누는 설교(학) 아카데미인 것이다.

이 책을 번역하면서 나는 로이트링겐 신학대학 기숙사에서 보냈던 아름다운 시절을 감사한 마음으로 떠올릴 수 있었다. 수년간 그곳에서 살면서 그 학교의 교수·학생들과 정겹게 이야기를 나눴던 추억이 하나하나 되살아난다. 함께 일하고 운동하고 노래하고 기도하고 음식을 나누던 공간도 하나하나 생각난다. 신축 기숙사의 문 옆에서 소담한 꽃을 피우던 산딸나무의 멋진 자태도 잊을 수 없다. 에쉬만 교수와 헤르트너 교수를 처음 만난 곳도 바로 그곳이었다. 그들의 목소리가 느껴지는 이 책을 내가 번역하게 될 거라고는 꿈에도 생각하지 못했다. 이 책의 번역을 의뢰해준 도서출판 kmc에 감사한다. 또한 이 책의 번역은 나의 삶에 중요한 영향을 끼친 설교자들을 떠올리게 해주었다. 그분들의 설교를 들으며 나는 오늘 이 자리까지 오게 되었다. 그분들의 설교를 들을 수 있었던 것, 그리고 지금도 들을 수 있는 것은 설교자로서 나에게 크나큰 자산이 아닐 수 없다. 곽성영 박정오 김기석 정훈영 목사님, 그리고 탁월한 평신도 설교자이셨던 나의 아버지 손재하 장로님께 진심으로 감사드린다.

2014년 11월
인왕산 기슭에서

손성현

설교자여,
용기를 내자!

이 책의 목적은 설교자에게 용기를 불어넣는 것이다. 이것은 여러 가지 이유에서 꼭 필요한 일, 중요한 일이다. 설교를 해본 사람은 확실히 느낀다. 설교란 결코 쉬운 일이 아니라는 사실 말이다. 모세, 이사야, 세례 요한의 시대로부터 루터와 웨슬리의 시대, 본회퍼와 골비처의 시대를 지나 오늘에 이르기까지 설교는 신바람 나는 일이기도 하지만, 너무나 힘겨운 일이기도 하다. 위대한 신학자 칼 바르트(1886~1968)는 설교의 딜레마를 이렇게 표현한 바 있다. "우리는 신학자로서 하나님에 관해 말해야 한다. 그러나 우리는 인간이라서 하나님에 관해 말할 수 없다. 그래야 하지만, 그럴 수 없다는 사실, 우리는 이 두 가지를 알아야 하며, 바로 그것으로 하나님께 영광을 돌려야 한다. 이것이 우리가 처한 곤경이다. 그 밖의 다른 모든 것은 어린애 장난이다."[1] 설교자는 이 긴장감을 견디면서도 의연하게 자기의 길을 걸어가야 한다. 그러면서 언제나 이런 질문을 던질 것이다. 어떻게 하면 설교가 기쁨

---

1) K. Barth, Das Wort Gottes als Aufgabe der Theologie(1922).

이 되는 경지, 또한 우리의 설교가 신앙의 확신과 평안을 빛처럼 환하게 발산하는 경지에 오를 수 있을까?

엄밀히 말해 설교자에게 용기를 불어넣는 힘은 오로지 설교의 원천,
곧 하나님의 절대적인 말씀과 계시에서 솟아난다. 그러므로 우리 설교자는 일차적으로 말씀 연구와 기도 생활에 충실해야 한다. 여기서 우리는 루터의 문구 하나를 우리의 설교 작업에 적용할 수 있을 것 같다. "설교 작업을 할 때는 모든 기도가 아무 쓸모없는 것처럼 하고, 기도를 할 때는 (설교) 작업이 아무 쓸모없는 것처럼 하라."[2] 이 세상을 향한 하나님의 사랑을 외치는 설교는 하나님을 믿고 기독교인으로 살아가라는 초대의 말이다. 설교의 근거는 예수 그리스도 안에 있는 하나님의 영원한 언약이다. "볼지어다 내가 세상 끝날까지 너희와 항상 함께 있으리라."(마 28:20)[3] 예수님의 이 말씀은 오늘도 내일도 설교자로 살아가는 사람들을 위해 주시는 말씀이기도 하다.

설교는 그 시대의 상황을 염두에 두고 예배의 자리만이 아니라 사회를 향해서도 선포되는 말씀이며, 교회 안에서만이 아니라 교회 밖에서도 설교에 대한 논의가 이루어진다. "이 나라 곳곳에서 기독교 신앙을 선포하느라고 얼마나 많은 에너지를 쏟아붓고 있는가? 하지만 소수의 예외적인 경우를 빼고는 하나같이 제도적이고 무의미한 일이 돼버리지 않았는가?"[4] 설교에 미래가 있다고 믿는 사람이라면 물을 것이다. 이런 주장, 혹은 이와 비슷한 주장에 맞서 어떻게 하면 설교가 다시금 기독교

---

2) H. Hirschler, Biblisch predigen, 3. Aufl. Hannover 1992, 43.
3) 성경 인용은 개역개정판을 따른다.
4) G. Ebeling, Das Wesen des christlichen Glaubens, Tübingen 1959, 9.

의 기회가 될 것인가? 어떻게 하면 우리의 신앙을 효과적으로 전달하는 도구가 될 것인가?

최근 들어서는 설교에 용기를 불어넣는 힘이 교회 회중 쪽에서 점점 강하게 다가오고 있다. 그들은 자신의 내면 깊은 곳에 호소하는 한 말씀을 기대하고 있다. 과거를 해석하고 현재를 포착하고 미래를 약속하는 한 말씀 말이다. 성경적 근거가 확실하면서도 오늘 우리의 삶에 친근하게 다가오는 복음의 선포를 원하고 있다. 다원화된 사회에서 신앙의 방향 감각이 자꾸만 희미해지는 시대에 확실한 성경의 말씀, 일상의 문제를 끌어안는 성경 주석과 강의에 대한 수요가 점점 늘고 있다. 도대체 우리는 왜 성경의 말씀과 설교의 말씀을 믿어야 하는가? 이것은 교회와 거리가 먼 사람들만의 물음이 아니라, 교회와 비교적 가까운 관계에 있는 사람들의 물음이기도 하다. 그 질문에 책임 있는 대답을 주기 위해서는 설교라는 것이 어떤 별개의 단위가 아니라는 사실을 알아야 한다. 설교는 복음의 소통(에른스트 랑에)이라는 포괄적인 과정, 즉 교회 공동체의 믿음과 소망과 사랑의 삶 전체를 포괄하는 과정의 일부라는 사실 말이다.

설교를 배우다

이 책은 일차적으로 설교를 배우려는 사람들을 위한 것이다. 설교라는 과제 앞에서 나름의 근거도 찾고 실제로 설교에 도움이 될 만한 것을 찾는 '전문' 설교자와 신학생을 대상으로 쓰인 책이다. 수많은 설교 경험을 통해 이미 숙련된 설교자라 할지라도 이 책을 읽으면서 자신의 설교를 다시 한 번 성찰하고 몇 가지 부족한 부분을 개선할 수 있을 것이다.

그러나 우리는 "**하나님**의 동역자들"(고전 3:9)인 비전문 명예직 설교자까지도 특별히 염두에 두었다. 최근 독일 교회에서는 정식으로 신학교는 나오지 않았지만 설교의 은사를 가진 평신도 지도자들이 많아졌다. 그들은 전문 설교자와 경쟁하는 관계가 아니라 꼭 필요한 경우에 그 직무를 보완하는 사람들이기 때문에[5] 우리는 그들의 설교 사역에도 용기를 불어넣으려는 것이다. 또한 이 책은 설교하는 사람과 설교를 듣는 사람의 공동 책임을 부각시키려고 한다. 그런 의미에서 이 책은 적극적으로 설교를 들음으로써 내용적으로 설교를 함께 떠받치는 사람들, 설교자에게 객관적인 피드백을 주고자 하는 사람들에게도 도움이 된다. 또한 설교 듣는 법을 배우려는 사람들을 위한 책이기도 하다.

공동 책임

　이 작은 설교학 교과서는 3부로 구성되어 있다. 제1부는 설교의 기초에 관한 내용이다. 여기서는 설교의 토대와 목표, 현대 사회에서 설교의 조건과 가능성을 논한다. 제2부는 실제적인 설교 준비를 위한 가이드라인을 제공한다. 본문/주제 연구로부터 시작해서 설교 평가에 이르는 설교 실제의 주요 관심사를 다섯 단계로 나누어 설명한다. 각각의 연습문제와 과제는 설교자와 청중이 자신의 경험을 이론적으로 성찰해 볼 수 있는 대목이다. 제3부에서는 현대 의사소통이론의 관점에서 설교에 대한 성찰을 심화하는 한편, 생생한 선포를 위한 이론적 토대와 구체적 사례를 제공함으로써 창조적인 설교에 도움이 되고자 한다.

　2~4장에서는 벌써 30여 년 전에 롤프 호이에(Rolf Heue)와 라인홀트

---

5) K. H. Voigt, Die Predigt durch Laien in der Evangelisch-methodistischen Kirche damals und heute, Stuttgart 1978, 28. "평신도 설교자는 대리 목사가 아니다. 그들은 교회 공동체를 위하여 기독교인의 경험을 견지하는 증인이 되는 것이다. 그들은 다른 교우들도 구체적인 상황 속에서 자신의 신앙을 굳건히 지킬 수 있도록 돕는 역할을 한다."

린트너(Reinhod Lindner)가 똑같은 제목으로 펴낸 연구 작업의 일부를 오늘의 스타일로 가다듬었다. 주의 깊은 독자라면 이 책에서 모두 네 명의 저자가 – 자기 고유의 스타일로 – 목소리를 내고 있다는 사실을 알아챌 것이다. 그로 인해 이 책의 내용이 더욱 풍성해졌다는 평가를 받았으면 좋겠다. 이 책의 공식적인 저자 두 사람은 한 뜻으로 이 책을 저술했으니, 본문에 '나'라는 말이 나오더라도 그것은 우리 두 사람 모두의 주장이다.

2007년 부활절
로이트링겐에서

아힘 헤르트너, 홀거 에쉬만

제1부

설교의 기초

설교란 무엇인가: 신학의 대답

제1장

설교란 무엇인가
신학의 대답

이 책은 설교 준비를 위한 구체적인 과정을 다룬다. 하지만 제1장에서는 우선 몇 가지 근본적인 문제를 짚고 넘어가려고 한다. "교회에서는 왜 설교를 하는가?" "설교의 특징은 무엇인가?" "설교는 배울 수 있는 것인가?" "오늘 우리 사회에서 설교는 어떤 도전을 받고 있는가?" 결코 쉽게 대답할 수 없는 질문이다. 유일무이한 정답을 내놓기도 어려운 질문이다. 이 질문과 관련하여 수많은 대답이 나올 것이다. 학문적인 토론은 해도해도 끝이 없을 것이다. 그럼에도 우리가 일단 이 문제를 붙잡고 씨름하는 것은 대단히 유익한 일이다. 그래야 나 자신의 설교를 위한 토대를 뚜렷하게 인식하고, 자신의 설교를 좀 더 넓은 맥락에서 이해할 수 있게 된다. 우리는 일단 제1장에서 몇 가지 주제를 개괄적으로 살펴볼 것이고, 다음 장에서 다시 한 번 자세하게 – 몇 가지 사례를 첨가해서 – 다룰 것이다.

I. 설교의 토대

에티오피아의 속담에 이런 말이 있다. "너에게 도움이 되는 말은 네가 직접 너한테 말할 수 없다." 이 말에는 인생의 깊은 체험이 담겨 있다. 우리가 - 특히 위기를 맞아서 - 자기 문제에 골몰하여 헤어나오지 못하는 상황일 때 우리를 거기서 끄집어내주고, 우리가 새로운 전망과 가능성을 볼 수 있도록 해주는 사람들이 있다. 우리의 삶은 그런 사람들에게 의존하지 않을 수 없다. 평생 다른 사람의 도움과 관심 없이 살 수 있는 사람은 없는 것이다. 이 속담은 이렇듯 인간의 삶 전체에 적용되는 말이지만, 특별히 기독교 신앙의 영역에도 해당된다고 할 수 있다. 우리의 믿음도 누군가가 우리에게 들려주는 하나님의 이야기, 우리에게 선포되는 말씀에 의존하지 않을 수 없다. 바울 사도께서 로마 교회에 보낸 편지에 나오는 말처럼 "믿음은 들음에서 난다."(롬 10:17) 마르틴 루터는 이 구절을 "믿음은 설교(선포)에서 온다."라고 번역했다. 물론 여기서 말하는 설교란 주일예배 시간에 선포되는 설교만을 가리키는 것이 아니라, 모든 형태의 복음 선포를 가리킨다. 하나님께서는 인간의 말을 사용하셔서 이 세상에 말씀을 선포하시고 믿음을 일깨우시고 교회를 일으켜 세우신다. 그러므로 설교는 교회가 임의로 하고 말고 하는 것이 아니라 애초부터 교회에 맡겨진 사명이다. 하나님께서 인간에게 사명, 곧 말과 행동으로 복음[6]을 선포하라는 사명을 주셨다는 사실, 이것이 하나의 측면이다. 여기에 상응하는 또 하나의 측면이 있다. 그것은 인간이 자신을 자유롭게 하고 철저하게 변화시킨 그 무엇에 대해 스스로 말하기 시작한 것이다. 하나님의 사랑을 체험한 인간은 그 체험을 자기 안에 가둬둘 수 없었고

우리의 믿음도 누군가가 우리에게 들려주는 하나님의 이야기, 우리에게 선포되는 말씀에 의존하지 않을 수 없다

---

6) '복음'이라는 개념에 대해서는 제7장의 자세한 내용을 참조할 것.

그리고 싶지도 않았다. 그들은 밖으로 뛰쳐나가 전하고 또 전했다. 우리는 성경과 교회사에서 그런 사람들에 대한 이야기를 무수히 접하게 된다. 하나님의 영에 감동한 사람들은 자신의 마음을 가득 채우며 흘러넘치는 그 무엇을 전하기 위해 공간적 한계와 사회적 한계마저도 훌쩍 뛰어넘었다. 이 세상을 향한 하나님의 자비와 사랑을 전하는 것은 마지못해 떠맡은 의무가 아니라 간절한 마음의 소원이었다.

오늘 우리의 설교도 선물과 과제의 긴장 관계, 감동과 위임의 긴장 관계 속에 있다. 우리의 교회는 삼위일체 하나님의 이름으로 우리에게 설교의 소명을 맡겼다. 설교를 준비하는 데 한참이 지나도 아무 생각이 나지 않아 아무것도 쓰지 못하는 상황에서는 이 소명이 너무나 고되고 고통스럽게 다가올 수도 있다. 그러나 우리는 교회의 위임을 받기에 앞서 하나님의 말씀에 감동했고, 그 말씀이 우리로 하여금 예수 그리스도의 사랑의 선물에 관해 이야기하도록 만드시기 때문에, 오직 그것 때문에 이러한 수고를 기꺼이 받아들인다. 그래서 설교는 일차적으로 기쁨과 관련된 것, 감동과 관련된 것이다. "설교는 아름답다. 설교는 **기쁨**을 준다. 이것이 설교학에서 제일 먼저 가르쳐야 할 것이다. 설교학은 기쁨에 관한 학문이다. 이것이 제1항 제1조다. 설교는 기쁨에 도달하도록 인도하는 것이어야 한다. 하나님에 관한 말은 기쁨 속에서 그 목표에 도달한다."7)

설교는 아름답다,
설교는 기쁨을 준다

II. 설교의 특징

설교란 무엇인가?

그런데 도대체 설교란 무엇인가? 앞에서 말한 것처럼 설교는 복음을

---

7) R. Bohren, Predigtlehre, 4. Aufl., München 1980, 17.

선포하는 것이다. 이렇게 보편적 의미의 설교 개념은 특수한 의미의 설교, 즉 주일예배 중에 선포되는 설교와 구별할 필요가 있다. 이 책은 일차적으로 주일예배 중의 설교라는 특수한 설교 형태에 도움을 주고자하지만, 이 책의 내용 가운데 상당 부분은 다른 형태의 선포에도 적용할수 있는 것이다.

1. 개념 정의

예배 설교의 특징이 무엇인지 자세히 규정하기 위해서는 다음의 전통적 정의가 도움이 될 것이다.

이 말의 자세한 의미는 무엇인가?

2. 설교는 연설이다

위의 정의가 말하는 것처럼 설교는 하나의 연설(演說)이다. 여기서는 입을 열어 하는 말로서의 특성이 강조된다. 내가 성경 말씀이나 신학 논문이나 설교에 관한 책 한 권을 읽는 것과 예배 중에 설교자의 목소리를 듣는 것 사이에는 확실한 차이가 있다. 누군가가 입으로 나에게 직접 말하는 것을 들을 때는 거리감이 훨씬 덜 느껴진다. 눈은 감을 수 있어도 귀는 닫을 수 없다. 그러나 설교 중에 들은 문장은 책에서처럼 다시 한

---

8) W. Trillhaas, Einführung in die Predigtlehre, 3. Aufl., Darmstadt 1983, IX.

번 찾아 읽을 수 없고, 잘 모르는 낯선 말이 나와도 사전을 찾아볼 수 없다. 설교가 연설인 점을 감안할 때 수사학이 중요해지고, 그 연설의 언어와 형식에 관한 물음도 중요해진다. 여기에 대해서는 뒤에서 더 자세히 다룰 것이다.

3. 내용

위의 정의에 따르면 설교의 내용은 결정적으로 기독교 신앙, 즉 예수 그리스도에 관한 복음이다. 이것이야말로 설교가 다른 연설과 구별되는 기준이다. 아무리 구성이 훌륭하고 수사학적으로 완벽한 연설이라 할지라도 연설은 연설일 뿐이다. 그것이 설교가 되려면 하나님께서 인간과 더불어 일으키시는 이야기를 들려주어야 한다. 그러므로 설교는 "핵심을 확고하게 붙잡아야 한다. 자기가 관여하지 않아도 되는 영역에서 각축을 벌이려고 해서는 안 된다. 설교를 듣는 사람도 당연히 자기에게 꼭 필요한 말씀, 다른 곳에서는 들을 수 없는 말씀을 듣고자 한다."[9] 이러한 제한은 결코 협소한 제약이 아니다. '기독교 신앙' 혹은 '복음'이 설교의 내용이라고 할 때 그것은 아주 넓은 의미로 쓰인 말이기 때문이다. 그것은 설교의 토대와 틀을 제공해 준다. 그렇다고 그것이 설교 하나하나의 구체적인 내용까지 제시해 주는 것은 아니다. 설교자는 크게 두 가지 방향에서 그런 구체적인 내용에 도달한다. 하나는 성경 본문을 주석하는 것이며, 다른 하나는 근본적인 기독교 신앙고백을 연구하고 그것을 청중의 상황과 연결시키는 것이다. 설교자나 청중의 삶의 정황에서 출발하여 그것을 기독교 전통과 마주하게 하는 것도 가능하다. 두 가지 접근법이 서로 적대적인 것이 되게 해서는 안 된다. 성경의 본문이 (더 이

---

9) H. M. Müller, Homiletik, Berlin/New York 1995, 204.

상) 당연한 것으로 인정되지 않는 곳, 예컨대 전도 행사에서는 청중의 삶
의 정황에서 출발하여 성경의 메시지로 나아가는 것이 중요할 수 있다.
그래야 청중이 나 몰라라 하는 설교가 되지 않을 것이다. 다른 한편 – 특
히 주일예배 때는 – 성경 본문에서 출발하는 설교를 하는 것도 여러 가지
면에서 지극히 타당하다. 미리 정해진 것에서 시작되는 설교가 단조로
울 수도 있지만, 성경 이야기 자체의 다채로움이 그 단조로움을 막아주
기 때문이다. 또한 성경 본문은 자체의 움직임과 역동성이 있어 설교자
와 청중을 감화하고 강력한 도전을 불러일으켜 믿음의 응답을 이끌어내
는 능력을 가지고 있다.

4. 설교의 상황

위의 개념 정의는 설교의 세 번째 특징을 지시하고 있다. 설교는 현재
와 연결되어 있어야 하며, 오늘의 의식 지평에서 선포되어야 한다는 점
이 바로 그것이다. 이 점에 대해서는 앞에서도 몇 가지를 언급했다. 미리
공식화된 신앙의 내용을 고수하고 그것을 끊임없이 반복하는 것, 혹은
그저 성경구절을 인용하는 것이 설교의 전부가 아니다. 설교는 그 이상
이다. 설교는 다른 시대와 문화를 겨냥하여 선포된 메시지를 오늘의 것
으로 만들어 지금 여기의 말씀으로 바꿔놓는 번역 작업을 수행해야 한
다. 그때그때의 청중에게 구체적으로 집중할 때 기독교인의 연설은 설
교가 된다.

청중의 상황을 최대한 정확하게 관찰하기 위해서는 신학자 에
른스트 랑에(Ernst Lange)가 말한 것처럼 "설교학적 광역 기상 상황
(Großwetterlage)"과 "현지 상황(Lage vor Ort)"을 구분하는 것이 필요하
다. "설교학적 광역 기상 상황에 속하는 것으로는 쉴 새 없이 급변하는
사회질서와 인간의 삶, 정치적 사건과 이념 등이 있고, 특별히 그런 것

들이 인간 개개인에게 끼치는 영향, 즉 사회의 거대한 흐름 앞에서 개인이 느끼는 두려움, 희망, 좌절, 무기력감도 거기에 속한다. 설교학의 광역 기상 상황은 다소간 그 시대의 정치·경제적 상황으로 간주될 수 있는 모든 요인을 포함한다."10) 설교자는 대중매체를 접하거나, 사회 문제를 다룬 글이나 통계자료를 연구하거나, 그 시대의 감수성을 담아낸 현대 예술을 관람함으로써 설교학적 광역 기상 상황에 대한 정보를 습득하게 된다. 이러한 광역 기상 상황의 틀 속에서 설교를 준비할 때는 교회력도 반드시 고려해야 한다. 현지 상황 "현지 상황"이란 "설교자가 신문을 통해 접할 수 없는 사건, 관계, 갈등, 분위기, 판단, 선입견 등이다. 이것은 설교자가 속한 지역이나 교회와 관련하여 중요성을 띠는 것들이다. 설교자는 자기가 직접 가서 알아보거나, 대화를 나누거나, 다른 교역자와 공동 조사를 시도함으로써만 여기에 대해 뭔가를 알아낼 수 있다. 설교는 이런 상황에 직접 영향을 끼치고, 그것을 해명하거나 변화시킬 수 있고 또 그래야만 한다. 이는 설교가 설교자와 교회 공동체의 직접적인 책임 영역 안에 있기 때문이다."11)

청중이 살고 있는 실제 상황에 주목하려는 시도에는 위의 두 가지 말고 제3의 길이 있다. 그것은 직접 관찰을 거치는 방식이 아니다. 설교자는 자신의 상대방을 (그리고 자기 자신을) 신앙의 관점에서 바라봐야 한다. 그 사람은 하나님께서 직접 안수하신 사람, 하나님께서 직접 창조하시고 구원하신 사람, 하나님께서 직접 동행하시며 그를 향한 목표를 가지고 계신 사람인 것이다. 이런 신학적 관점 없이는 청중을 충분히 이해했다고 말할 수 없다.

---

10) E. Lange, Predigten als Beruf, 2. Aufl., München, 38.
11) 위의 책, 38~39.

5. 설교 공동체와 공공성

위에서 인용한 정의는 마지막으로 우리의 복음이 교회 공동체를 위해서만이 아니라 사회를 위해서도 선포되어야 함을 지적한다. 일단 교회 공동체가 설교의 청중이라고 할 때, 그것은 설교가 – 예컨대 목회 상담과는 달리 – 개개인이 아니라 공동체, 즉 "추구하고 신앙하는 사람들"[12]의 공동체를 대상으로 한다는 사실을 의미한다. 물론 설교자가 실제로 설교를 준비할 때는 한 사람 혹은 몇몇 사람의 청중을 가능한 한 자세히 떠올리곤 한다. 그래야 구체적인 설교가 되기 때문이다. 그러나 예배 설교는 교회 공동체 전체를 향한 선포라는 사실을 결코 잊어서는 안 된다. 설교는 하나님께서 불러 모으시고, 서로를 위한 존재로서 여러 가지 은사를 부여받은 사람들을 향한 것이다. 공동체 안에서는 서로 주고받으며 기쁨과 고통도 함께 나누는데, 설교자도 그런 공동체 안에 속해 있다.[13] 물론 이러한 영적인 은사, 그리고 교회 공동체와 설교자 사이의 친교는 직접적으로 느껴지지 않을 때도 있다. 그러므로 그것을 – 교회 현실에서 빚어지는 여러 가지 힘든 일 속에서, 그럼에도 불구하고 – 자꾸만 새롭게 감지하는 것이 필요하다. 한편으로는 그것을 잘 인식해야 하고, 다른 한편으로는 그것을 적극적으로 요구해야 한다. 그렇게 되면, 설교자는 회중을 위해 도움이 되는 설교를 할 수 있게 되고, 회중도 설교자의 든든한 버팀목이 되어줄 수 있다.

설교가 교회 공동체만이 아니라 일반 사회까지도 설교의 대상으로 삼고 있다는 말은 선포가 내부를 향한 것이면서 동시에 외부를 향한 것임을 의미한다. 이는 선교를 목적으로 하는 선포만이 아니라 주일예배 때

설교의 대상은 교회 공동체와 일반 사회이다

---

12) 이 두 가지 개념은 감리교회 교회론의 특징이다. 유럽 감리교연합의 신학위원회(EmK heute 68)가 편찬한 Berufen – Beschenkt – Beauftragt, Stuttgart/Zürich 1991, 22 참조.

13) C. Möller, Seelsorglich predigen, Göttingen 1983, 127~150. / U. Nembach, Predigen heute – ein Handbuch, Stuttgart 1996, 135~210 참조.

의 선포에도 해당되는 말이다. 설교는 교회 내부에서만 영향력을 행사하는 것이 아니라, 본질적으로 공적인 것이며, 공적인 관심사를 적극적으로 받아들일 수 있으며 또한 그래야 마땅하다. 설교는 공적인 틀에서 발생한다. 교회 공동체의 다른 행동과 마찬가지로 설교도 신학적으로 볼 때 '모음'과 '보냄'을 특징으로 한다.14) 설교 안에서 교훈·선교·봉사·정치의 요소는 서로 긴밀하게 얽혀 있다. 독일어에서 설교를 뜻하는 말 '프레디히트(Predigt)'는 선포의 공적인 성격을 잘 드러낸다. 이 단어는 라틴어 동사 '프레디카레(praedicare)'에서 왔는데, 이것은 공적인 연설 혹은 공적인 언급을 뜻하는 말이다.

6. 설교자의 인품

내가 보기에, 위의 정의에서는 한 가지 요소가 제대로 강조되지 않은 것 같다. 우리가 설교의 전제조건에 대해 깊이 생각하기 위해서는 그 설교를 하는 사람에 관하여 말하지 않을 수 없다. 성경적-기독교적 내용은 오로지 그들의 인품을 통과할 때에만 하나의 설교가 된다. 설교를 하는 사람은 번역의 작업을 담당하는 사람이다. 우리는 설교라는 과제를 통역의 과제와 비교할 수 있다. "설교자는 청중의 마음을 사로잡는 것, 청중의 마음을 움직이는 것이 무엇인지를 찾아내고 그것을 자신의 인품에 받아들인 다음, 본문을 대화의 장으로 끌어온다. 다른 한편으로는 설교자가 본문이 말하고자 하는 것을 먼저 찾아내고 그것을 자기 안에서 소화해낸 다음, 청중이 거기에 관심을 기울이고 그것을 이해하며 거기에 독자적으로 반응할 수 있도록 한다. 이렇듯 설교자가 하는 일은 […] 통

---

14) 모음과 보냄이라는 개념은 시간적인 선후 관계가(먼저 모음이 있고 나중에 보내는 것이) 아니라 상호 보완의(두 가지가 동시에 있으며 서로의 부족함을 채워 주고 서로 지지해 주는) 의미에서 이해해야 한다.

역과 비교할 수 있다. 통역사가 양쪽의 대화파트너를 중재하며 양쪽의 상호 이해를 가능하게 해주는 것처럼, 설교자도 성경의 신앙고백과 청중 사이의 대화를 가능하게 해준다."[15] 의사소통 작업을 위해서는 성경의 메시지, 그리고 청중에 대한 깊은 이해가 전제되어야 한다. 이러한 통역의 과정에서 신학을 전공한 사람의 설교와 평신도의 설교의 차이가 두드러진다. 이것은 성경의 메시지에 대한 접근성, 청중에 대한 접근성의 차이이다. 신학을 전공한 설교자는 전문적인 신학적 소양을 선포에 반영시킬 수 있는 데 반해, 평신도의 카리스마는 그들이 "일상의 전문가"로서 자신의 사회 경험과 교회 경험을 잘 표현할 수 있다는 점이다.[16]

설교자가 자신의 직무를 위해 갖추어야 할 다른 특징이라든가 조건이 있는가? 그가 설교자의 의무를 감당할 수 있도록 합법성을 부여해 주는 것은 도대체 무엇인가? 이런 질문에 대해서는 각각의 신학 전통에 따라 다른 대답이 나올 수 있다. 개신교의 입장에서는 만인사제설에 근거하여 원칙적으로 모든 기독교인에게 복음 선포의 소명이 주어져 있다. 그러나 선포의 내용을 어느 정도 안전하게 하고, 공적인 선포의 적합성 문제를 제대로 평가하기 위해 개신교에서도 설교직이 별도로 생겨났다. 이 설교직은 교회 회중과는 약간 구별되는 위치에 있으나, 그렇다고 해서 설교자의 인격이 신학적으로 더 높은 가치를 지니는 것은 아니다. 설교직의 소명과 관련해서는 – 신학을 전공한 목사의 경우이든, 평신도 설교자의 경우이든 – 두 가지 차원이 중요한데 그 두 가지는 상호 보완적이다. 첫째, 설교자는 교회 공동체를 통해 설교직의 소명을 받는다. 이 공적인 소명은 원칙적으로 공식적인 신학수업을 받는 것과 관련되어 있는데,

만인사제설

설교직의 소명

---

15) H. M. Müller, Homiletik, 201.

16) K. H. Voigt, Die Predigt durch Laien in der Evangelisch–methodistischen Kirche damals und
    heute(EmK heute 51), Stuttgart 1987, 26~34.

이것은 다양한 추천의 과정과 교회의 공적인 위임으로 가시화된다. 이러한 교회적 위임의 배경에는 신약성경의 통찰이 자리하고 있으니, 선포의 직무를 수행할 사람을 소집하고 파송하는 것은 그리스도의 교회 공동체라는 통찰이 바로 그것이다. 기독교의 가르침과 인생관을 평가할 수 있는 판단력을 가진 것도 최종적으로는 교회 공동체이다.[17]

이 공적인 차원 외에도 두 번째 차원, 즉 설교의 직무 수행을 위한 두 번째 전제조건은 개인적인 확신이다. 자신이 이 직무를 수행하도록 하나님의 부름을 받았다는 확신이다. 이것이 설교라는 아름답고도 막중한 과제를 수행하는 데 동기를 부여하고 영감을 불어넣어 준다. 이것은 공적인 위임과는 달리 어떤 특정한 형식에 얽매이지 않고, 개개인의 삶의 이력과 경건에 따라 아주 다양한 모습으로 나타날 수 있다. 또한 이것은 언제라도 "불확실한 확신"이 될 수 있다. 기독교의 "신앙은 시험을 당하기" 때문이다.[18] 설교직의 소명과 관련된 이 두 가지 차원은 대단히 중요하며 상호 보완적이다. 우리가 자신의 재능에 회의를 느끼는 상황에서는 설교자로 부름받고 파송받은 것이 개인의 됨됨이에만 근거한 것이 아니라는 사실을 아는 것이 큰 도움이 된다. 다른 한편, 그 직무가 하나님의 사랑에 대한 기쁨이 되어 그 메시지를 전하고 싶은 간절함을 불러일으키지 않는다면 설교는 그저 피곤하기만 한 의무가 되거나 타성에 젖은 일로 전락하고 말 것이다.

근본적인 교회법 차원의 소명과 개인적이고 인격적인 소명 외에도 설교자에게 마지막으로 기대되는 것이 있으니, 그것은 설교자가 가능한 한 신뢰할 만한 증인, 곧 복음의 증인이 되는 것이다. 복음의 신뢰할 만

교회 공동체를
통한 확증

개인적인 확신

신뢰할 만한 증인

---

17) M. Luther, Dass eine christliche Versammlung oder Gemeine Recht oder Macht habe, alle Lehre zu urteilen und Lehrer zu berufen, ein-und abzusetzen, Grund und Ursache aus der Schrift, WA 11, S. 408~416. 루터는 이 글에서 특히 요한복음 10장을 근거로 든다.

18) W. Härle, Dogmatik, 2. Aufl., Berlin/New York 2000, 61.

한 증인이라는 표현이 어쩌면 부담스럽게 들릴 수도 있다. 하지만 이것을 조금 더 명확하게 규정한다면 '마음의 노력과 양심의 노력'이라는 개념으로 바꿔 말할 수 있겠고, 이 개념은 그 범위를 선명하게 함으로써 우리를 조금은 안심시켜 준다. "마음의 노력이란 듣는 사람의 상황에 공감하려는 진지하고 지속적인 시도를 의미하며, 양심의 노력이란 자신이 직접 말할 수 있는 것 이상을 말하지 않는 정직함을 요구한다."[19]

7. 설교학의 삼각형

요약해서 말하건대 설교를 배울 때에는 항상 세 가지 요소를 고려해야 한다. (1) 설교에서 중심이 되는 것은 성경적·기독교적 전통이다. 이것은 모든 설교의 토대가 되는 본문 혹은 주제이다. 이것은 오늘의 언어로 번역되어야 한다. 이러한 번역의 과정에서 (2) 청중과 그의 삶의 지평을 파악해야 한다. 그래야 그들의 마음에 가 닿는, 그들의 마음에 호소하는 설교가 될 수 있다. 마지막으로는 (3) 설교자와 그들의 자기 이해를 물어야 한다. 그래야 설교자가 설교라는 번역의 사건 속에서 자신의 역할을 제대로 감지하고 그것을 적절하게 수행할 수 있다. 우리가 이것을 설교학의 삼각형이라고 부르는 까닭은, 그 세 가지가 따로따로 고립되어 있는 것이 아니라 긴밀한 상호 관계 속에 있기 때문이다.

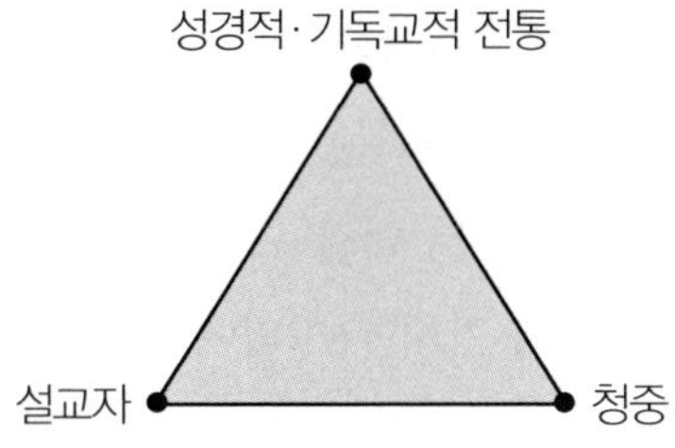

19) H. M. Müller, 198.

III. 설교가 생성되는 세 지점

설교는 과정의 사건이다. 설교자와 청중은 하나의 본문 혹은 주제와 더불어 여행을 떠난다. 설교학의 삼각형이 약간 정적인 이미지라면, 예배 설교가 생성되는 세 구간은 약간 역동적인 방식으로 그에 상응한다. 이러한 구간, 혹은 작업 단계, 혹은 설교학적 장소를 우리는 책상 – 설교단 – 청중석이라고 부르고자 한다.

1. 책상

책상은 예비 작업을 상징한다. 본문을 묵상하고 주석하는 것, 곰곰이 청중을 생각하면서 구체적으로 설교를 디자인하는 자리가 책상의 단계이다. 이 첫 번째 준비 구간은 다시금 세 단계로 나뉜다.

느끼고 관찰하고 모으고

a) 맨 처음은 느끼고 관찰하고 모으는 단계이다. 여기서 중요한 것은 성경의 본문과(또는 설교의 주제와) 청중의 상황과 자신의 상황을 감각적으로 의식하고 그것을 단단히 붙잡는 것이다. 이러한 지각의 단계는 본문을(주제를) 개인적으로 관찰하는 것에서 시작한다. 설교자는 자기 안에 떠오르는 생각, 그리고 거기서 연상되는 모든 것을 일단 아무런 평가 없이 그대로 적어 본다. 그런 다음 주석서나 그 밖의 다른 자료를 활용하여 본문을 연구하고, 자신의 설교를 듣게 될 청중에 대해 곰곰이 생각한다. 이런 작업이 책상에서만 이루어지는 것은 아니다. 교인을 만나거나 신문을 읽거나 산책을 할 때도 이루어질 수 있다.

평가하고 갈무리하고

b) 본문을 관찰하고 여러 가지 아이디어나 정보를 수집하는 단계 다음에는 일반적으로 집중과 이해의 단계, 자신의 생각을 평가하고 갈무리하는 단계가 이어진다. 본문과 주제와 상황에 대한 우리의 일차적인

생각을 이제는 하나의 맥락 안에 넣고서 그 의미를 따지고 해석하는 것이다. 설교의 내용을 조직신학의 주요 주제(예컨대 창조, 화해, 교회)에 따라 분류하고 철저하게 숙고한다. 그 본문의 영향사(影響史), 다시 말해 그 설교 내용이 (교회의) 역사 속에서 어떤 영향을 끼쳐왔는지 살피고, 청중이 그 본문에 대해 어떤 전이해(前理解)를 가지고 있는지도 고민해 본다. 내가 이 설교를 통해서 어떤 목표에 도달하고자 하는지를 묻는 것도 바로 이 단계에서 일어나는 일이다. 설교를 써내려가기 전에 그 목표를 최대한 구체적으로 설정하는 것이 좋다. 그래야 자신의 설교가 혼란스럽다는 인상을 주지 않을 것이다.

c) '책상 작업'의 세 번째 단계는 설교 작성 및 구성의 단계라고 할 수 작성과 구성
있다. 이제 설교를 직접 쓰고 – 엄밀한 의미에서 – 언어의 형태로 빚어내는 것이다. 여기서 중심이 되는 것은 설교 언어에 대한 고민, 어떤 이미지나 상징을 사용할 것인지에 대한 고민, 설교의 구성에 대한 고민이다. 설교자는 자기 점검의 의미에서 몇 가지 질문을 던지면서 다시 한 번 자신의 설교를 꼼꼼하게 검토한다. 예컨대 너무 길거나 난해한 문장을 간략하게 다듬는다든지, 설교에 사용할 이미지가 설교 전체와 잘 어울리는지를 따져 본다.(제6장 참조)

그냥 이런 설명만 듣고 있으면 설교 준비라는 것이 별 문제 없이 간단한 일 같지만, 실제로는 엄청난 출산의 고통이 뒤따르는 일이다. 설교를 준비하다 보면 항상 절망의 단계가 찾아온다. 그러면 설교자는 자신의 모든 작업에 회의를 품게 된다. '창조성'에 대한 연구에서 밝혀진 것처럼, 이러한 설교 위기를 피하는 것은 거의 불가능하다. "끈질긴 노력과 설교 위기
집중적인 탐색 없이는 좋은 설교가 나올 수 없다. […] 모든 것이 꽉 막힌 상태에서 그것을 잘 버텨내는 지구력은 창조적인 해법을 찾아내기 위한 필수조건이다. […] 그것은 좋은 아이디어를 얻기 위해 치러야 할 대가이

다."[20] 성공적인 설교로 인한 기쁨, 긍정적인 피드백으로 인한 기쁨이 그런 절망감을 단번에 보상해 줄 것이다.

2. 설교단

설교단은 설교가 구체적으로 드러나는 공간, 말씀이 선포되는 자리를 상징한다. 그런데 이 설교단이 비교적 과소평가되는 경우가 종종 있다. 그래서 실제로 설교를 하는 시간이 단조롭거나 진부해지고 만다. 여기서 우리는 아우구스트 톨루크(1799~1877)[21]의 멋진 표현에 귀를 기울일 필요가 있다. "분명 설교는 설교자가 자신의 서재에서 하는 일이다. 그러나 설교는 그가 설교단 위에서 하는 일이어야 한다. 설교단에서 내려온 설교자는 어머니의 기쁨, 곧 하나님의 은총으로 막 어린아이를 낳은 어머니의 기쁨을 느껴야 한다. 이렇게 설교가 설교자의 이중의 행위가 될 때, 오직 그러할 때 설교는 청중에게도 하나의 행위가 될 것이다." 그러므로 설교단 위에서 청중과 커뮤니케이션하는 방식에 관한 물음은 설교를 준비하는 과정에서 중요한 역할을 한다. 어떻게 설교단에 올라갈 것인가? 어떤 방식으로 말할 것인가? 어떤 표정과 제스처를 취할 것인가? 보조자료를 어떻게 사용할 것인가? "예배 전체의 분위기"(토마스 카벨)와는 어떻게 조화를 이룰 것인가? 우리는 제5장에서 이런 질문에 대한 답을 찾아갈 것이다. 여기서는 가장 기본적인 충고 하나만 듣고 넘어가려고 한다. 그것은 신학자 칼 바르트가 자신의 비서 샤를롯데 폰 키르쉬바움에게 준 충고이다. 생애 처음으로 강연자로 서게 된 그녀에게 위

20) H. Arens/F. Richardt/J. Schulte, Kreativität und Predigtarbeit, 3. Aufl., München 1977, 30. 참조: J. Rothermundt, Der Heilige Geist und die Rhetorik, Gütersloh 1984, 143~149.
21) 프리드리히 아우구스트 톨루크(August Tholuck)는 독일의 브레슬라우에서 금세공업자의 아들로 태어나 뛰어난 언어 실력을 바탕으로 독일의 위대한 신학자이자 교회 지도자로서 활약했다. 1823년에 베를린대학교 교수가 되었으나 1826년 할레대학교의 초빙을 받아 그곳에서 가르치면서 뛰어난 설교자요 목회상담가로 이름을 떨쳤다 - 옮긴이.

대한 신학자는 이렇게 말한다. "자기가 다루고 있는 주제에 철저히 집중할 것, 자기가 호소하려는 청중에게 철저히 집중할 것! 연설은 저쪽 지점에서 이쪽 지점으로 가는 길 위에서 태어나는 법! […] 두려워하지 마라! 자기를 잊고, 모든 일이 분명 잘 되리라는 것을 기억하라!"[22] 이처럼 영에 사로잡혀 자기 자신을 잊게 되면 두려움과 경직이 줄어든다. 이런 설교자는 핵심 주제가 청중 속으로 설득력 있게 파고들게 만들며, 청중은 설교자가 자신을 진지하게 여긴다고 느낄 것이다.

3. 청중석

설교가 생성되는 세 번째 자리는 청중석이다. 이것은 청중도 설교가 일어나는 과정에 참여한다는 사실을 암시한다. 청중은 자기가 듣고 있는 설교 가운데서 의식적으로든 무의식적으로든 무엇을 들을 것인지 말 것인지, 무엇을 마음에 새길 것인지 거부할 것인지를 결정한다. 청중은 그 자리에서 설교를 듣는 모습을 통해서, 또한 그 말씀을 삶 속에서 실천하는 모습을 통해서 설교 작업에 영향을 끼친다. 이로써 예배 중에는 – 약간 도발적으로 표현하자면 – 청중의 수만큼 많은 설교가 존재하게 되는 것이다. 이 말을 오해해서는 안 된다. 설교자가 무슨 말을 어떻게 하든 어차피 청중은 자기 듣고 싶은 대로 이해한다는 뜻이 결코 아니다. 설교자는 성경 본문, 설교의 주제를 충실하게 해석하고 그 내용을 청중이 잘 이해할 수 있도록 전달하는 일에 세세한 노력을 기울여야 한다. 양심적인 설교자라면 애매모호한 청중의 반응에 좌우되어서는 안 될 것이다. 그러나 청중석도 설교가 생성되는 자리라는 말이 뜻하는 바는 이것이다. 한 사람의 설교자가 하나의 설교를 하더라도 청중은 그것을 다양

청중도 함께 참여한다

22) 에버하르트 부쉬 지음, 손성현 옮김, 「칼 바르트」, 복있는사람 2014, 621쪽.

하게 듣고 이해하고 실천한다는 사실을 설교자가 의식해야 한다는 점이다. 설교자는 청중에게 접촉점, 곧 "그 메시지를 자신의 상황에 적용하고 자신의 특별한 관심사에 맞게 변형할 수 있도록 해주는"[23] 접촉점을 제시해 주는 것이 필요하다. 무미건조하고 단조로운 설교, 권위주의적인 설교는 청중의 창조적인 참여를 가로막는다. 그런 설교는 청중에게 아무런 변화도 일으키지 못할 것이다.

성령의 역사하심

하나님의 영은 위에서 언급한 각각의 세 지점에서 모두 역사하신다. 성령은 설교자가 성경의 말씀을 묵상할 때 영감을 주고, 그 말씀이 선포될 때는 회중에게 그 불꽃이 전달되게 하며, 청중이 그 설교를 받아들이고 나름의 방식으로 이해하고 실천하는 과정을 인도한다. 그 모든 과정에서 하나님의 말씀이 역사하신다. 이처럼 인간의 말과 들음과 행동이 하나님의 역사하심과 맞물리는 것에 관련하여 조금 더 자세히 살펴보도록 하자.

IV. 성령의 역사하심 안에 있는 설교

설교를 통해 직접 말씀하시는 분이 하나님이라면, 그분이 우리를 위로하시고 격려하시고 우리의 회개를 촉구하시고 우리의 신앙을 일깨우신다면, 설교는 단순히 정보를 전달하는 차원을 넘어서는 사건이라고 할 수 있다. 신학적으로 말하자면, 설교란 그것이 증언하는 바를 생성하는 것이라고 하겠다. 그러므로 설교라는 언어 사건은 능력의 사건이다. "거룩한 행위 안에 있는 말씀은 거룩한 능력으로 완성된다."[24] 앞에서

---

23) I. Reuter, Predigt verstehen. Grundlagen einer homiletischen Hermeneutik, Leipzig 2000, 205.
24) M. Josuttis, Die Einführung in das Leben, Gütersloh 1996, 104.

언급한 개념 정의에 나오는 것처럼 설교가 "철저하게 현재와 결부된 연설"이어야 한다면, 그것은 일차적으로 성령의 현재(임재)와 하나님 말씀의 현재(임재)와 관련된 것이어야 한다. 하나님은 설교의 "첫 번째 청중"이시다.25) "그분이 설교의 가치와 무가치를 결정하며, 설교가 끝난 후 최종적인 말씀을 하시는 분도 바로 그분이다. 모든 것은 그분이 임재하시는 방식에 따라 결정된다."26) 설교자에게 이 문장은 두 가지 측면을 가진다. 한편으로 이 말은 통역이라는 부담스러운 과제를 수행하는 설교자의 부담을 누그러뜨린다. 결국 모든 것을 결정하는 것은 인간이 아니라 성령이기 때문이다. 인간이 하는 말의 가치와 무가치를 결정하는 것도 성령이다. 이러한 깨달음은 설교자로서 내가 의도했던 반응이 나오지 않을 때, 내 마음을 사로잡은 그 무엇인가를 표현할 말을 도무지 찾지 못할 때 느끼기 쉬운 좌절감을 이길 수 있게 해준다. 그러나 다른 한편으로 이것은 다른 의미에서 아주 큰 부담이기도 하다. 하나님께서 임재하시는 방식이 진정 모든 것을 결정한다면, 나는 설교자로서 하나님의 구원의 임재를 어떻게 보증하고 보장할 수 있단 말인가? 이런 조건 하에서도 도무지 설교를 배울 수 있다는 말인가? 하나님의 임재는 인간의 입장에서 좌지우지할 수 없는 것 아닌가? 하나님의 은혜는 임의로 주고받을 수 없는 것 아닌가? 설교와 관련하여 뭔가를 배울 수 있으며, 배워야 한다는 사실을 이 책의 공동저자인 우리 두 사람이 확신하지 않았다면 (이 책의 원제인) '설교 배우기'라는 제목의 책은 나오지도 않았을 것이다. 아무튼 설교를 할 때는 인간의 가능성의 영역 안에 있는 것은 무엇인지, 그

하나님은 설교의
"첫 번째 청중"이시다

---

25) "그러므로 설교를 한다는 것은 하나의 모험이다. 왜냐하면 내가 설교단이라는 거룩한 곳에 오를 때 – 교회가 교인으로 차고 넘치건 혹은 텅 비건 – 비록 내 자신이 그것을 깨닫지 못할지라도, 그때 나는 눈앞에 보이는 교인들 이외에 또 하나의 경청자이신 하늘에 계신 하나님 앞에 서는 것이다. 거기에 선 나의 눈에는 그 모습이 보이지 않지만, 그분께서는 나를 보신다." 쇠얀 키르케고르 지음, 임춘갑 옮김, 「그리스도교의 훈련」(키르케고르 선집 2), 다산글방 2005, 366~367.

26) R. Bohren, Predigtlehre, 4. Aufl., München 1980, 454.

리고 설교하는 사람이 도저히 감당할 수 없으므로 가만히 하나님께 맡겨드려야 할 것은 무엇인지 유의할 필요가 있다. 청중의(그리고 설교자의!) 신앙은 - 그것이 진정 기독교 신앙이라면 - 인간의 능력으로 좌지우지되지 않는다. 설교를 통해 인간에게 신앙을 선물해 주시고, 이로써 그 인간이 하나님을 철저하게 의지하게 만드시는 분은 오로지 하나님이시다. 설교자는 바로 이 깨달음을 통해 자신의 성공에 대한 비현실적인 집착에서 벗어날 수 있다. 그렇다고 설교를 열심히 준비할 책임에서 면제되는 것은 아니다. 설교자는 자신이 선포하는 메시지가 최대한 복음의 말씀과 주제에 충실하고 회중의 상황을 반영한 메시지로 울려퍼질 수 있도록 뭔가를 해야 한다. 청중이 듣거나 말거나 별로 신경 쓰지 않는 설교가 아니라, 청중이 잘 이해하고 공감할 수 있는 설교가 되도록 뭔가를 해야 한다. 앞으로 우리는 그 부분에 대해서 자세히 다룰 것이다.

하나님의 말씀과
인간의 말

우리가 설교를 하나님의 말씀과 인간의 말로 이해한다면, 아니 - 좀 더 정교하게 표현하여 - 인간의 말이라는 형태에 담긴 하나님의 말씀으로 이해한다면 영적인 차원이 중요해진다. 그렇다면 설교 준비란 일차적으로 성경 본문을 세심하게 주석하고 기독교의 주제를 양심적으로 숙고하여 설교를 위한 하나의 메시지를 획득하는 것을 의미한다. 또한 심리학적이고 사회학적인 요인을 연구하여 청중의 일상에 최대한 구체적으로 다가서는 것을 의미한다. 그러나 이런 노력의 영적인 토대도 놓쳐서는 안 된다. "목회적 실천은 영적인 기초를 필요로 한다. […] 모든 종교적 행위는 영적인 준비를 요구한다."[27] 설교와 같은 영적인 과제는 오직 영적인 실존의 토대 위에서만 힘을 얻을 수 있다. 그러므로 설교를 준비할 때 기도의 역할이 대단히 중요해진다. 그러나 여기서도 주의해야 할 것

기도의 중요성

---

27) M. Josuttis, *Die Einführung in das Leben*, 48~49.

이 있다. 인간의 힘으로 할 수 있는 일과 기적적인 일을 대립적인 것으로 이해해서는 안 된다. 하나님의 영은 인간적 게으름의 도피처가 아니다. 그래서 실천신학자 루돌프 보렌(Rudolf Bohren)은 "하나님께서 주도하시는 상호성(theonome Reziprozität)"이라는 개념을 여기에 끌어들였다. 이 개념은 설교 중에 성령께서 인간의 행위를 사용하신다는 뜻이다. "기적과 기술은 […] 반대가 아니다. 그 둘은 하나님이 주도하시는 상호성의 상이한 측면을 가리킬 뿐이다. 성령께서 우리 안에, 우리와 함께, 우리를 통해 역사하실 때 나는 그것을 기적이라고 말한다. 그러나 성령께서 우리를 사용하실 때, 즉 우리 자신이 도구가 되어 쓰일 때, 여러 가지 방법이 동원되고 기술이 활용되고 학문이 적용된다. 성령의 파트너십은 방법, 기술, 학문을 배제하지 않는다. 설령 그것이 성령의 위기 속으로 빠져든다고 할지라도."[28]

V. 설교의 언어와 설교의 유형

지금까지 살펴본 내용과 긴밀하게 연결된 문제가 또 하나 있다. 그것은 설교의 언어 형태와 관련된 물음이다. 인간이 사용하는 언어의 옷을 입고 선포되는, 하나님 말씀의 성격에 딱 어울리는 어떤 특정한 언어 형태가 있는가? 미국의 설교 지도자 리처드 리셔(Richard Lischer)는 여기서 형식과 언어를 구분한다. 리셔에 따르면, 성경이나 교회사에서 공식적인 표준으로 인정을 받은 설교 형식은 존재하지 않는다. "성령께서는 모든 형식을 사용하신다. 그러나 그분은 어떤 형식에 묶이지 않으신다."[29]

---

28) R. Bohren, Predigtlehre, 77.
29) R. Lischer, Homiletik in der Wissenschaftskrise der Theologie, in: R. Bohren/K.-P. Jörns (Hg.), Die Predigtanalyse als Weg zur Predigt, 33~51, 39.

평신도나 성직자나, 여자나 남자나, 학문적 훈련을 받은 사람이나 순박한 사람이나, 어느 누구라도 각양각색의 은사와 강조점을 가지고 하나님의 구원 이야기를 선포할 수 있다. 어떤 때는 믿지 않는 자들에게 믿음을 불러일으키는 방식으로, 어떤 때는 교회 공동체를 위로하는 방식으로, 어떤 때는 사회 정치적 차원에서 도전이 되는 방식으로 그 이야기가 힘을 발휘한다. 그러나 리셔는 설교와 떼려야 뗄 수 없는 언어, 혹은 언어 행위가 존재함을 강조한다. 그것은 약속의 언어이다. 약속은 인격적인 차원을 가지고 있다. 약속은 단순한 정보 이상이다. 정보라는 것은 언제라도 주는 사람 혹은 받는 사람으로부터 분리될 수 있는 것이지만, 약속은 그런 것이 아니다. 게다가 설교에 등장하는 약속의 언어는 하나님의 약속을 포함하고 있다. 우리가 이 약속을 신뢰할 수 있는 것은 하나님의 이름 자체가 약속이기 때문이며(마르틴 부버는 출애굽기 3장 14절에 있는 하나님의 이름을 "내가 여기 있다!"로 번역했다.), 그분의 약속은 그분이 자기 백성(유대 민족, 기독교인)과 함께하신 역사에 바탕을 두고 있기 때문이다. 그 약속은 아주 현실적인 약속이기도 하다. 하나님의 은총을 약속하지만, 동시에 인간이 죄로 인해 하나님으로부터 분리될 수 있다는 사실을 은폐하지 않기 때문이다. 그 약속은 미래를 활짝 열어주지만, 현재 우리의 삶이 파편적 성격을 지니고 있음을 간과하지 않는다. 약속의 언어 행위에 초점을 맞춘 설교는 우리와 함께하시는 하나님의 신실하심을 약속한다. 이 언어 행위는 하나님의 직접적인 말씀, 즉 위로와 권고의 말씀으로 일어난다. 그러나 하나님의 약속은 간접적인 방식으로, 예컨대 이야기와 비유와 이미지로 전달되어 우리에게 깨달음을 주시고 전혀 새롭고 유익한 비전을 열어주신다. 이러한 언어 형식 중에서 어떤 것을 선택하느냐의 문제는 설교의 본문이나 청중의 상황에 따라 그때그때 달라진다. 여기에 대해서는 제3장에서 자세히 다룰 것이다.

설교라는 것이 의무적으로 어떤 언어 형식에 얽매이지 않기 때문에 설교의 역사가 이어져 오는 동안 여러 가지 설교 유형이 생겨났다. 그래서 우리는 설교의 내용, 형식, 동기에 따라 교훈적 설교, 목회적 돌봄의 설교, 복음주의적 설교, 예언자적 설교, 대화적 설교, 이야기 설교, 특수 사례 설교(Kasualpredigt)로 나누어 생각해 볼 수 있다. 물론 이런 설교 유형이 확실하게 고정된 것은 아니다. 몇 가지 유형이 섞여서 나타날 때도 있다. 그럼에도 이렇게 유형을 구분해 보는 까닭은 각각의 설교 유형이 특수한 방식으로 재현하는 설교의 본질적 특징이 그 구분을 통해 더욱 분명해지기 때문이다.

(1) **교훈적 설교**는 뛰어난 언어 구연 능력만 가지고는 설교의 요건을 충족시킬 수 없다는 사실을 잘 보여준다. 설교에서 절대 빠질 수 없는 기독교 신앙의 핵심 내용이 있다. 교훈적 설교는 무엇보다 청중의 이성에 호소하며 정보 전달의 성격이 강하다. 교훈적 설교는 자신의 신앙과 희망에 관하여 답변을 해야 하는(벧전 3:15) 회중에게 큰 도움을 준다.[30]

(2) **목회적 돌봄의 설교**는 모든 위로의 하나님(고전 1:3~4)께서 친히 우리에게 찾아오셔서 하나님의 사랑을 베풀기 원하신다는 약속을 생각나게 해준다. 목회적 돌봄의 설교는 정보 전달의 성격보다는 직접적인 권고와 호소의 성격을 지닌다. 이런 설교는 평안과 위로를 전하며 청중의 마음 깊은 곳을 어루만진다. 목회적 돌봄의 설교를 하는 설교자는 "항상 결정적인 것에 관해, 곧 주 하나님에 관해, 그리고 인간의 실존적인 상황에 관해"[31] 말한다.

(3) **복음주의적 설교**는 사람들 안에 믿음을 일깨우는 설교, 하나님

교훈적 설교

목회적 돌봄의 설교

복음주의적 설교

---

30) W. Trillhaas, Evangelische Predigtlehre, 5. Aufl., München 1964, 93~107은 교훈적 설교와 관련하여 지금도 읽을 만한 내용을 담고 있다.

31) H. van der Geest, Das Wort geschieht, Zürich 1991, 11. / C. Möller, Seelsorglich predigen. Die parakletische Dimension von Predigt, Seelsorge und Gemeinde, 2. Aufl., Göttingen 1990.

의 사랑에 대하여 사람의 대답을 촉구하는 설교이다. 복음주의적 설교는 불신앙의 현실을 심각하게 받아들이고, 사람들이 결연히 예수 그리스도를 따라 살아가도록 길을 제시하려고 한다. 복음주의적 설교는 "하나님에 관한, 그리고 인간을 향한 그분의 구원 행위에 관한 **기초적인** 연설"[32]이 되고자 노력한다. 설교자는 청중 한 사람 한 사람을 구체적으로 염두에 두고 설교를 작성하여, 그 설교가 하나님의 구원 행위를 향한 그들의 아멘을 이끌어내고 그들의 전 존재로 그 아멘을 실천하도록 만든다.[33]

예언자적 설교   ⑷ **예언자적 설교**는 말씀 선포가 그 시대의 상황을 적절히 반영하고 올바른 실천을 이끌어내는 데 강조점을 둔다. 설교는 사회적으로나 정치적으로 민감한 문제, 윤리 및 복지와 관련된 문제에 대해서도 기독교 신앙의 관점에서 입장을 표명할 수 있다. 청중은 그런 설교를 통해서 - 복음주의적 설교를 들었을 때와 마찬가지로 - 자신의 모습을 성찰하며 회개하고 새로운 실천에 나설 수 있게 된다. 그래서 예언자적 설교는 대결과 호소의 요소를 지닌다.[34]

대화 설교   ⑸ **대화 설교**는 설교가 일방적인 커뮤니케이션이나 원맨쇼가 아니라 만인사제직에 근거한 "교회 공동체 전체의 일"[35]이라는 사실을 돌아보게 해준다. 하지만 대화 설교(Dialogpredigt)라는 표현은 두 명의 설교자가 - 미리 각본을 짜놓고 혹은 그런 각본 없이 - 하나의 본문이나 주제에 대하여 뭔가를 말하는 아주 드물고 어려운 설교 양식만을 가리키는 말이 아니다. 대화 설교는 회중이 말씀 선포에 참여하는 모든 형식을 포괄한다. 그것은 설교 전, 설교 후에 나누는 대화가 될 수도 있고, 예배 중에

---

32) W. Klaiber, Ruf und Antwort. Biblische Grundlagen einer Theologie der Evangelisation, Stuttgart/Neukirchen-Vluyn 1990.
33) 참조: W. Bub, Evanelisationspredigt in der Volkskirche, 2. Aufl., Stuttgart 1993.
34) 참조: R. Hoburg, Prophetisch predigen, Deutsches Pfarrerblatt, 96(1996), 464 이하.
35) 참조: O. Herlyn, Sache der Gemeinde. Studien zu einer Praktischen Theologie des "Allgemeinen Priestertums", Neukirchen-Vluyn 1997, 36~59.

혹은 설교 팀에서 제기된 질문에 관한 대화일 수도 있다.[36]

(6) **이야기 설교**는 개념 중심의 추상적 연설 방식은 하나님에 관한 성 이야기 설교
경의 증언을 잘 드러내기에 충분한 방식이 아니라는 신학적 깨달음에
기초하고 있다. 하나님은 "살아서 움직이시는 하나님이며, 역사 속에 친
히 개입하시는 하나님이다. 그러므로 이런 하나님에 관해 말한다는 것
은 그분의 역사를 널리 알리는 것이다."[37] 사람과 함께하시는 하나님의
역사를 전하는 데 가장 잘 어울리는 언어 형식은 이야기이다. 그러나 이
'이야기' 설교라는 명칭이 그 설교가 세심한 배려와 꼼꼼한 준비 없이도
가능하다는 식으로 오해되어서는 안 된다.[38]

(7) **특수 사례 설교**는 복음의 선포가 청중의 상황을 온전히 주목해야 특수 사례 설교
한다는 사실을 중요하게 생각한다. 왜냐하면 이 설교 유형은 - 그 명칭이
이미 말해 주는 것처럼 - 특수한 사례(Kasus), 즉 어떤 사람의 특수한 (삶의)
정황과 관계된 것이기 때문이다. 특수 사례 설교는 세례, 결혼, 장례와
같이 그 사람의 생애에서 특별한 사건을 맞이하여 목회적 돌봄의 설교
에 해당하는 요소를 취하되 교훈적인 내용을 충분히 고려한 설교가 되
어야 한다.[39]

VI. 설교와 예배의 연관성

설교를 준비하면서 항상 염두에 두어야 할 것은 그 설교가 예배의 한

---

36) 참조: M. Haustein, Sprachgestalten der Verkündigung, in: Handbuch der Predigt, bearb, von
　　K.-H. Bieritz u. a., Berlin 1990, 459~495, 467~471.
37) A. Grözinger, Erzählen und Handeln, 11. / R. L. Eslinger, The Web of Preaching, Nashville
　　2002, 2~3장.
38) 이야기로서의 설교에 관하여 중요한 글: R. Bohren, Predigtlehre, 170~185.
39) 특수한 사례(전례)에 관하여 이해를 돕는 글: E. Winkler, Tore zum Leben. Taufe - Konfirmation -
　　Trauung - Bestattung, Neukirchen-Vluyn 1995.

부분이라는 사실이다. 설교가 중요하고 필수적인 요소인 것은 엄연한 사실이지만, 그래도 설교는 하나의 요소에 불과하다. 그래서 '예배적 틀'이라는 표현을 많이 쓰지만, 이 말은 사리에 맞지 않기 때문에 이 책에서는 사용하지 않을 것이다. 예배는 설교를 위한 틀에 불과한 것이 아니다. 예배는 그 자체로 소중한 것이며, 다양한 가치와 가능성을 내포하고 있다. 설교는 예배 중에 선포되며, 그 예배에 맞게 조율되는 것이라는 사실이 중요하다. 예배에 참여하는 사람들이 예배 전체를 꿰뚫는 중심 주제를 알 수 있어야 한다. 요컨대 성경 봉독, 찬송, 기도 등이 서로서로 연결되고 설교와도 연결되어 있어야 한다. 그날의 예배가 교회력의 어느 지점에 와 있는지를 잘 살피는 것이 좋다.

예배를 준비하는 작업은 설교를 준비하는 작업과 유사하게 창조적인 작업이며 나름의 준비 시간이 필요하다. 이 지점에서 세심한 준비가 이루어지지 않으면 금세 지루함과 혼란스러움이 일어난다. 그것은 설교에도 악영향을 끼친다. 왜 그런가? "예배의 공간이나 예배 전체의 분위기 등의 예전(liturgy)도 함께 설교하는 것"이기 때문이다.[40]

설교와 예전은 서로를 보완하고 서로를 필요로 한다. 이것은 예배 예전과 설교의 서로 다른 강조점을 비교해 보면 더욱 분명해진다. 설교 중에는 설교자가 뭔가를 행하고 주는 사람으로서 강하게 부각된다. 그런 설교자에게 예배의 다른 순서는 긴장을 완화하는 역할을 해준다. 그 시간에는 모두가 이미 정해진 특정한 본문과 전통에 집중할 수 있기 때문이다. 예전에 쓰이는 본문은 설교를 더 넓은 맥락 속에 놓고, 경우에 따라서는 설교의 일면성을 수정해 줄 수도 있다. 반면에 설교는 예전 속에서 등장하는 보편적 진술이 청중을 향한 오늘의 말씀으로 변화될 수 있

예배는 설교를 위한 틀에 불과한 것이 아니다

예전도 함께 설교한다

---

40) G. Kretzschmar/E. Winkler, Die Gemeinde, in: Handbuch der Predigt, bearbeitet von K.-H. Bieritz u. a., Berlin 1990, 187.

도록 한다. 예배의 여러 가지 순서는 복음의 말씀이 전인적인 방식으로 소통될 수 있도록 해준다. 예배의 의식, 상징, 행위 등은 언어로는 가 닿을 수 없는 차원, 인간의 다른 차원에 호소한다. 결론적으로 예전은 설교보다 강력하게 사람들의 마음을 하나로 묶어 주고, 설교와는 다른 방식으로 예배의 일부가 된다. 설교가 청중을 향한 말씀이라면, 찬양과 기도는 주로 하나님을 향한 감사와 간구인 것이다.

VII. 설교의 과거, 현재, 미래

설교의 현재와 미래를 말하기에 앞서 설교의 과거를 먼저 살펴보려고 한다. 과거 중에서도 가장 가까운 과거인 20세기만을 살펴볼 것이다. 20세기의 설교는 설교학의 기본적인 입장 몇 가지를 보여주는데, 이 여러 입장은 오늘날까지도 그 영향력이 살아 있으며 여전히 그 중요성을 입증하고 있다.[41]

1. 20세기의 설교 이해

지난 세기 설교학에서는 세 갈래의 경향이 두드러졌다. 각각의 경향을 간략하게 정리해 보자.

a) 변증법적 신학의 입장

20세기 초반의 설교학은 이른바 변증법적 신학 혹은 하나님 말씀의 신학이 지배했다. 두 차례의 세계 대전과 자유주의 신학의 명백한 실패를 바라보며 큰 충격을 받았던 칼 바르트는 오로지 하나님께서 말씀하

---

41) 설교/설교학의 역사에 대해 우선적으로 참조할 만한 책: H. M. Müller, Homiletik, Berlin/New York 1996, 7~169. 그 책의 참고문헌 목록에 실린 책들도 살펴볼 만하다.

시게 하는 것이야말로 설교의 과제라고 생각했다. 바르트에 따르면, 신학과 설교에서 붙잡고 씨름해야 할 문제는 인간의 문제가 아니라 인간을 향한 하나님의 권고와 요구이다. 설교는 철두철미하게 성경의 말씀에 대한 주석이어야 한다. 실천신학자이자 바르트의 친구였던 에두아르트 투르나이젠(Eduard Thurneysen)도 이와 비슷한 주장을 펼쳤다. "설교는 인간 이해가 아니라 하나님 이해를 위해 노력하는 장소이다. 교회에서 정말 중요한 일은 한 사람이 다른 사람에게 다가가는 것이 아니라, 사람들이 모든 인간적인 것에 등을 돌리고 하나님께 다가서는 것이다. 그러므로 이제부터 우리는 설교를 듣는 사람들의 심리를 파악하기 위해 노력하거나 이른바 인간에 대한 지식을 얻기 위해 노력하지 않는다. 설교단 위에서 인간의 경험을 – 비록 그것이 경건한 경험이라 할지라도 – 전달하여 다른 인간에게 새로운 경험을 자극하려고 하지 않으리라! 그 대신, 하나님을 알고 하나님을 선포하는 것."[42] 변증법적 신학의 견해에 따르면, 이러한 하나님 선포 안에서는 오직 하나님의 말씀만이 강력하게 관철된다. 1970년대에 들어서는 루돌프 보렌이 그 유명한 「설교학 개론」에서 이러한 하나님 말씀 신학의 설교관을 이어받아 발전시켰고 그 책은 오늘날까지도 지대한 영향을 끼치고 있다.[43] 이 입장이 공헌한 바는 설교 사건에서 신학에 대한 질문을 확고히 붙잡았다는 것이다.

b) 실천신학의 경험주의적 전환

1960년대 중반부터는 이른바 상황설교학(Situationshomiletik)이 일어나 변증법적 신학의 입장에 반기를 들었다. 바로 그 시기에 실천신학 전

---

42) E. Thurneysen, Die Aufgabe der Predigt, in: E. Thurneysen/E. Wolf(Hg.), Das Wort Gottes und die Kirche. Aufsätze und Vorträge, Theologische Bücherei, Bd. 44, München 1971, 95~106, 102.
43) R. Bohren, Predigtlehre, 6. Aufl., München 2002.

반에 걸쳐 경험주의적 전환이 일어났는데, 설교학에서도 그러한 변화가 찾아왔다. 지금까지의 설교학은 고차원적인 교리학적 설교 개념에 머물러 있기만 했지, 어떻게 하면 인간의 구체적인 삶의 상황에 도달할 수 있는지는 전혀 고민하지 않았다는 사실을 깨달았다. 하나님 말씀의 신학을 추종하는 신학적 설교는 청중이 듣건 말건 전혀 상관하지 않는 설교가 되었다는 사실을 확인했다. 그래서 이제는 설교자들이 설교를 준비하면서 심리학, 사회학, 커뮤니케이션 이론 등의 인문과학에 더 많은 비중을 두기 시작했다.[44] 현대인의 상황과 현대 회중의 상황이 주요 주제가 되었다. 이러한 변화는 특히 에른스트 랑에(Ernst Lange)라는 이름과 관련이 있다. 설교학의 강조점 변화를 고스란히 반영하는 랑에의 명제는 다음과 같다. "설교란 무엇인가? 그것은 내가 청중과 함께 청중의 삶에 대해 말하는 것이다. 나는 그와 함께 그의 경험과 생각, 그의 희망과 절망, 그의 성공과 실패, 그의 과제와 운명에 대해 말한다. 나는 그와 함께 그의 세상에 대해, 그리고 그 세상에서 그가 맡고 있는 책임에 대해, 그의 존재가 처한 위기와 기회에 대해 말한다. 그 사람, 곧 청중이 나의 주제이다. 다른 어떤 것이 아니다. 물론 그는 하나님 앞에 있는 청중이다."[45] 이 글의 마지막 문장은 우리가 이 새로운 신학적 경향을 섣부르게 – 하나님 말씀 신학의 대변자들이 주장하듯이 – '하나님 망각'의 신학으로 규정하며 비판해서는 안 된다는 것을 보여준다. 설교학에서 랑에와 같은 입장이 이룬 공헌은 구체적 삶의 상황 속에 있는 인간을 확고히 붙잡았다는 것이다.

---

44) 제7장의 설명 참조.

45) E. Lange, Die verbesserliche Welt – Möglichkeiten christlicher Rede erprobt an der Geschichte vom Propheten Jona, Stuttgart/Berlin 1968, 58.

c) 형식의 발견

위에서 언급한 설교학의 두 가지 주요 모델 외에 또 한 가지 경향이 있으니, 그것은 설교를 하나의 연설로서 재발견하려는 흐름이다. 1970년대에 들어오면서 실천신학자 만프레트 요주티스(Manfred Josuttis)와 게르트 오토(Gert Otto)가 새롭게 지적하고 나선 것이 있으니, 그것은 설교가 하나의 연설이며 이로써 수사학의 규칙을 따르지 않을 수 없다는 사실이다. 그러나 게르트 오토가 여기서 말하고자 한 것은 단순히 수사학의 기술적 측면이 아니다. 설교가 하나의 연설이라면 설교의 메시지가 청중에게 잘 전달되기 위해 중요한 것은 전체적인 구성에 대한 물음과 올바른 언어 선별의 문제만이 아니다. 오히려 형식이 설교의 내용을 결정하기도 하며, 설교에 대한 이해 및 설교의 영향력까지도 결정하게 된다. 그래서 커뮤니케이션, 대화, 이해, 변화 등이 설교학 논의의 주요 주제가 된다. 게르트 오토는 이렇게 주장한다. "설교에서 정말 중요한 문제는 기독교 신앙의 메시지를 교회라는 광장(Forum)에서 공적으로, 이해할 수 있는 언어로, 그리고 효과적으로 논쟁에 부치는 것인데, 여기서 기독교 신앙의 메시지란 구체적으로 다음과 같다.

- 특정한 현대인들과 관련하여
- 구체적인 삶의 상황과 물음과 관련하여
- 회개를 촉구하는 예수님의 외침과 그분의 구원 약속과 관련하여
- 진정 행복한 삶과 관련하여

기독교 신앙이 그때그때 하고자 하는 말을 의미한다."[46] 게르트 오

---

46) G. Otto, Predigt als rhetorische Aufgabe: homiletische Perspektiven, Neukirchen-Vluyn 1987, 45.

토에 따르면, 설교는 "말로써 성찰하는 구조,"[47] 다시 말해 그것의 언어적·구어적 기초와 그것의 논쟁적·성찰적 성격을 통해 결정된다. 이것이 설교의 강점이자 설교의 한계이다. 게르트 오토는 기독교 신앙을 전달하는 여러 가지 방식 가운데서 오늘날 설교와 동등한 자격을 갖춘 다른 방식이 있다는 사실을 기꺼이 인정한다. 예컨대 편지, 신문 기사, 라디오나 텔레비전 방송 같은 것이 있다.[48] 설교를 하나의 연설로 재발견하는 입장도 오늘날까지 영향을 끼치고 있으며, 설교의 형식에 대한 물음을 확고히 붙잡고 있다.

20세기가 우리에게 남겨준 설교학의 세 가지 중요한 물음은 결국 설교의 신학에 대한 물음, 인간과 그의 삶의 현장에 대한 물음, 설교의 형태에 관한 물음이다. 그렇다면 21세기 초반의 상황은 어떤 모습인가?

2. 21세기 초반의 설교학 모델

새로운 설교 이해를 고민하는 이들의 목소리는 대략 25년 전부터 점점 커지기 시작했다. 1980년대에는 산발적으로만 터져나오던 목소리가 1990년대부터 점점 늘어나 오늘까지 이르고 있다. 1984년 독일의 실천신학자 게르하르트 마르셀 마르틴(Gerhard Marcel Martin)이 마르부르크 대학교 교수 취임 공개 강연 자리에서 발표한 논문이 여기에 대한 논의를 촉발시켰다. 그 논문의 제목은 "'열린 예술작품'으로서의 설교? 설교학과 수용미학의 대화에 대하여"였다.[49] 게르하르트 마르셀 마르틴은 이 논문에서 이탈리아의 문예학자 움베르토 에코의 열린 예술작품 이론을

---

47) 위의 책, 19.

48) G. Otto, Predigt als Rede. Über die Wechselwirkungen von Homiletik und Rhetorik, Stuttgart u. a. 1976, 28. 게르트 오토는 Rhetorische Predigtlehre(Neukirchen—Vluyn 1999)에서 이 주제를 또 다시 붙잡고 씨름한다.

49) G. M. Martin, Predigt als "offenes Kunstwerk"? Zum Dialog zwischen Homiletik und Rezeptionsästhetik, in: Evangelische Theologie, 44. Jg. 1984, 46~58.

깊이 다루었다. 그런데 과연 그 이론이 말하고자 하는 것은 무엇인가?

그 이론은 간단히 말해 두 개의 핵심 사상을 전개하고 있다. 첫째, 예술작품은 근본적으로 다의적인 메시지를 지니고 있다. 바로 이것이 예술작품의 본질이다. 그러므로 예술작품은 하나의 해석으로 다 파악할 수 없다. 예술작품은 여러 가지 경험에 열려 있다. 둘째, 어떤 예술작품의 관찰자는 그 작품의 해석에 적극적으로 관여하고 있는 것이다. 예술작품을 관찰하는 사람은 그 작품의 의미를 결정하는 데 중요한 역할을 한다. 에코의 견해에 따르면 어떤 그림이나 조각을 관찰할 때 그런 일이 일어나며, 어떤 텍스트를 읽을 때도 마찬가지다. 이것을 설교 이론에 적용하면 어떻게 될까? 만일 우리가 설교를 한 편의 예술작품으로 본다면, 그 설교는 다양한 해석을 허용하며 청중이 그것을 다양한 방식으로 자신의 삶 속에 받아들이는 것을 허용한다. 우리는 앞에서 이미 이와 비슷한 견해를 밝혔다. 설교가 청중석에서도 일어난다는 주장이 그것이었다. 그렇다면 한 번의 예배를 통해서도 청중의 수만큼 많은 설교가 존재한다는 뜻이 된다. 이런 깨달음은 한편으로는 설교자의 부담을 덜어준다. 커뮤니케이션의 부담을 설교자 혼자 떠맡는 것이 아니라 청중이 함께 나누기 때문이다. 그러나 다른 한편으로는 기분이 나쁠 수도 있다. 설교자가 회중에게 말하고자 한 뭔가가 있는데, 회중이 무조건 그것을 듣게 된다는 보장이 없기 때문이다.

전통 설교학과 최신 설교관의 차이를 이렇게 정리해 볼 수 있겠다. 기존의 설교학에서는 말씀을 선포하고 듣는 과정에서 필연적으로 일어나는 문제, 즉 발신자와 수신자 사이의 애매모호함이 그저 한탄스러울 뿐인 해악으로 간주되었다. 그래서 커뮤니케이션 이론이나 수사학의 도움을 받아 그 애매모호함을 극복하고 최대한 명료한 설교가 되게 하는 것이 목표였다. 그러나 지금은 설교 과정에서 나타나는 어떤 불분명함이 오히려 환영을 받는다. 이제는 청중이 설교자의 말을 듣고 자기 나름의 생각을 (경우에 따라서는 자기 나름의 텍스트를) 전개할 수 있게 된다.[50]

이러한 경향의 수용미학적 사유는 광범위한 영향을 끼쳤다. 지지를 받기도 했지만 반대에 부딪히기도 했다. 지금부터 나는 현대의 설교학 모델 세 가지를 소개하려고 한다. 그 가운데 두 개, 즉 빌프리트 엥에만(Wilfried Engemann)과 마르틴 니콜(Martin Nicol)의 입장은 게르하르트 마르셀 마르틴이 시작한 노선을 따르고 있다. 또 하나는 만프레트 요주티스의 독자적인 노선이다. 나는 이 세 가지 입장 가운데 어느 하나만 취하고 다른 것은 버리는 식의 태도는 옳지 않다고 본다. 세 가지 모두가 나름의 방식으로 설교 작업에 좋은 자극이 될 수 있기 때문이다.

a) 빌프리트 엥에만: 보완을 요청하는 설교

실천신학자 빌프리트 엥에만은 '열린 예술작품으로서의 설교'라는 모토를 확고히 붙들고 가장 일관성 있게 자신의 사유를 발전시킨 설교학자이다. 그는 게르하르트 마르셀 마르틴보다 더 적극적으로 움베르토 에코의 기호학을 받아들인다. 엥에만은 설교 안에 이미 여러 개의 텍스트가 존재한다는 주장을 편다.[51]

(1) 첫 번째 텍스트는 **주요 참조 텍스트**(Bezugstext), 즉 성경의 말씀이다. 설교자는 원칙적으로 이 텍스트를 다룬다. 그런데 성경이라는 텍스트 자체가 아주 복잡하고 다층적인 생성의 역사를 가진 텍스트이다. 성경 말씀에는 그 말씀의 저자와 당시의 상황이 담겨 있을 뿐 아니라, 그 저자가 전달하고자 했던 메시지가 담겨 있다. 그리고 그 저자가 염두에

한 편의 설교
– 다양한 텍스트의 세계

---

50) 참조: K.-H. Bieritz, Offenheit und Eigensinn – Plädoyer für eine eigensinnige Predigt, in: Predigt als offenes Kunstwerk, hg. von E. Garhammer und H.-G. Schöttler, München 1998, 28.

51) 지금부터 소개되는 내용은 W. Engemann, Einführung in die Homiletik, Tübingen/Basel 2002, 163~174 참조.

두었던 청중의 상황이 담겨 있다. 저자는 청중에게 말을 건네고 그들의 마음에 호소하기 위하여 그 상황을 고려하지 않을 수 없었을 것이다. 이렇게 성경이라는 책이 편집된 역사, 전승된 과정, 그 책이 영향을 끼쳐온 역사를 고려할 때, 성경은 이미 엄청난 분량의 정보와 다양한 내용을 담고 있다는 사실을 알게 된다.

⑵ 두 번째 텍스트는 **설교 원고**(Predigtmanuskript)이다. 한편으로 설교 원고는 앞서 설명한 것처럼 다층적인 내용을 담고 있는 참조 텍스트를 내포하고 있다. 그러나 설교 원고에는 설교자와 그의 메시지가 녹아 있다. 설교자의 메시지는 성경 말씀에 대한 설교자 나름의 해석이다. 설교 원고에는 또한 청중의 상황이 담겨 있다.

⑶ 세 번째 텍스트는 엥에만이 만들어낸 말로서 **'아우레디트**(Auredit)'라는 것이다. 이 말은 라틴어로 귀를 뜻하는 말(auris)과 들음을 뜻하는 말(audire)을 결합해서 만든 개념이다. 아우레디트(= 청취 텍스트)는 청중이 설교를 들으면서 만드는 텍스트이다.[52] 청중은 자신이 귀로 듣는 설교, 즉 설교자와 성경 말씀의 상황과 메시지를 내포하고 있는 그 텍스트에 자신의 생각과 느낌과 의미를 부여한다. 청중은 그 설교를 자신의 삶과 연결시키며 자신의 생각을 그 설교 사건에 포함시킨다.

엥에만이 특히 중요하게 생각하는 것은 세 번째 텍스트, 즉 아우레디트(청취 텍스트)이다. 청중의 협력과 해석을 중요시하는 것이다. 엥에만이 보기에 현대의 설교는 위기에 빠져 있는데, 그 이유는 대부분의 설교자가 청중의 협력과 해석을 방해하려고 하기 때문이다. 설교자들은 설교 진술의 명료함을 추구하며, 성경 텍스트와 설교 회중 앞에서 자신의

---

52) 앞에서 '원고'라고 번역한 '마누스크립트'는 라틴어로 '손으로(manu)'와 '쓴 것(skript)'이라는 뜻이다. '귀로 들은 것'이라는 뜻의 '아우레디트'는 마누스크립트와 대칭을 이루기 위해 의도적으로 만든 말이다 ─ 옮긴이.

설교의 완결성을 추구한다. 그들은 성경 말씀을 주석할 때도 다른 여러 가지 해석을 배제하는 하나의 특정한 방식으로만 주석한다. 그들은 자신의 해석을 최대한 정확하게, 어떤 면에서는 일 대 일로 팔아치우기 위해서 안간힘을 쓴다. 엥에만은 이것을 '밀폐된' 설교, 다시 말해 꽉 막히거나 닫힌 설교라고 부른다. 이 설교는 청중과 성령에게는 아무런 여지도 주지 않고 단 **하나**의 의미와 내용에 집착하는데, 그것이 대개는 오래 전부터 알려져 있는 고리타분한 의미와 내용이다. 엥에만은 그런 설교에 맞서 '다의적인' 설교를 내세우는데, 이 설교는 많은 다양한 사람들이 천차만별의 다양한 발견을 할 수 있는 설교이다. 그는 이렇게 주장한다. 설교자는 "청중이 직접 자기 것으로 삼을 수 있는 설교를 하기 위해 노력해야 한다. […] 그런 설교는 많은 사람이 머무를 수 있고, 많은 사람이 두루 다닐 수 있는 텍스트의 세계를 펼쳐 놓기 때문에, 그러니까 묘사된 세계의 추상적 지평을 훌쩍 뛰어넘어 이야기된 세계로 파고들어갈 준비가 되어 있기 때문에 긍정적인 평가를 받는 것이다. 그 이야기의 세계는 인간의 삶과 신앙에 의미가 있는 사건을 적극적으로 관찰하는 사람으로서 청중을 필요로 하며, 그 청중을 선포의 동시성 속으로 끌어들여 - 자기 동일시의 관점의 지평에서 - 어떤 결단을 촉발한다."[53]

설교의 다의성은 바람직하다

그런 설교의 특징은 진부하거나 상투적이지 않고 인간적이라는 점, 창조적인 메타포와 이미지를 사용하며 이야기적 요소를 내포하고 있다는 점이다. 그러나 교훈적 요소가 배제되는 것은 결코 아니다. 억지로 강요하는 것이 아니라 열린 자세로 차분한 설득을 이끌어내는 것이라면, 자기 생각의 전제를 정직하게 드러내고 자기 의견의 상대성을 인정하는 것이라면 그런 교훈적 요소가 함께 어우러지는 설교는 오히려 환영할

---

53) W. Engemann, "Unser Text sagt…", Hermeneutischer Versuch zur Interpretation und Überwindung des "Texttods" der Predgit, in: Zeitschrift für Theologie und Kirche, 93. Jg. 1996, 478~479.

만하다. 그런 설교의 목표는 그 설교를 통하여 - 어떤 예술작품의 경우와 마찬가지로 - 뭔가 새로운 것, 전혀 기대하지 않았던 것이 번쩍 빛을 발산함으로써 우리가 기존에 알고 있던 모든 것, 예전부터 전통으로 전해 내려오던 것이 오히려 의심의 대상이 되고 하나님의 전혀 새로운 현실성이 환하게 밝아오는 것이다. 이로써 설교는, 나아가 인간은 미래를 얻게 된다. 그리고 그 미래는 곧 하나님의 미래이다.

이런 설교를 비판하는 사람들은 그것의 임의성을 문제삼았다. 청중은 그런 다의적인 설교를 들으면서 결국 자기가 듣고 싶은 것만 골라서 듣는 것 아니냐는 비판이었다. 엥에만은 그런 비판에 맞서 이렇게 주장한다. 그 설교의 기초가 되고 있는 성경 텍스트와, 예배라는 콘텍스트와, 설교자의 메시지가 청중의 안내자 노릇을 한다. 아무리 열린 설교라 할지라도 설교자의 메시지가 없는 경우는 없다. 예술작품도 모든 해석에 다 열려 있는 것은 아니다. 다만 하나의 유일한 해석으로 환원되지 않을 뿐이다.

우리의 설교는 이 모델로부터 과연 어떤 것을 배울 수 있는가?

첫째, 우리는 설교자로서 설교의 영향력과 '성공'이 오로지 우리에게 달려 있다는 생각을 내려놓을 수 있다. 청중도 - 성령의 역사하심 안에서 - 함께 설교를 만들어가는 것이다. 설교는 예수 그리스도의 교회 공동체 전체의 일이다. 한 사람의 고독한 설교자의 독백이 아니다. 설교자는 성경 말씀에 대한 유일한 해석을 제공하고 여러 가지 문제에 대한 완벽한 해결책을 제시해야 한다는 부담을 내려놓을 수 있다. 엥에만이 그리고 있는 교회는 성숙한 교회 공동체이다. 설교의 최종적인 책임은 교회 공동체 전체에게 있다.[54] 엥에만의 설교 모델은 더 인간적인, 더 열린, 더

---

54) 여기에 대해서는 제6장의 설명도 참조할 것.

많은 이야기가 있는, 더 풍성한 이미지가 있는, 더 예술적인 설교를 만들어갈 것을 독려한다.

그의 설교 모델에서 좀 더 설명이 필요한 부분이 있다. 그것은 다의적인 설교가 확실한 선언의 말씀, 즉 확신을 주는 권고의 말씀과 어떻게 조화를 이룰 수 있느냐는 질문과 관계된 것이다. "너의 죄가 용서받았다!"는 축복 선언, 그런 확실한 선언을 하는 사람은 결코 다의적인 말을 할 수 없다. 그는 자기가 하는 말이 수행적 언어 행위(performative Sprachakte, 遂行的 言語 行爲), 즉 말한 대로 이루어질 것을 전제로 하는 말이라는 사실을 분명히 알고 있어야 한다. 다른 한편으로는 죄의 용서와 같은 선언의 말씀도 청중의 적극적인 들음이 없어서는 안 되며, 청중이 그 메시지를 자신의 것으로 받아들이지 않으면 안 된다는 사실을 기억해야 한다.

이 설교 모델에 대한 소개를 마치면서 엥에만의 설교 일부를 살펴보려고 한다. 엥에만은 자신의 설교 모델을 실제로 어떻게 활용하고 있는가? 그가 송구영신 예배 때 마가복음 10장 17~27절 말씀으로 행한 설교를 통해 알아보도록 하자.

문이 닫혀 있었습니다. 정말이지 말 그대로 꼼짝도 하지 않았습니다. 우리는 할 수 있는 모든 일을 다 해봤습니다. 이런저런 열쇠를 몇 번인가 집어넣고서 손가락이 아플 때까지 돌려보았습니다. 문은 전혀 열리지 않았습니다. 어떻게 우리한테 이런 일이 일어날 수 있을까! 새해 전날 밤 예배가 끝나고, 새해를 알리는 종소리가 울리기 직전에, 전문 예술사처럼 보이는 어떤 사람이 우리에게 말을 걸더니, 교회의 남서쪽 구석에서 재발견된 프레스코 벽화를 아냐면서 그 그림에 대해 설명을 해주기 시작했습니다. 그 사이 다른 사람들은 목사님과 함께 교회 밖으로 나갔습니다. 예배에 참석한 사람들의 수가 워낙 많았고 예배당 안의 조명은 그리 밝지 않았기 때문에, 우리 다섯 사람이 다른 곳에서 잠시 떨어져 있었던 것을 아무도 알아차리지 못했던 것입니다. 잠시라고요? 그 사이 벌써 한 시간 이상이 흘러갔던 겁니다. 새해맞이 불꽃놀이가 시작되어 정신없이 시끄러웠기 때문에 우리가 교회 안에서 열심히 소리를 지르고 문을 두드려 봐야 아무런 소용이 없었습니다. 우리는 그날 밤을 꼼짝없이 교회에서 지새워야 할 처지였습니다. 결국 우리는 그 현실을 받아들이고 거기서 우리가 할 수 있는 최선을 다하고자 했습니다. 제단 앞쪽에는 냉기가 조금 덜한 나무 연단이 있었는데 우리는 의자 방석을 죄다 가져와서 거기에 깔았고, 십자가 왼편과 오른편에 있는 초도 가져왔습니다. 우리를 저 그림 있는 데로 데려갔던 남자가 포도주 한 병을 꺼내서 우리 한가운데 세워놓았습니다. [⋯]55)

이렇게 교회에 갇힌 다섯 사람은 서로 대화를 나누기 시작했다. 어떤 회사를 운영하고 있는 뚱뚱한 사장님, 나이가 많고 비쩍 마른 철학자, 믿음 좋은 여신도, 이야기를 들려주는 사람[話者], 배낭을 멘 어느 남자가 그 다섯이었다. 엥에만의 설교를 듣다 보면, 그 배낭 멘 남자가 사실은 하늘의 사자(使者)로구나 하는 것을 알게 된다. 그는 다른 사람들과 이야기를 나누면서 그들 각각의 상황에 알맞은 말을 해주면서 그들이 자유로움과 편안함을 느끼도록 해주었다. 그리고 모두가 ― 이야기를 들려주는 사람만 빼고 ― 기적적인 방식으로 그곳에서 빠져나갈 수 있었다. 뚱뚱한 사장님도 기껏해야 찬송가 크기밖에 되지 않은 창문으로 빠져나갔다. 어떻게 그게 가능했는지는 아무도 모른다. 철학자도 갑자기 사라졌다. 믿음 좋은 여신도는 자기가 얼마나 의롭고 믿음이 좋은지 주장하는 것을 그만두자 벽을 통과해서 밖으로 나갔다. 남은 것은 오직 하늘의 사

55) W. Engemann, Ernten, wo man nicht gesät hat. Rechtfertigungspredigt heute, Bielefeld 2001, 71.

자와 이야기를 들려주는 당사자였다. 그 사람은 잠이 들었고, 다시 깨어나니까 신년 예배가 시작되었다. 바로 그 지점, 설교의 마지막에 가서야 성경 말씀이 낭독되었다. 설교 본문은 마가복음 10장 17~27절에 나오는 부자 청년 이야기였다. 이 설교 전체는 오늘날 모든 것을 팔아서 하늘의 보물을 얻는다는 것은 도대체 무엇인지, (뚱뚱한 사장이 조그만 창문으로 빠져나간 것처럼) 낙타가 바늘구멍을 지나간다는 것은 무엇인지, 인간에게는 불가능한 것이 하나님에게는 가능하다는 말이 무슨 뜻인지 납득할 수 있도록 도와주는 장치였다. 성경 본문을 낭독한 다음, 딱 두 문장으로 설교가 마무리되었다. "그때 나는 깨어났다. 나는 깨어났다."[56]

b) 마르틴 니콜: 사건으로서의 설교

독일 에어랑겐의 실천신학자 마르틴 니콜의 모델은 설교에 예술이 어떤 의미를 지니는가 하는 물음에서 엥에만의 모델과 통하는 바가 있다. 그러나 니콜은 설교의 미래에 대한 자신의 생각을 유럽 철학 및 언어학 텍스트 분석에서 찾지 않고, 자신이 미국을 방문한 경험에서 찾았다. 미국에서는 1960년대 이후부터 '신설교학(New Homiletic)'이라는 운동이 있었다.[57] 이 운동은 북아메리카에서 처음 영향력을 발휘할 때부터 줄곧 20세기 후반 미국의 목회상담학 운동과 비교되었다.

신설교학 운동의 강조점은 "다양한 형태의 방법적 도구를 동원하여 설교학적 교수학"[58]을 형성하는 것이었다. 1960년대의 신학적 토대는 독일과 비슷하게 변증법적 신학의 하나님 말씀 신학이었으나, 그 신학은 시간이 흐르면서 설교의 형식과 실천에 관한 물음에 의해 변형되었

---

56) 위의 책, 78.
57) 참조: B. D. Buttrick, Homiletics. Moves and Structures, Philadelphia 1987.
58) M. Nicol, Einander ins Bild setzen. Dramaturgische Homiletik, Göttingen 2002, 23.

다. 거기서는 다음과 같은 포인트가 중요했다.

첫째, 이 모델의 핵심 동력은 아프로 아메리칸(=흑인) 문화권에서 나왔다. 예를 들면 마틴 루터 킹 목사에게서 나타나는 모습이다.[59] 니콜은 이렇게 주장한다. "예배 중 설교자와 회중의 어울림, 축제적인 예배의 맥락에서 나타나는 설교의 구술성·사건성·음악성, 삶과 밀착된 성경 활용, 이 모든 것은 유럽적인 '백인' 설교 문화의 한복판에 전혀 다른 기원을 가진 설교 방식의 출현을 말해 주는 것이다."[60]

니콜이 언급하는 두 번째 특징은 연역적 설교에서 귀납적 설교로의 전환이다. 이것은 신앙의 진리를 논리 주장을 통해 설명하려는(연역적) 방식을 더 이상 추구하지 않고, 오히려 신앙의 여러 경험을 나누려는(귀납적으로) 방식이 요청되고 있음을 뜻한다. 여기서 중요한 것은 청중을 설교의 역동성 속으로 끌어들여, 그들이 독자적인 경험과 깨달음에 이를 수 있도록 하는 것이다. "설교의 패러다임은 더 이상 여러 가지 명제와 주장을 열거하는 학문적 강의가 아니라, 역동적인 이미지로 이루어진 영화이다."[61]

마지막으로 설교는 하나의 사건, 즉 하나님의 실재성(Gotteswirklichkeit)의 사건으로 이해된다. "여기서 '사건'이란 설교가 선포되고 경험되며, 나아가 고통스럽게 감수되는 다층적인 현상으로 이해할 수 있다. 내가

설교에서 **무엇을** 듣느냐는 설교자가 그것을 **어떻게** 말하고 내가 그것을 **어떻게** 받아들이는지, 그 방식과 뗄 수 없는 관계이다. 나는 추상적인 내용을 그것의 형식이나 언어 형태와 떼어 놓을 수 없고, 청중이 그 설교

---

59) 참조: R. L. Eslinger, The Web of Preaching. New Options in Homiletic Method, Nashville 2002, 제2장: Narrative Preaching in the African American Tradition, 103~150.
60) M. Nicol, 위의 책, 24.
61) 위의 책, 25.

및 설교자를 대하는 방식과도 따로 떼어 놓을 수 없다."[62] 마르틴 니콜은 이렇듯 내용과 형식의 통일에 대한 요구에 기초하여 드라마 제작 설교학(dramaturgische Homiletik)을 제안하면서 나름의 확고한 방향을 제시한다. "예술의 제작·공연·수용이 설교 과정을 위한 패러다임이 된다. 드라마 제작 설교학은 설교를 예술 중의 예술로 느끼도록 안내해 준다."[63]

신설교학에서 받아들인 이러한 사상은 어떻게 실제 설교에 적용될 수 있을까? 니콜은 사건으로서의 설교를 형성하는 데 도움을 주는 몇 가지 단계를 언급한다.

(1) 제일 먼저 필요한 것은 성경을 드라마 제작의 방식으로 연구하는 것이다. 성경에 나오는 언어 행위의 역동성을 발견하고 그것을 충분히 활용해야 한다. 성경의 언어와 이미지에서 뭔가 유일무이한 것, 우리의 삶을 풍요롭게 해줄 만한 것, 우리에게 행복감을 주거나 불쾌감을 주는 것을 찾아낼 수 있다. 성경을 "드라마 제작의 기법으로 탐색한다는 것은 그것의 드라마적 잠재력과 여러 가지 긴장 요소와 그 긴장의 흐름에 관심을 기울이는 것이다. […] 본문 자체 안에 있는 긴장과 갈등에 초점을 맞출 수도 있다. 또는 그 본문과 다른 텍스트의 상호 작용이나 다른 여러 가지 콘텍스트(맥락)와의 상호 작용에서 일어나는 긴장에 초점을 맞출 수도 있다. […] 우리가 무조건 피하려고 하는 것은 그 긴장(감)이 갑자기 뚝 떨어지는 것, 하나님에 대한 말이 진부해지는 것, 강단에서 상투적인 내용만 반복되는 것이다."[64] 니콜의 주장에 따르면, 긴장감 있는 설교가 되기 위해서는 성경 말씀과의 개인적인 만남이 필요하고, 성경의 이야기를 극화하여 연기하는 것이 필요하고, 성경 말씀의 예배적 맥락을

성경적 언어 행위의
역동성을 활용하라

62) 위의 책, 27.
63) 위의 책, 29.
64) 위의 책, 77~78.

볼 줄 아는 안목이 필요하고, 본문 자체 안에 있는 긴장과 여러 본문 사이에 있는 긴장을 감지할 수 있는 능력을 끊임없이 강화하는 주석 작업이 필요하다. 이 모든 과정은 "모든 상투적인 것을 뛰어넘어 언제나 새로운 모습으로 나타나시는 한 분 하나님과 항상 함께 길 떠날 것"65)(안드레아스 호프만)을 받아들이는 일이다.

(2) 드라마 제작(적) 설교학은 행위로서의 설교를 기획한다. 이제는 학문적인 강의가 아니라 영화가 설교의 패러다임이 된다. 영화에는 소재와 대본이 있듯이, 설교에는 성경적·신학적 내용과 그에 대한 좋은 연출이 필요하다. 설교의 처음과 마지막 문장이 핵심 문장이 된다. 긴장의 흐름을 만들고 그것을 유지하는 것이 중요하다. 본문 안에 나오는 움직임에는 의식적으로 어떤 구체적인 형체를 부여한다. 설교자의 이미지는 골방에 들어가 책상에 앉아 있는 고독한 사색가가 아니라, 자신을 둘러싼 세계를 느끼는 창조적인 예술가, 아틀리에의 예술가이다.

(3) 드라마 제작(적) 설교학은 사건으로서의 설교를 만들어낸다. "설교 과정은 말로 선포되며 귀로 듣게 되는 설교, 온몸으로 체험되며 고통스럽게 감수되는 설교, 곧 퍼포먼스에서 클라이맥스에 도달한다. 그 퍼포먼스를 지탱해 주는 것은 이런 식으로 복음을 통한 커뮤니케이션이 일어날 때 하나님께서도 그 과정에서 직접 말씀하실 것이라는 기대이다. 그런 기대 속에서 설교단 위의 모든 과정이 디자인된다."66) 니콜은 바로 이런 맥락에서 음성과 언어의 중요성, 신체 언어와 움직임의 중요성, 제의와 영성의 중요성을 지시한다.

여기까지가 이 모델에 대한 개관이다. 우리는 이 설교학 모델이 창조적인 영감을 불러일으키는 모델이라는 사실을 긍정적으로 평가하면서,

65) 위의 책, 78.
66) 위의 책, 114.

나아가 이 모델의 혁신적이고 실용적인 측면을 인정할 수 있다. 니콜이 북아메리카의 경험으로부터 많은 것을 수용하긴 했지만, 그 원동력을 독일어권의 대중에게 소개한 것은 분명 그의 공로라고 할 수 있다. 더 생생하고 감동적이며 더 더욱 다면적인 설교, 좋은 의미에서 재미있는 설교가 가능해졌다. 조금 더 분명한 이론적·신학적 기초가 있었으면 하는 아쉬움이 있긴 하지만, 그럼에도 이 설교학 모델은 - 그 다음에 나온 책은 훨씬 더 실천을 지향하고 있지만[67] - 여전히 많은 가능성을 안고 있다. 니콜의 모델이 설교학 논의를 얼마나 풍요롭게 할는지는 조금 더 지켜볼 노릇이다. 물론 드라마 제작 설교학은 설교자에게 상당히 높은 수준의 창조성과 연출 및 표현 능력을 요구한다.

엥에만의 경우와 마찬가지로 니콜의 설교문도 한 번 살펴보고자 한다. 요한복음 6장, 빵에 관한 예수님의 말씀으로 설교를 하는데 시작 부분에서 이런 설명이 나온다. "예수님이 말씀하십니다. 나는 생명의 빵이다. […] 그 말을 들은 많은 사람들이 말했습니다. 이건 정말 심한 말이로군. […] 예수님은 제자들이 투덜거리는 것을 눈치 채시고 이렇게 말씀하셨습니다. 그것 때문에 화가 나느냐?" [이 설교는 에어랑겐의 텐넨로에(Tennenlohe)라는 곳에서 행한 설교이다.]

I. 텐넨로에의 아침입니다. 아직 동틀 무렵이라 날씨는 차갑습니다. 저는 빵집에 들어갑니다. 그곳은 환합니다. 그리고 따뜻합니다. 좋은 냄새가 납니다. 기가 막힌 냄새입니다. 버터우유 빵, 치아바타, 호밀 빵, 에어랑겐 산마을 빵, 피트니스 빵, 경단, 곡물 빵, 롤 케이크, 잼 바른 빵, 텐넨로에 특산 빵, 터키 스타일의 넓적한 반죽 빵, 바게트…. 그런데 한 사람이 들어옵

---

67) M. Nicol/A. Deeg, Im Wechselschritt zur Kanzel. Praxisbuch Dramaturgische Homiletik, Göttingen 2005.

니다.

"나는 빵이요."

"무슨 빵 말입니까?"

"생명의 빵!"

"뭐, 뭐라고요?"

II. 화가 나시나요? 제가 설교를 시끌시끌한 영화처럼 시작하기 때문에? 요한은 말합니다. 그 빵 이야기가 화를 일으켰다, 격렬한 분노를 일으켰다고 말입니다. 적어도 그 말을 들은 사람들은 화를 냈습니다. "이건 정말 심한 말이로군. 누가 그런 말을 들을 수가 있담?" 예수님은 그런 분노가 부적절한 것이라고 여기지 않으시면서 한술 더 떠 이렇게 말씀하십니다. "그것 때문에 화가 나느냐?"

여러분은 화를 내셔도 좋습니다. 저 때문에 화가 난다고 해도 좋습니다. 제가 이렇게 격식 없이 말을 하고 있으니까요. 하늘로부터 내려온 빵을 언급해야 하는데, 제가 빵에 대해 말하면서 이런저런 보통 빵들에 대해 말하고 있으니까요. 사실 저는 그 빵이 여러 빵들 속에, 그 빵들과 더불어 있다고 주장하는 겁니다. 하나님의 빵과 평범한 보통 빵들이 나란히 진열대에 있습니다.

여러분은 화를 내셔도 좋습니다. 저 때문에 화가 난다고 해도 좋습니다. 하지만 그렇다면 여러분은 복음서 기자 요한에게도 화를 내셔야 합니다. 그 사람도 자신의 책 제6장을 그런 식으로 구성했기 때문입니다. 처음에는 오천 명을 먹이신 기적 이야기가 나옵니다. 배고픈 사람들에게 빵을 주신 이야기지요. 그 다음에 빵에 대한 이야기가 나옵니다. 생명의 빵에 대한 이야기입니다. 그 빵과 보통 빵들, 하늘과 땅, 그 둘은 하나입니다. 빵과 빵들은 같은 진열대에 있습니다.

이건 정말 심한 말이지요. 누가 그 말을 들을 수 있을까요? 화가 나십니

까? […]**68)**

c) 만프레드 요주티스: 권능의 말씀

만프레드 요주티스의 설교 이해는 지난 40년 사이에 여러 번의 변화를 겪었다. 그는 1960년대 루돌프 보렌의 조교로서 그의 설교론의 영향을 많이 받았다. 요주티스의 이름이 널리 알려진 것은 1965년에 나온 책 「현재 설교 안에 나타난 율법성(Gesetzlichkeit in der Predigt der Gegenwart)」**69)** 덕분이었다. 여기서 그는 라인 주 교회 안에서 907편의 설교와 성경공부 자료를 분석하면서, 율법적인 수단으로 복음을 제한하고 제약하는 모든 인간적인 시도에 강하게 반대하는 입장을 취했다. 그런데 수년 뒤에는 - 예컨대 보렌과는 달리 - 실천신학 분야에서 일어난 이른바 경험주의적 전환의 동력을 받아들이고, 그것을 자신의 저서 「그 목사는 다르다」에서 적극 활용하였다.**70)** 그러다 몇 년 전부터는 다시 새로운 길, 자기만의 외로운 길을 걷고 있다. 바로 이 길이 위의 두 모델의 부족한 부분을 잘 보완해 주기 때문에 간단하게 그 내용을 설명하고자 한다.

종교현상학을 토대로 나름의 고민을 발전시켜 온 요주티스는 이런 질문을 던진다. 과연 우리의 교회가 거룩함의 능력의 실재를 교회의 신앙과 실천 속으로 끌어안을 수 있을까? 이것은 그가 보기에 교회의 생존과 직결된 결정적인 질문이다. 만약 교회가 그렇게 할 수 있다면, 그것은 목회적 실천 전체에 대대적인 영향을 끼치게 될 것이다. 설교에서도 마찬가지다. 그가 여기서 말하고자 하는 바는 무엇인가?

능력에 대한 질문을 던지다

---

68) 위의 책, 30.

69) M. Josuttis, Gesetz und Evangelium in der Predigtlehre. Homiletische Studien 2, Gütersloh 1995, 94~181에 다시 정리되어 나온다.

70) M. Josuttis, Der Pfarrer ist anders. Aspekte einer zeitgenössischen Pastoraltheologie, München 1982, 4 Aufl., 1991.

일단 요주티스는 교회 안에서 광범위한 동의를 얻고 있는 한 가지 사실을 지적한다. 설교는 이해를 지향하며, 설교는 모름지기 이해가 잘 되는 설교라야 한다는 사실이다. 그는 이 사실을 부정하지 않는다. 다만 그 이해의 범주만 가지고는 설교 말씀의 여러 영향력 중에서 한 부분만이 파악될 뿐이라고 주장한다. 설교 말씀의 영향은 오직 설교자의 의지와 재능에서 나오는 것도 아니요, 오직 청중의 의식과 집중력에서 나오는 것도 아니다. 언어의 능력은 더욱 깊이 스며든다. 요주티스는 이것을 신약성경 연구를 통해 밝혀내고 그 성과를 설교 작업에 활용하고자 한다. 그는 이렇게 주장한다. "복음의 창조적인 말씀은 피조물의 능력에 의존하지 않는다. 그 말씀의 특별한 영향력, 곧 믿음을 창조하는 영향력은 설교자의 올바르고 굳센 믿음에서 나오는 것도 아니고, 설교의 수사학적 기교에서 나오는 것도 아니고, 의사소통의 조건이 완벽하게 갖추어진 데서 나오는 것도 아니다. 우리가 인간적이고 사회심리학적인 효과를 추구한다면, 그 모든 것이 필요하고 또 유용할 것이다. 그러나 말씀 선포의 역동적인 능력이 이생과 내생에서 인간을 구원하기 위함이라면, 그때 필요한 것은 오직 하나이다. 그리고 그것은 절대적인 것이다. 그것은 하나님의 영이다. 동방정교회 신학의 용어를 빌리면 이렇게 말할 수 있다. 누군가에 의해 창조되지 않은 에너지, 곧 하나님의 에너지가 언어 사건을 성취하신다."[71]

이런 깨달음, 즉 영의 말씀에 대한 깨달음은 실천신학에 어떤 결과를 가져올 것인가? 요주티스는 예컨대 설교자의 자기 준비에 큰 비중을 둔다. 거기서 중요한 것은 설교와 예배를 위한 내면적인 태도이다. 그것은 자기를 돌아보며 자기를 깨끗이 씻는 의식이다. "영의 말씀과 사귀

언어의 능력은 더욱 깊이 스며든다

---

71) M. Josuttis, Die Einführung in das Leben, Pastoraltheologie zwischen Phänomenologie und Spiritualität, Gütersloh 1996, 105.

고자 하는 사람은 멋지고 장엄한 모습에 대한 개인적인 바람도 내려놓고, 기독교인의 삶에 대한 자신의 이상도 내려놓고, 자신의 정치적인 입장도 내려놓고, 심지어 자신의 신학적 확신까지도 내려놓아야 한다. […] 내 안에 무엇이 있는지를 지각하고 그것을 내버려야 한다. 완전한 사람이 아니라, 자신의 온갖 욕심과 두려움을 깨끗이 비워낸 사람만이 영의 대변자가 될 수 있다."72) 이러한 정화의 과정은 특히 기도를 통해 일어난다. 이렇게 해서 자유로워진 사람은 말씀의 영으로 충만해질 수 있다. "자기 비움에 이어 말씀 채움이 온다. 이것은 어떤 자연적인 기제나 심리적인 전환 장치 같은 것이 아니라, 종교적 실천의 사실적 논리에 의거한 것이다."73) 그리고 이런 자기 준비의 과정은 청중에게도 해당된다. 청중도 자기의 두 손에 쥐고 있던 것을 모두 내려놓고 영적인 가난함 속에서 예배의 자리로 나아올 때, 바로 그럴 때에만 하나님의 영으로 채워질 수 있다.

설교의 과정 속에서는 삼중의 의사소통이 일어난다. 우선적으로는 인지적인 요소, 사상적이고 내용적인 요소가 전달된다. 신학, 교리, 이해의 의사소통이다. 나아가 요주티스는 설교 중에 인간의 감정과 기대가 변화를 일으킨다는 사실을 밝혀낸 사회과학적 연구 결과를 소개한다. 그런데 요주티스가 보기에 기존의 설교학이 소홀히 여겨온 현상이 있으니, 그것은 설교 중에 "신적인 분위기의 임재가 작용"74)한다는 사실이다. 그것은 인간이 일으킬 수 있는 현상이 아니다. 그것은 약속된 것이다. 찬양하고 기도하고 말하고 듣고 움직이고 축복하는 예배가 거기에 도움이 된다.

삼중의 의사소통

72) 위의 책, 108.
73) 같은 곳.
74) 위의 책, 112.

이런 맥락에서 볼 때, 설교를 열린 예술작품으로 이해하는 경향에 대해 요주티스가 비판적인 입장을 취하는 것은 자연스러운 일이라 하겠다. "강렬한 예술작품과의 만남, 신적인 영의 임재와의 만남, 혹은 그저 어떤 사람과의 만남이라 할지라도 그 만남을 무조건 수용 과정이라고, 다시 말해 수용 주체 안에서 일어나는 일, 의식적으로든 무의식적으로든 수용 주체에 의해 좌우되는 과정이라고 말할 수 있을까? […] 만일 어떤 예술작품에서, 어떤 사람 안에서, 영으로 충만한 어떤 설교에서 우리가 접하게 되는 것이 단순히 어떤 것을 장악하려는 인간의 경향만이 아니라 거룩한 것의 능력 자체라면, 그렇다면 인간은 어떤 분위기와 같은 능력에 의해 사로잡히는 것인데, 그 능력은 인간의 주체성을 확장하고 위협하고 변화시킨다. 그렇다면 이것은 수용의 과정이 아니라 회개(전향)의 사건이다. 말씀이 죄인을 의인으로 만든다."75)

요주티스의 설교 모델에 찬성하는 목소리도 있었지만 반대의 목소리도 많았다. 그가 마술적 사고를 한다는 비판, 중세로 회귀했다는 비판, 신학적으로 정교하지 못하다는 비판이 있었다. 그러나 요주티스는 영적인 만남의 역동성과 그 만남의 종교적 차원을 가장 탁월하게 가리켜 보여준 사람이다. 종교의 영역에서는 뭔가를 이해하고 정리하는 것만이 아니라 뭔가에 사로잡히는 것, 회개하는 것, 충만함도 중요하다.

요주티스의 설교를 잠깐 살펴보자. 그의 모델을 이해하는 데는 그의 설교집 「열린 비밀」76)을 읽어보는 것이 제일 좋다. 여기서는 마태복음 26장 69~75절을 본문으로 삼은 설교의 앞부분과 마지막 부분을 살펴보려고 한다. 예수님이 밤중에 심문을 당하시는데 베드로가 예수님을 세

75) M. Josuttis, Gottes Wort im kultischen Ritual, in: Predigt als offenes Kunstwerk, hg. von E. Garhammer und H.‒G. Schöttler, München 1998, 178~179.
76) M. Josuttis, Offene Geheimnisse. Predigten, Gütersloh 1999.

번 부인하고, 때마침 닭이 울자 베드로가 예수님의 말씀을 기억하고는
밖으로 나와 구슬피 우는 대목이다.

만일 닭이 운다면, **그러면** 밤은 끝난 것입니다. 날이 밝아옵니다. 모든
것이 분명해집니다. "닭이 울기 **전에** 네가 나를 세 번 부인할 것이다."

밤의 그늘 속에서는 경계가 희미합니다. 수많은 남녀가 공동의 행복을
바라며 연대합니다. 다른 사람들은 낯선 집으로 침입하고, 길 가는 나그네
를 습격합니다. 군사 전략가는 다음 공습을 계산하고 있습니다. 많은 사람
이 두려움 때문에 잠을 잘 수가 없습니다. 언제 폭탄이 떨어질까? 언제 탱
크가 굴러올까?

밤의 그늘 속에서는 경계가 희미합니다. 사람과 사람 사이의 경계. 전쟁과
평화의 경계, 삶과 죽음의 경계. 누가 누구에게 속한 것인가요? 뭐가 누구에
게 속한 것인가요? 이 두려운 암흑 속에서 어떻게 살아남을 수 있을까요?[77]

요주티스는 베드로가 예수님을 부인하는 이야기를 들려준 후에, 울고
있는 베드로와 배반자 유다를 마주 세운다. 유다도 후회하는 모습을 보
이며 은돈을 돌려준다. 그러나 그가 울었다는 기록은 어디에도 없다. 그
는 자신을 저주하고 스스로 목숨을 끊었다. 요주티스는 다음과 같은 메
시지로 설교를 마무리한다.

권력자들은 사형 선고를 내립니다. 돈에 눈이 먼 사람들은 다른 사람과
자기 자신의 목숨을 앗아갑니다. 그 사이에서 한 사람이 울고 있습니다. 눈
물이 흘러내리면 소유에 대한 집착도, 막강한 권력을 휘두르며 거드름을
떠는 것도 다 녹아 버립니다. 딱딱하게 굳어 버린 사람, 절망에 빠진 사람
이 눈물을 배울 때 평화가 자라날 수 있습니다. 밤의 끝자락에서 눈물은 유

77) 위의 책, 23.

일한 희망의 언어입니다.[78]

3. 설교의 미래

지금까지 우리는 설교학의 역사를 잠깐 뒤돌아보면서, 20세기 설교학의 세 가지 중요한 물음이 무엇인지 알게 되었다. 첫째는 설교의 신학에 대한 물음이었고, 둘째는 설교를 듣는 사람들에 대한 물음과 그들의 구체적인 생활 세계에 대한 물음이었으며, 셋째는 설교의 형태에 대한 물음, 곧 설교의 수사학에 대한 물음이었다. 이 세 가지 물음은 지금도 여전히 유효하다. 그러나 최근 설교학의 동향은 그 물음이 좀 더 보완될 필요가 있다는 사실을 드러냈다. 예컨대 설교의 수용 과정에서 청중의 협조에 대한 깊은 고민이 보완되어야 한다. 나아가 설교의 발표 혹은 설교의 퍼포먼스, 설교의 드라마 제작에 대한 고찰이 보완되어야 한다. 마지막으로 설교를 말하고 듣는 과정에서 일어나는 신적인 역동성을 다시 상기하는 것이 중요하다. 우리는 특히 마지막 포인트가 설교의 미래가 될 수 있다고 생각한다. 우리의 설교의 언어와 영을 불어넣어 주시는 분, 설교를 통해 믿음과 생명을 약속해 주시는 분, 바로 **그분**이 이런 설교를 통해 우리 인간에게 다가오시기 때문이다.

VIII. 오늘의 설교가 처한 상황

교회가 걸어온 격변의 역사를 공부해 본 사람이라면 설교라는 것도 시대의 흐름 속에서 여러 가지 모습으로 변해왔다는 사실을 알게 된다. 앞서 이야기한 것을 종합해 볼 때, 설교는 – 성경의 메시지에 초점을 맞추는

78) 위의 책, 26.

것과 더불어 – 최대한 세심하게 청중의 구체적 삶의 정황에 관심을 기울이는 것을 가장 큰 특징으로 한다고 해도 과언이 아닐 것이다. 설교는 그들의 마음에 가 닿고자 한다. 이런 의미에서 설교는 시대에 부합한 것이어야 한다. 그렇기 때문에 오늘날 우리의 삶의 정황이 어떤 특징을 지니고 있는지 살펴보면서 제1부를 마무리하는 것이 좋을 듯하다. 우리는 여러 가지 사회적 정황 가운데서도 특별히 설교와 관련하여 중요한 몇 가지를 대략적으로 분석하려고 한다. 이 분석은 특정한 공간과 시간의 제약을 받는다. 우리가 앞에서 다룬 설교의 기본 요소와 설교의 여러 가지 차원은 보편적인 성격을 지닌 것이지만, 지금부터 열거되는 설명은 지금 우리 시대의 상황에 한정된 것이기 때문에 시간이 흐르면 타당성을 잃을 수도 있음을 기억하기 바란다. 그리고 이것은 주로 '설교학적 광역 기상 상황'과 관련된 성찰이며, 이것도 그때그때 '현지 상황'을 관찰하면서 보완해 주는 것이 좋다.

1. 정보의 범람과 이해의 변화

사람들은 우리 시대를 흔히 포스트모던 시대라고 부른다.[79] 우리 시대는 모든 것이 점점 빨리 변화하는 것이 특징이 되어버렸다. 새로운 것이 너무나 빨리, 너무나 대량으로 우리에게 몰려오기 때문에 개개인은 그것을 제대로 소화해낼 수 없을 정도다. 우리는 수많은 책, 신문, 텔레비전, 인터넷 덕분에 정보가 넘쳐나는 세상에서 살고 있다. 삶의 템포가 자꾸만 빨라진다. 텔레비전 광고나 영화 광고에서는 수없이 많은 그림과 이미지가 순식간에 교체되고 라디오에서도 말로 뭔가를 표현하고 논의하는 시간은 점점 짧아지고 있다. 이러한 정보의 홍수 시대의 장점이   정보의 홍수

---

79) 포스트모던 개념에 대해 참조할 만한 주요 저서: J. F. 리오타르 지음, 이현복 옮김, 「포스트모던적 조건」, 서광사 1992 / 볼프강 벨쉬 지음, 박민수 옮김, 「우리의 포스트모던적 모던」, 책세상 2001.

있다면, 그것은 지식이 점점 더 많은 사람에게 공유되고 이로써 소수 전문가의 권력이 상대화된다는 점이다. 예컨대 어떤 환자는 인터넷을 통해서, 또 인터넷으로 만난 자기 치료 그룹을 통해서 자신의 병에 대해 담당 의사보다 더 많은 지식을 습득하기도 한다. 설교를 하는 사람과 설교를 듣는 사람에게도 이와 비슷한 일이 벌어질 수 있다. 하지만 인간의 수용 능력에는 한계가 있다. "개인에게 점점 더 많은 정보가 밀려들수록 그 정보의 중요성을 평가할 수 있는 배경·맥락·느낌은 더 많이 사라져 버린다. 그러다가 결국 그 정보의 홍수는 '백색 잡음'[80], 즉 의미 없는 배경의 소음으로 변해 버린다."[81] 정보 과잉의 상태가 지속되면서 정보의 성격도 변하고 그 정보를 처리하는 방식도 변한다. 우리 시대에는 무엇보다 경제적 이해관계, 그리고 효율성과 이용 가치에 대한 물음이 정보를 규정하는 가장 강력한 기준이 되고 있으며, 종교적 커뮤니케이션의 영역에도 막대한 영향을 끼치고 있다. 그러나 정보가 이렇듯 도구화되면서 사람들의 관심 밖으로 밀려나는 것들도 있다. 예컨대 삶의 의미에 대한 물음, 창조성과 시문학의 차원이 그렇다. 대중매체가 우리에게 선전하는 것보다 다층적인 세계를 꿈꾸며 추구하려는 몸부림도 그렇다. 그런데 이런 것들이 점점 골칫거리 취급을 당하고 점점 외면당하는 추세이다.[82]

2. 규범과 가치의 변화

전통의 단절　　(탈)현대 사회의 또 다른 특징은 전통과의 대대적인 단절이다. 과거에는 개개인과 집단에게 지속성을 제공해 주던 가치와 규범이 점점 보

---

80) 백색 잡음(white noise)이란 전도체 내부에서 이리저리 흩어지는 전자의 자유 운동으로 생겨나는 잡음을 말하며, 귀로 감지할 수 있는 모든 주파수 영역이 동시에 들리는 소리, 그러므로 아무런 의미가 없는 소음을 뜻한다 – 옮긴이.

81) I. Reuter, *Predigt verstehen. Grundlagen einer homiletischen Hermeneutik*, 20.

82) 위의 책, 특히 40~43.

편적인 구속력을 잃어가고 있다. 더 이상 당연한 것은 없다. "거대 서사가 무너져 버렸다."(장 프랑수아 리오타르) 그래서 개개인은 뭐가 중요하고 뭐가 중요하지 않은지를 스스로 결정해야 하는 부담감을 점점 더 많이 느끼고 있다. 그런데 그런 결정에 도움이 될 수 있는 전통적 토대는 그야말로 처절하게 무너져 내렸다. "구속력을 잃어버린 이야기의 바다 속에서 개개인은 아무런 이야기 없이 막막하게 헤엄을 치고 있으며, 그래서 더 더욱 이야기를 필요로 한다."[83] 그래서 지속적이고 확실한 자기 정체성을 형성하는 것, 어떤 확실한 삶의 토대를 딛고 서는 것이 점점 더 어려워진다. 정보가 넘쳐나고 삶의 가능성도 넘쳐나는 세상에서 포스트모던 인간은 이른바 패치워크-정체성(patchwork-identity), 즉 천차만별의 생활양식과 모델로 이리저리 짜깁기해서 만들어낸 자기 정체성을 만들어낸다. 그런 식으로 급변하는 사회를 따라가려는 것이다. 긍정적으로 보자면 이것은 인간이 다양한 자기실현 가능성을 갖게 된 것이라고 생각할 수 있다. 인간은 나름의 노력과 투자와 추진력으로 자신이 원하는 모습을 찾아갈 수 있다. 이러한 긍정적 가능성을 섣부르게 폄하해서는 안 된다. 그러나 이러한 시대의 문제점도 너무나 명확하다. 다른 사람의 시선을 의식하면서 끊임없이 뭔가를 만들어내고 가장 이상적인 모습을 구축하려는 시도는 힘겹기 그지없다. 이러한 현상은 종교의 영역, 기독교 신앙의 영역이라고 해서 예외는 아니다. 여기서도 거대 서사는 설득력을 상실하고, 그와 더불어 거대 서사를 대변하던 기관, 즉 교회도 영향력을 상실해 가고 있기 때문이다. 포스트모던 사회의 인간은 여러 가능성 가운데 하나를 선택하는 과정에서 모종의 결정을 내림으로써 자신의 종교성을 실현한다. 얼마를 투자하면 얼마를 얻게 된다는 식의 계산

패치워크-정체성

---

83) A. Grötzinger, Geschichtenlos inmitten von Geschichten. Die Erlebnisgesellschaft als Herausforderung für die Seelsorge, in: WZM 48(1996), 484.

이 그의 결정에 큰 영향을 끼친다. 요컨대 종교와 관련해서도 그것이 나 자신의 삶에 중요한지, 얼마나 도움이 되는지, 얼마나 내 삶의 체험 가치를 높여 주는지를 곰곰이 따진다는 것이다. 그는 여러 가지 이념과 형태를 이리저리 조합해 본다. 마치 조각보를 만드는 것처럼 이것저것 가져다 덧붙여서 자기에게 딱 맞는 종교성을 만들어낸다. 기독교 신앙만을 재료로 삼는 것도 아니다. "매주 일요일 오전에 교회에 가는 사람들 중에도 오후에는 음악, 춤, 수피즘에 대한 책을 읽거나 고대 아일랜드의 켈트 신비주의에 대한 라디오 방송을 듣는 사람들이 있다. 서점 진열대에는 종교적인 것에 관심이 있는 사람들을 위해서 온갖 책이 알파벳 순으로 배열되어 있다. 다양한 명상법을 소개하고 배우는 단기 체험 학교, 영성 캠프 등도 아주 다양한 양상을 띠고 있다."[84]

3. 개인화와 사회적 소외

가능성은 늘어나고 전통은 무너져 내리는 사회에서는 자연스럽게 개인주의가 나타난다.[85] 나의 삶은 언제든지 다른 모습이 될 수 있다. 예컨대 나는 다른 사람과 살 수 있다. 다른 직업을 가질 수 있다. 다른 동네에서 살고, 다른 교회에 나갈 수도 있다. 당연한 것은 없다. 모든 것이 나의 선택에 달려 있다. "모든 것이 이미 결정되어 있는 표준적 삶의 시대는 가고 이제는 – 좋은 점도 있고 힘든 점도 있는 – 선택의 삶의 시대가 왔다. 여기서 단연 두드러지는 것이 개인화의 양면성이다. 개인화는 과거의 고착된 삶의 패턴으로부터는 해방을 의미하지만, 동시에 이제는 내가 나 자신의 삶의 틀을 만들어가지 않으면 안 된다는 것을 의미한

---

84) A. Dubach/R. Campiche(hg.), Jede/r ein Sonderfall. Religion in der Schweiz. Ergebnisse einer Repräsentativbefragung, Basel 1993, 306~307.

85) 참조: U. Beck, Die Erfindung des Politischen. Zu einer Theorie reflexiver Modernisierung, Frankfurt 1993. 우리말 번역: 울리히 벡 지음, 문순홍 옮김, 「정치의 재발견」, 거름 1998.

다."[86] 이렇게 우리의 일상 세계가 개인화되면서 인간과 인간의 관계도
달라진다. 사회적 영역에서는 점점 더 많은 분할과 구분이 일어난다. 연령에 따라, 직업에 따라, 여가 활동에 따라 – 무엇보다도 특별한 관심사와 생활 조건에 따라 – 다양한 사회적 환경과 모임이 구성되며 사람들은 자신과 공통분모를 가진 사람들과 이따금 어울리곤 한다. 그리고 그 공통분모라는 것도 규모가 점점 소소해진다.(오페라 동호회, 아무개 축구팀 응원단, 컴퓨터 동호회 등)[87] 그러면서 점점 "낯선 자들의 사회"가 되어가고 있다.[88] 어떤 기존의 전통도 그 사회 구성원을 하나로 묶어 주지 못한다. 그 사회에서는 개개인의 문화적·개인적 특성 때문에 타자를 이해하고 타자에게 공감하기가 점점 더 어려워진다.

지금까지 우리는 현대 사회의 상황을 세 가지 관점에서 살펴보았다. 물론 현실은 우리가 그려낸 것보다 훨씬 복잡하다. 그러나 우리가 관찰하고 분석해낸 내용이 오늘 우리의 설교와 긴밀한 관계가 있다는 사실만큼은 분명해진 것 같다. 그렇다면 이제 우리의 설교는 어떤 태도를 취할 수 있을까? 우리는 결정적인 해법을 제시하기보다는 우리에게 도움이 될 만한 몇 가지 방향을 제시하고자 한다.

4. 체험의 문화 대신 생명의 문화

지금까지 설명한 사회적 변화 앞에서 도덕적 비판을 앞세우는 것은 아무런 도움이 되지 않는다. 요즘은 모든 것이 엉망이라는 식의 성토는

---

86) A. Grötzinger, Differenz-Erfahrung. Seelsorge in der multikulturellen Gesellschaft. Ein Essay, Waltrop 1994, 12.

87) 참조: G. Schulze, Die Erlebnisgesellschaft. Kultursoziologie, 4. Aufl., Frankfurt am Main/ New York 1993.

88) C. Leggewie, multi kulti. Spielregeln für die Vielvölkerrepublik, 3. Aufl., Bern 1993, XIII.

사람들의 마음을 끌지 못할 뿐만 아니라 뭔가 대안적인 삶의 가능성을 제시하지도 못한다. 또한 모든 낯선 것, 자기와는 다른 모든 것을 적대시하며 그런 적대적 이미지를 통해서 에너지를 그러모으는 기독교 근본주의로의 회귀도 전혀 도움이 되지 못한다. 오늘 우리에게 필요한 것은, 여러 가지 사회적 요인으로 생명이 파괴되는 위기의 시대 속에서 복음에 기초하여 긍정적인 대안 모델을 제시하는 것이다. 기독교인은 체험의 문화에 맞서 "생명의 문화"를 보여주어야 한다.[89] 이것을 지금까지 우리가 서술한 맥락에서 다시 표현해 보자. 정보가 넘쳐흐르고 가능성이 넘쳐 남아도는 세상에서는 '덜'이 '더'가 된다. 이제는 양을 따지는 것보다 질에 관심을 기울여야 한다. '더 많이'의 삶보다는 '더 깊이'의 삶을 추구해야 한다. 오늘날에는 삶의 템포를 늦추는 것이 – 믿음 생활과 관련해서도 – 반드시 필요하다. 그래야 우리의 몸과 영혼이 여유를 가지고 피상적인 체험의 세계에서 빠져나와 웅숭깊은 경험의 세계로 진입할 수 있다. 이러한 전제 조건 하에서 설교의 과제는 현대인에게 자기 성찰의 공간을 열어 주는 것이다. 경제적 관심사가 우선시되는 공간이 아니라 하나님과 이 세상을 새롭게 바라볼 수 있도록 안내받을 수 있는 창조적이고 시적인 공간을 제공하는 것이다.

긍정적인 대안 모델

5. 설교자의 '처음 정신', 설교자의 내려놓음

독일의 신학자 알브레히트 그뢰칭거는 전통이 붕괴되고 개인화가 진행되는 현대 사회를 분석한 후에, 그 분석에 기초하여 오늘날의 설교를 위한 결론을 도출해낸다. "과거에는 사람들이 기본적으로 예배에 대해 어느 정도의 신뢰를 가지고 예배에 참여했지만, 지금 우리는 그런 신뢰

---

89) 참조: K.-H. Bieritz, Erlebnis Gottesdienst. Zwischen 'Verbiederung' und Gegespiel: Liturgisches Handeln im Erlebnishorizont, WzM, 48(1996), 488~501.

를 가정할 수 없는 상황이다. 이것은 무엇을 의미하는가? 이제 우리의 설교는 철저하게 기초로부터, 언제나 처음부터 다시 시작하는 것이어야 한다. 설교는 그 자체의 힘으로 사람들의 이해를 이끌어내야 한다. 우리의 설교는 이전의 신뢰에 의존하는 것이 아니라, 설교 그 자체의 신뢰도를 직접 만들어내야 한다. 우리의 설교는 우리가 그렇게도 원하는 동의를 얻기 위해 거의 제로 포인트에서 다시 시작하는 듯한 노력을 기울여야 한다."90) 그뢰칭거는 그런 설교를 처음 설교(anfängliches Predigen)라고 부른다. 처음 설교는 이야기의 형태로 전달될 때 가장 성공적이다.91) 훌륭한 이야기는 별도의 설명이 필요없고, 그 자체의 힘으로 신뢰를 이끌어낸다. 이야기는 청중에게 뭔가를 뒤집어씌우지 않고서도 청중을 집중시킨다. 이런 스토리텔링 설교의 내용은 – 앞서 살펴본 바에 따르면 – 삼위일체 하나님과 그분의 피조세계 전체의 이야기, 곧 거룩한 약속의 이야기라는 점은 두말할 나위도 없다.

위에서 언급한 것처럼, 포스트모던 사회에서는 스스로 삶을 구성해야 한다는 강박, 자기를 가장 이상적으로 드러내야 한다는 강박 때문에 개개인이 과중한 부담을 느끼게 되는데, 오직 은혜와 믿음으로 하나님을 통해 의로워진다는 메시지를 선포하는 설교는 그런 부담(감)에 시달리는 현대인에게 매우 실제적인 의미를 띠게 된다.92) 그런 설교는 우리가

설교는 그 자체의 힘으로 사람들의 이해를 이끌어내야 한다

칭의의 메시지

90) A. Grözinger, Mit dem Anfang anfangen. Anfängliches Predigen in einer Gesellschaft des Multikulturalismus, in: Predigen aus Leidenschaft. Homiletische Beiträge für Rudolf Bohren zum 75. Geburtstag, hg. von der Evangelischen Akademie Baden(Herrenalber Forum, Bd. 16), Karlsruhe 1996, 61~78. 인용문은 66.

91) 참조: A. Egli, Erzählen in der Predigt. Untersuchungen zu Form und Leistungsfähigkeit erzählender Sprache in der Predigt, Zürich 1995. W. Neidhart/H. Eggenberger(Hg.), Erzählbuch zur Bibel, Bd. 1, 6. Aufl., Lahr/Düsseldorf 1990.

92) 참조: E. Jüngel, Das Evangelium von der Rechtfertigung des Gottlosen als Zentrum des christlichen Glaubens, 3. Aufl., Tübingen 1999; W. Klaiber, Gerecht vor Gott. Rechtfertigung in der Bibel und heute, Göttingen 2000.

자신의 한계와 유한성을 고백하고 그것을 견뎌내는 데 도움을 주며, 자신에게 주어진 삶의 영역을 창조적으로 사용하는 데 도움을 준다. 하나님의 사랑을 선포하는 것, 그리고 그것과 긴밀히 연관된 인간의 존엄성을 선포하는 것은 인간이 마땅히 해야 할 일과 인간이 도저히 감당할 수 없는 과중한 요구를 잘 구분하는 데 도움을 준다. 그러한 선포는 자기가 스스로를 궁극적으로 정의하려는 교만한 요구에는 저항하는 한편, 참된 인간으로 살아가고 다른 사람과도 인간적인 관계를 맺으며 살아가는 데는 도움을 준다.

6. 모범적 이미지와 공동체

표준적 삶을 살아가던 시대에서 선택적 삶을 사는 시대로의 변화는 어떤 모범이나 판단 기준을 요구하게 된다. 그런 모범과 판단 기준은 오늘날 기독교인의 실존이란 무엇을 의미하는지를 분명히 인식하는 데도 도움을 준다. 설교는 현대인이 올바른 삶의 방향을 찾아나가는 과정을 격려하고 그 과정을 형성하기도 한다. 설교가 완전무결한 해법을 제시해야 하는 것은 아니다. 하지만 기독교인의 삶의 몇 가지 모델을 선명하게 그려낼 수는 있다. 물론 설교는 그보다 큰 일도 할 수 있다. 성경 본문의 역동성과 본문 자체의 운동력이 설교를 통해 나타날 때, 또 그 설교가 단순히 정보를 제공하는 설교가 아니라 은총과 생명을 선포하고 그것을 나눌 때 능력의 샘이 터져 나오고 그 능력을 힘입어서 그리스도를 따라 사는 삶이 실제로 가능해진다. 그러한 삶은 청중 가운데서 하나의 사건이 되어 역사하고 지속된다. 신학의 언어로는 그것을 성화(聖化)라고 부른다. 여기서도 지나친 부담감은 금물이다. 그러므로 우리의 설교는 성화도 칭의(稱義)와 마찬가지로 인간의 일이 아니라 하나님의 역사하심이라는 사실을 분명히 선포해야 한다. 물론 인간도 온몸과 영혼으로 그 역사하심에 동참한다.

이러한 성화는 개인적인 차원과 공동체적인 차원을 가지고 있다. 성화에는 "우리의 삶을 형성하는 모든 것을 하나님의 손에 내놓아 하나님께서 그 모든 것을 형성하시게 하는 것도 포함된다. 여기에는 예술적이고 학문적인 재능이나 우리가 가지고 살아가야 하는 결점이나 장애, 혹은 부담되는 짐들까지도 해당된다. 성화의 길은 우리가 우리의 많은 짐을 시간이 흐르면서 벗어버리는 것이 아니라, 그런 것들과 더불어 살아가는 것을 배우는 데 있다."[93] 이러한 개인적 측면과 더불어 공동체적인 측면이 있다. 성령이 역사하실 때 나타나는 특징 하나는 "그분이 인간과 하나님을 이어주시면서, **그와 동시에** 인간과 인간을 서로 이어주신다는 사실"이다.[94] 설교가 믿음을 일깨우는 곳에서는 이웃에 대한 사랑과 그 이웃을 위한 구체적인 사랑의 실천도 일깨워진다. 이러한 사상은 서로가 서로에게 점점 낯선 존재가 되는 세상에서 더 더욱 중요한 의미를 지닌다. 물론 여기서 교회 공동체 안에서의 관계와 전체 사회 속에서의 관계를 구분하지 않을 수 없겠지만, 기독교의 사랑은 결코 교회라는 테두리 안에 국한될 수 없는 것이다. 신약성경은 문화적이고 사회적인 경계가 극복되는 이야기로 가득하다. 지금이야말로 이러한 경계를 뛰어넘어 공동체를 일구어내는 설교의 힘을 새롭게 발견할 때이다.

93) W. 클라이버, M. 마르쿠바르트 지음, 조경철 옮김, 「감리교회 신학」, kmc 2007, 376.
94) W. Härle, Dogmatik, 375.

제2부

실제적인 안내 원리

설교자의 작업장에서
청중을 위한 설교
설교의 구성
설교의 전달
설교의 점검

제 **2**장

설교자의
작업장에서

설교를 작성하는 일은 수공업과도 같다. 그것을 제대로 익히기 위해서는 뭔가를 배워야 한다. 그러므로 제2장에서는 어떤 특정한 계획에 따라 설교를 작성하는 법에 대해 배우고자 한다. 여기서 우리는 표본적으로 두 개의 길을 보여줄 터인데, 하나는 설교자가 성경 본문에서 출발하여 설교에 이르는 길이고, 다른 하나는 주제에서 출발하여 메시지를 선포하는 길이다. 설교 준비는 주로 책상에서 이루어진다. 책상은 설교자가 성경을 펴고, 본문을 읽고, 성경의 말씀을 기도 가운데 묵상하며, 설교를 위한 아이디어를 수집하는 곳이다. 또한 다방면의 책을 읽으면서 그 생각을 확장하고 심화하는 곳이며, 그 생각이 청중에게 어떤 메시지로 들릴 것인지를 심사숙고하는 곳이기도 하다. 그러나 책상만이 유일한 장소는 아니다. 규칙적으로 설교를 하는 사람은 - 자신이 의식하든 의식하지 못하든 - 언제 어디서나 설교를 준비하고 있다. 누군가의 집에 심방을 하거나, 우연히 누군가를 만나 대화를 나누거나, 신문을 읽을 때도 설교에 필요한 자료를 수집하고 발견한다. 설교자는 자신이 아직 풀지 못한 문제의 해답을 - 자신이 의식하든 의식하지 못하든 -

찾고 있다. 한밤중에 잠을 자다가도 설교에 쓸 만한 좋은 아이디어가 떠오르면 지체 없이 일어나 그 아이디어를 적어놓곤 한다. 그러므로 설교자는 창조적인 아이디어가 필요한 예술가와 같을 때도 있다. 설교자는 창조주 성령의 능력에 의존한다. 그분께 자기를 활짝 열고 있어야 한다. 설교자는 한 번에 몰아치듯 설교를 써내려가는 것이 아니라 설교를 위해 넉넉히 시간을 마련해 놓는 것이 중요하다. 설교를 준비하는 여러 단계는 며칠로 나누어 밟아나갈 수도 있고 – 시간이 충분할 때는 – 심지어 몇 주로 나눠서 진행할 수도 있다.[95]

I. 첫 번째 길: 본문에서 설교로

대부분의 경우 설교 준비는 성경 본문을 고르고 묵상하는 것에서 시작한다. 청중의 마음에 호소하는 설교를 위한 추후의 과정은 모두 그것에 잇대어 있다. 지금부터 우리가 소개하는 과정을 꼼꼼히 하나하나 따를 필요는 없다. 때로 어떤 부분은 그냥 넘어갈 수도 있고, 어떤 부분에서는 좀 더 많은 시간을 할애할 수도 있다. 그것은 그 대목에서 이 책의 저자들이 예상했던 것보다 더 많은 고민거리가 설교자의 눈에 띄었기 때문일 것이다. 모든 준비의 과정이 하나의 게임처럼 비슷하다고 느껴질 때도 있으니, 어떤 때는 나의 말이 빨리 앞으로 치고나가서 금방 목표점에 골인하는데, 어떤 때는 자꾸만 뒤로 밀려나서 우여곡절 끝에 간신히 목표점에 도달하기도 하는 것이다.

지금부터 우리는 성경 본문에서 출발하여 설교에 도달하는 여러 단계를 기술하려고 한다. 하지만 그 과정에서도 아예 처음부터 청중의 상

---

95) 참조: K. Adloff, Die Predigtwoche. Ein homiletische Exerzitium, Göttingen 1988.

황에 대한 고민까지 품고 가려고 한다. 이것은 성경 본문의 낯선 모습과, 그 본문이 각각의 청중에게 불러일으킬 수도 있는 거부감과 공감을 조금 더 면밀하게 파악하려는 것이다. 그래서 우리는 본문에서 설교로 가는 길을 가되 우리의 청중에 대한 인식을 붙들고 간다. 우리의 설교는 성경 지향적이면서 청중 지향적이다. 각각의 작업 단계는 의식적으로 간략하게 설명할 것인데, 이것은 설교를 준비하는 사람들이 하나의 틀로 사용할 수 있도록 하기 위함이다. 이 책의 다른 부분에서 자세하게 설명하고 있는 내용이 나오면 그 부분을 지시할 것이다.

성경 본문 선택

성경 본문을 찾아내는 것과 관련해서는 원칙적으로 두 가지 가능성이 있다. 하나는 몇몇 교파가 발행하고 설교자를 위한 표준으로 선언하고 있는 〈성서일과〉를 따르는 것이다. 〈성서일과〉는 매주 설교, 교회력에 따른 경축일 설교에 알맞은 성경 말씀을 설교 본문으로 제시하고 있다. 〈성서일과〉에 따른 본문을 선정할 때의 장점은 설교자가 본문을 찾느라 오랜 시간을 보내지 않아도 된다는 점이다. 〈성서일과〉가 제시하는 본문은 교회력에 잘 맞추어져 있고 어느 교파에서는 최신 설교자료까지 제공해 주기도 한다. 그런 자료에는 그 성경 본문 혹은 설교 주제에 맞게 예배 전체를 구성하는 데 필요한 조언까지 수록되어 있는 경우도 적지 않다. 설교자가 선호하는 본문만 설교 본문이 될 수 없다는 것, 설교자가 일단은 낯선 생각을 받아들여야 한다는 것도 〈성서일과〉에 따른 설교의 장점이다. 그러나 〈성서일과〉가 제시하는 도식을 따르다 보면 약간의 시간적 간격을 두고 성경 본문이 끊임없이 반복된다는 문제가 있기는 하다. 또 〈성서일과〉에 따른 성경 본문이 지금의 사회적 분위기나 교회 공동체의 관심사와 어울리지 않을 때도 있다. 설교자가 구체적인 상황을

염두에 두고 설교 본문을 고르지 않는다면, 설교의 예언자적 차원이 약
화될 수도 있다.

본문과 나의 첫 번째 대화

이 단계는 여러 개의 세부 단계로 나누어볼 수 있다.

(1) 설교의 토대가 될 본문을 발견했다면, 그 본문과 처음으로 대화를 2단계
나누면서 이런 질문을 던져본다.

- 이 본문은 나에게 가까운 본문인가, 먼 본문인가? 이해하기가 쉬운
  가, 어려운가?
- 이 본문은 나에게 편안한가, 낯선가? 나에게 어떤 말을 걸어오는가?

이렇게 첫 만남에 대한 나의 느낌을 적어 본 뒤 다음 단계로 넘어간다.

a) 그 본문을 나의 언어로 풀어 본다.
b) 이야기, 비유, 상황 묘사로 이루어진 본문이라면 그 본문에 나오는
   인물에 감정이입을 한 다음 본문을 (경우에 따라서는 다른 사람들과)
   재현해 본다.
c) 그 본문에서 이상하게 나를 매료시키는, 혹은 내게 거부감을 불러
   일으키는 키워드가 있다면 그 단어에 대해 곰곰이 생각한다. 여러
   사전을 찾아보며 그 단어의 의미를 조사한다. 본문에 나오는 이미
   지나 상징에 주의를 기울인다.
d) 본문을 다양한 번역으로 읽으면서, 각각의 번역이 특정 단어들을
   어떻게 이해했으며 특정 이미지를 어떻게 해석했는지 알아본다.

(2) 아래의 기준에 따라 본문을 분석한다.

- 구조
- 클라이맥스
- 모호한 곳
- 애매한 곳

(3) 그 본문과 뭔가 관련이 있다고 생각되는 성경 구절, 성경에 나오는 시, 보통 사람들이 읽는 시, 기도문, 이야기 등을 떠올린다.

(4) 그 본문이 교회력과 잘 어울리는지 확인한다. 전통적으로 그 주일에 배정된 주제, 거기 속한 찬송가와 시편 등을 떠올린다.

(5) 본문을 꼼꼼하게 주석(학문적 기준과 방법론에 입각한 성경 주석)하면서 좀 더 점검해 봐야 할 질문 거리들을 적어놓는다.

청중과 나의 첫 번째 대화

설교자가 머릿속으로 청중과 대화를 할 때 '현지 상황'과 '설교학적 광역 기상 상황'(제1장 참조)을 모두 주의 깊게 참조하는 것이 좋다. 그때 다음과 같은 제안이 도움을 줄 것이다.

3단계

(1) 지금 나의 설교 아이디어가 나의 청중에게 어떤 반응을 일으킬지 상상한다. 경우에 따라서는 아주 구체적으로 어떤 사람(들)을 떠올릴 수도 있다. 나의 교회 공동체의 상황도 포괄적으로 염두에 두어야 한다.(예배에 참석한 사람들의 사회적 구성, 신앙의 색채, 지역 교회의 상황)

(2) 설교 본문을 묵상하면서 나에게 떠오른 아이디어가 내가 설교를 해야 할 상황과 잘 어울리는지 따져본다.

(3) 본문과 관련하여 내가 청중에게 가장 말하고 싶은 주제는 무엇인지를 확실히 한다.

(4) 최근에 내가 청중과 (가령 심방을 계기로) 만나 나누었던 긴 대화, 짧은 대화, 그때 있었던 일 등을 가만히 떠올려 본다. 주변의 다른 지인들과 나눈 대화, 친구나 이웃과 나누었던 대화도 떠올려 본다.

(5) 요즘 교인들이 관심을 갖고 있는 사회적 이슈나 세계적 이슈가 무엇인지 찾아낸다.

(6) 스스로에게 이런 질문을 던진다. 내가 이 본문으로 설교 말씀을 전할 때, 나는 청중에게서 어떤 변화가 일어나기를 바라는가? 복음의 설교자로서 나의 의도는 무엇인가?

이 모든 질문은 우리가 설교학적 상황을 일차적으로 타진해 볼 수 있도록 해준다. 청중의 상황, 그들의 삶의 영역, 그들이 고민할 법한 문제와 처음으로 씨름하는 것이다. 이러한 주제의 영역에 대해서는 제3장에서 좀 더 자세히 다룰 것이다.

본문에 대한 나의 생각을 신학적·주석적으로 검토하기

이번 단계에서는 성경 본문을 나의 대화 파트너로 진지하게 받아들이는 것이 중요하다. 이 말은 무슨 뜻인가? 그 말씀을 나한테 맞추는 것이 아니라 나를 그 말씀에 맞춘다는 뜻이다. 그러므로 신학적·주석적 검토 작업을 통해서 나의 착상을 수정할 수 있어야 한다. 다음과 같은 물음이 도움을 줄 것이다.

(1) 본문의 저자는 이 본문을 어떤 맥락 속에서 집필했는가? 이 본문은 어떤 맥락 속에 서 있는가?

(2) 본문의 저자는 어떤 목표를 가지고 있었으며, 그 당시의 상황에서 어떤 방법(언어, 스타일, 논증 방식 등)으로 그 목표를 달성하고자 했는가?

(3) 주석서는 이 본문의 메시지와 핵심 문장에 대해 뭐라고 말하는가? 주석서 간에 해석상의 뚜렷한 차이, 심지어 서로 상반되는 주장이 있는가?

(4) 이 본문을 성경 전체의 증언에 어떻게 끼워 넣을 수 있을까? 이 본문은 구약과 신약에 자주 등장하는 사상을 대변하고 있는가? 아니면 그것과 약간 동떨어진 내용을 다루고 있는가? 만일 이 본문이 전승되지 않았다면 어떤 아쉬움이 있을까?

(5) 이 본문은 기독교 신앙의 주요 교리(예컨대 창조론, 칭의론, 제자도, 교회론 등) 가운데 어디에 속하는가? 사전이나 기타 신학 서적을 통해 알아낸 것은 무엇인가?

(6) 그 당시의 상황과 오늘날의 상황, 그 당시의 세계관과 오늘의 세계관 사이에는 현저한 차이가 있는가? 아니면 공통점이 있는가?

제3단계의 결과를 몇 개의 키워드로 요약해서 적어본다. 그러면 내가 청중과 마주하여 이 본문을 어떻게 증언할 것인지 알 수 있다.

설교 관련 서적 살펴보기

설교자의 서재에 설교집이나 설교 명상록 같은 것이 있거나, 혹은 어떤 본문과 관련하여 좋은 설교자료를 확보했을 때라면 그것을 잘 살펴보는 것이 좋다. 이로써 설교자는 자신의 선배 설교자들이 그 본문을 어떻게 주석했는지 확인할 수 있다. 특히 자신이 평소에 높이 평가하면서 많은 자극을 받았던 사람들의 주석은 큰 도움이 될 것이다. 다음과 같은 단계를 밟아나가면 확실하다.

⑴ 다른 사람들이 그 본문과 결부시킨 주요 사상을 찾아낸다.

⑵ 그 가운데서 어떤 사상이 나에게 감동을 주는가? 어떤 사상이 가장 성공적이었다고 생각되는가?

⑶ 나에게 깊은 인상을 남긴 이야기, 이미지, 예화, 그림 등을 체크한다.

⑷ 내가 선택한 본문의 영향사(影響史), 즉 그것이 교회의 역사와 신학의 역사에서 어떤 영향을 끼쳐왔는지(교회사에서 누가 언제 어떤 목적으로 이 본문을 사용하였는가?) 주의 깊게 살핀다. 그래야 내가 그것을 참조할 수 있는지, 아니면 거기에 반대하는 설교를 해야 하는지 알게 된다.

다른 사람의 설교를 평가할 때는 엄격한 학문적 작업의 경우와는 다른 원칙이 적용된다. 요컨대 "모방(표절)은 설교학적 착상의 어머니이다." 달리 말하면 "이와 관련해서는 도둑질도 허용된다." 이런 말은 무슨 뜻인가? 설교자는 자신이 누구로부터 영감을 받았는지를 설교 중에 일일이 밝힐 필요가 없다. 거기에 관심 있는 청중은 거의 없다.[96]

창조적인 휴식

설교자료를 수집하고 자신의 아이디어를 잘 점검하고 나서 직접 설교원고를 쓰기 시작할 것이 아니라, 약간의 창조적인 휴식 시간을 가지는 것이 필요하다. 그래야 막 태동한 설교를 한동안 '뱃속에 품고 다니다가' 6단계 불꽃 튀는 설교 아이디어를 해산할 수 있을 것이다.

아직은 무엇을 어떻게 설교할지 자세히 알지 못하는 상태인지라 창조적인 휴식의 시간이 오히려 불편하게 느껴질 수도 있다. 아직은 제대로 말씀을 전할 수 있을지 없을지도 모르는 상태이다. 그래서 절망의 시간

---

96) 참조: R. Bohren, Predigtlehre, 4. Aufl., München 1980, 198~203.

이라고도 부를 수 있는 이 시간이 몹시 괴로울 수도 있다. 설교자는 본문의 문제, 청중의 문제와 치열하게 씨름해야 한다. 어떻게 하면 청중이 듣는 둥 마는 둥 하는 설교를 하지 않고, 성경의 본문과 오늘의 상황 사이에 다리를 놓아줄 수 있을까?

그러나 대개 이런 고통의 시간은 환한 깨달음의 빛으로 찾아오는 착상, 그리고 그 착상에 대한 기쁨을 통해 사라져 버린다. 그 착상이 내가 충분히 감당할 수 있는 착상이라는 판단이 서면, 여태껏 모았던 자료를 목적 지향적으로 활용하기 시작한다. 이렇게 내 마음이 먼저 움직여 설교를 준비할 때, 청중의 마음을 움직이는 설교가 나올 수 있다. 이제는 설교의 주제를 확정하고 범위를 제한한다. 가끔은 뭔가를 시도했다가 실수를 저지르는 쓰라림을 맛볼 수도 있다. 그러나 이제는 나름의 해법을 제시하면서 설교 전체를 이끌어나갈 핵심적인 주장을 기록한다.[97]

자료 정리

2단계부터 5단계까지 모아둔 생각과 자료를 설교 아이디어와 설교의 주제로 나누어 분류한다. 이때 두 가지 관점에 유의하는 것이 좋다.

(1) 선별: 설교 작성에 쓰일 자료는 설교의 주제와 관련하여 어떤 것이 쓸 만하고 어떤 것을 버려야할지 물으면서 걸러낸다. 이미지와 예화도 그 기준에 따라 검토한다. 그 과정에서 제외된 자료가 있겠지만, 나중에 이 본문을 가지고 다시 한 번 설교를 할 때는 꼭 필요한 자료일 수도 있다. 메모 카드 상자 같은 것을 하나 마련해 두면 많은 도움이 된다. 성경의 순서에 따라, 혹은 설교 주제에 따라 그런 자료들을 갈무리해서 거기

---

97) 설교를 준비할 때 활용할 수 있는 창조적인 과정과 관련하여 참조할 만한 책: J. Rothermundt, Der Heilige Geist und die Rhetorik, Gütersloh 1984. 특히 143~149.

보관해 놓는다.

(2) 확대: 이것은 방금 전과는 정반대의 작업이다. 여기서 설교자는 설교 중에 어떤 구절을 써야 하는지, 어떤 그림과 상징과 텍스트가 필요한지를 의식한다. 경우에 따라서는 다시 한 번 설교 관련 서적을 꼼꼼히 살펴보는 것이 도움이 된다.

설교의 목차 정리와 집필

이 단계에서는 몇 가지 계획을 세우고 그 계획에 따라 설교의 전체적인 윤곽을 잡아 본다. 그 다음에는 설교의 초고, 임시 원고를 집필한다. 다음의 세부 단계가 도움이 될 것이다. 8단계

(1) 한 개 혹은 여러 개의 (제4장에 나오는) 목차 모델을 고르고 그것을 참조하여 설교의 목차를 구성한다.

(2) 지금까지 모아놓은 자료를 이 목차에 맞게 배열한다.

(3) 설교문을 완성한다. 혹은 편안하게 녹음을 해본다. 이때 주의해야 할 것은 설교학의 삼각형(제1장 참조)을 이루는 세 가지 요인을 잘 아우르는 언어를 사용하는 것이다. 다시 말해, 나의 언어는 성경 본문과 설교 내용을, 그리고 청중을, 또한 강점과 약점을 고스란히 지닌 설교자로서의 나를 모두 적절하게 반영해야 한다.

(4) 첫 번째 설교 원고를 친한 사람이나 소모임에서 실제로 한 번 낭독한다. 다른 사람의 의견과 제안을 들어본다.

설교 원고 완성, 예배 계획

임시 설교에 관한 대화를 나눔으로 여러 가지 피드백과 제안을 받아들인 후, 다시 한 번 설교 원고를 손본다. 그 다음에는 설교자 자신이 원 9단계

고를 최종적으로 꼼꼼하게 검토한다. 제6장에는 거기에 필요한 질문, 조언, 체크리스트가 소개되어 있다.

예배를 준비하는 일도 충분한 시간을 들여 섬세하게 진행해야 한다. 그래야 예배가 이런저런 요소를 아무렇게나 섞어 놓은 것이 아니라, 하나의 통일된 예배로 경험될 수가 있다. 설교와 예배의 관계에 대한 문제는 이미 제1장에서 다루었다.

선포

드디어 마지막 단계에 도달했다. 이제는 준비한 설교를 예배 중에 선포한다. 기존의 설교학은 설교를 실제로 선포하는 것에 대해 거의 관심을 기울이지 않았다. 그러나 우리는 이 부분에 대해 별도의 지면(제5장)을 할애하고자 한다.

마태복음 13장 10~17절 설교 준비

구체적인 사례를 통해 성경 본문에서 실제 설교로 이르는 길을 살펴보도록 하자. 앞에서 설명한 단계 중에서 일부는 건너뛰기도 한다. 예컨대 첫 번째 단계, 즉 성경 본문을 고르는 단계는 생략한다. 사순절 전 둘째 주일(Sexagesimae) 설교 본문은 이미 정해져 있기 때문이다.[98]

---

98) 이 견본 설교는 R. Ackermann 외 다수가 편집한 Neukirchener Predigthilfe. Werkbuch für Gemeindeglieder im Predigtdienst, Heft 1.1, Sonntag Sexagesimae, Neukirchener Verlag 1974, 1~11에 더욱 자세히 소개되어 있다. 이와 비슷한 '설교 준비에 관한 기록'이지만 비교적 최근의 것으로는 F.T. Brinkmann, Praktische Homiletik. Ein Leitfaden zur Predigtvorbereitung, Stuttgart u. a. 2000, 157~172를 참조하라.

본문과 나의 첫 번째 대화

나는 이 본문이 불편하다. 이 본문은 마치 '안티 설교' 같은 느낌을 주고 자꾸 반감을 일으킨다. 비유는 잘 모르는 것을 설명하는 것이 아니라 오히려 뭔가를 숨기는, 이해할 수 없는 이야기 방식이란다. 그렇지만 예수님은 일반인들에게도 농부와 어부의 이야기, 평범한 사람이나 상인의 이야기 등을 들려주셔서 그들에게 하나님 나라의 도래를 풀이해 주시지 않았던가? 그런데 이 본문에서는 천국의 비밀(11~12절)이 비유를 통해 드러나는 것이 아니라 오히려 감추어진다.

더욱 화가 나는 것은 예수님이 이 본문에서 말씀하시는 '마음의 완악함'이다. 예수님은 자신의 설교가 실패한 것을 이런 식으로 변명하시려는 걸까? 귀 기울여 들을 사람이 애초부터 정해져 있다면(14~15절) 우리가 청중으로서 또는 설교자로서 무슨 노력을 할 필요가 있단 말인가?

예수님이 제자들에게 복이 있다고 칭찬하시는 부분은 더 더욱 낯 뜨겁다. 소수의 선별된 자들만 하나님의 비밀을 이해할 수 있단 말인가? 정말 그들이 예언자들보다 나은 상황이란 말인가? 이거야말로 외람되고 완전히 '비기독교적인' 말 아닌가?(16~17절)

그래서 나는 이 본문을 놓고 묵상하면서 심각한 모순에 빠져든다. 예수님은 모든 사람을 위한 복음을 선포하시는데, 여기서는 대부분의 사람들이 가까이할 수 없는 '비밀'이 나온다. 예수님은 모든 불행을 깨뜨려 주기 위해 오셨는데, 여기서는 자기의 운명에 꼼짝없이 붙잡힌 사람들에 대한 이야기가 나온다. 예수님은 모든 사람이 올 수 있는 공동체를 세우셨는데, 여기서는 극소수의 선택받은 사람들만 그 공동체의 구성원이 된다.

나는 주석을 위한 질문을 다음과 같이 정리한다.

1. 이런 모순은 어떻게 설명할 수 있는가?

2. 하늘나라의 비밀이란 무엇인가?

3. ‘듣고자 함’과 ‘듣지 못함’은 어떤 관계인가?

4. 예수님은 제자들의 눈과 귀가 복이 있다고 말씀하시는데 그들의 특별한 점은 무엇인가?

청중과 나의 첫 번째 대화

나는 내가 가르치는 신학교 학생들을 떠올린다. 신학생들은 어떻게 하면 쉽고 이해가 잘 되는 설교를 할 수 있을까, 하는 문제에 관심이 많다. 우리는 세미나 시간에 설교의 목차를 잘 구성하는 법, 청중에게 호감을 주는 어법, 주요 정보를 적당한 만큼 제공함으로써 청중이 부담을 느끼지 않도록 하는 법에 대해 많은 것을 배운다. 또한 우리는 예수님이 이야기를 들려주시는 방식, 즉 청중을 완전히 하나님의 이야기 속으로 끌어들이는 스토리텔링 방식을 배우기 위해서 애를 쓴다. 더 나아가 설교가 우리 자신과 청중에게 어떻게 와 닿는지를 보여주는 여러 가지 자료와 경험을 수집한다. 우리는 어디서 소통의 장애가 일어나는지, 어디서 사람들이 제일 많이 동의를 표하는지 주의 깊게 살핀다. 설교가 원래 의도와는 전혀 다른 방식으로 이해되는 것은 어떤 이유인지도 알아본다. 그래서 우리 모두는 이런 결론에 도달하게 된다. 한 편의 설교를 마치 수공업자가 어떤 물건을 만드는 것처럼 깔끔하게, 그래서 잘 이해되게 만들기 위해서는 정말 많은 일을 해야 한다.

추측컨대 나 말고 다른 사람들, 그러니까 신학생들도 이 본문의 말씀을 가만히 듣고 있으면 약간 불쾌한 마음이 들 것이다. 내가 학생들과 상담하면서 알게 된 것이 있다. 그것은 신학생들이 자기가 이제껏 교회에서 듣던 설교보다 좀 더 이해가 잘 되는 설교를 추구한다는 사실이다. 그들은 (교수들이 사용하는) 어려운 신학적인 개념들을 보면 그것이 꼭 '비밀' 같다고 느낀다. 찰스 스펄전 목사의 재담 하나가 떠오른다. "어느 부인이 그러더군요. 우리 목사님은 꼭 하나님 같아요. 평상시에는 전혀 보이지 않는데, 주일이 되면 도무지 이해할 수 없는 말씀을 하시죠." 그래서 나는 설교를 할 때 최대한 이해하기 쉽게 말하고, 설교의 구조를 명료하게 하고, 생생한 예화를 들고, 비유 같은 이야기를 들려주려고 노력하는데, 그러면 사람들이 쉽게 공감을 할 거라고 생각한다.

그러나 때로는 한계에 부딪힌다. 청중이 예수님을 향한 믿음에 마음의 문을 열지 않으면 아무리 흥미진진한 설교라도 소용이 없다. 나의 설득력으로 멋지게 포장된 길을 가지만, 결국 그 길은 좁은 문 앞에 도달한다. 그 좁은 문은 청중이 스스로의 힘으로 지나가야 하는 문이다.

그렇다면 이 본문은 바로 이것, 이 불편한 진실을 말해주려는 것일까? 이 본문은 설교자나 청중 모두에게 어떤 경고의 메시지를 보내고 있는 것은 아닐까? 너의 능력, 너의 깨달음을 신뢰하지 말라는 경고 말이다. 어쩌면 이 본문은 우리에게 이런 말을 하려는 것 아닐까? 복음의 말씀은 모든 이성에 반대하는 말씀이며, 어떤 일을 일으키실지 아무도 계산할 수 없는 그런 말씀이다.

그때 내 머리에 떠오른 사람들이 있었다. 그들은 오히려 아주 초라하고 더듬대는 말을 듣고서 예수님께 나아온 사람들이다. 불꽃처럼 타오르는 설교보다는 오히려 더듬거리는 설교를 들으면서 더욱 믿음의 확신을 갖게 된 사람들이다. 하나님의 말씀에 대한 갈망, 우리는 그것을 임의로 강요할 수 없다.

본문에 대한 나의 생각을 신학적·주석적으로 검토하기

'비유'라는 말(10절)은 히브리어로 '수수께끼' 혹은 '이해하기 어려운 말'로 번역되어야 한다. 그런데 이 말은 예수님이 들려주시는 이야기를 뜻하는 것이 아니라 예수님의 선포 전체를 지목하고 한 말이다. 이 선포는 너무나 새롭고, 너무나 낯설고, 너무나 수수께끼 같아서 하나님에 대한 기존의 이해로는 도저히 파악할 수가 없다. 그러므로 '하늘나라의 비밀'은 예수님 자체 안에서, 특히 예수님의 하나님 이야기에서 드러난다. 율법에 충실한 사람들이 내세우는 의가 아니라 그보다 나은 의(마 5:20)를 요구하시는 하나님은 대부분의 사람들이 이해할 수 없는 하나님이다. 자신의 진리를 철두철미하게 아들의 존재와 일치시키는 하나님(마 11:25~26)은 지혜롭고 슬기로운 자들에게는 거부의 대상이다. 그들은 하나님마저도 자신들의 신학적 공식 안에 가둬놓는 사람들이다. 그러므로 이 본문에서 중요한 것은 하나님께서 보내신 그리스도 예수에 대한 믿음이다. 그를 믿으려고 하지 않는 사람들에게는 그가 들려주는 이야기도 기껏해야 신기한 일화에 지나지 않는다. 그들이 보기에 예수님의 이야기는 전혀 논리적이지 않다. 그러므로 예수님의 설교가 진리라는 사실을 보증해 주는 것은 직접 그 이야기를 들려주는 예수님의 존재, 오로지 그것밖에는 없다.

이렇듯 하나님의 진리와 예수님이 곧 하나라는 사실, 그 사실을 전제로 할 때 둔한 귀와 감긴 눈에 대한 말씀도 더 잘 이해가 된다.(13~15절) 예수님께 마음을 열지 않는 사람은 하나님의 나라를 보지 못한다. 예수님의 설교는 완전히 상반되는 두 종류의 반응을 불러일으켰다. 바로 여기서 구원의 순서가 드러나는데 그 순서는 절대로 뒤바뀔 수 없다. 인간은 스스로의 힘으로 하나님을 향해 돌이킬 수 없으니, 하나님께서 먼저 인간을 향해 오셔서 그 인간의 눈과 귀를 열어주셔야 그분의 역사하심을 보고 들을 수 있다. 바로 그렇기 때문에 예수님은 이사야서의 말씀을 인용하면서 그 사실을 분명하게 선포하셨다. 가장 진지한 심판과 절대적으로 유효한 구원이 예수님의 오심을 통해 비로소 확실하게 드러났다. 우리 인간을 향한 하나님의 무조건적인 긍정(Yes)의 이면에는 그분으로부터 멀어진 인간에 대한 하나님의 무조건적인 부정(No)이 있다.

인간과 함께하시는 하나님의 이야기는 부정에서 긍정으로, 저주에서 구원으로 흘러가는 이야기이므로 예수님은 제자들, 곧 그분의 말씀을 듣고 보는 사람들을 칭찬하신다.(16~17절) 주님은 하나님의 은혜가 사람들 사이에서 벌써 시작된 것을 보며 환호하신다. 물론 제자들의 믿음은 어떤 경우에도 흔들림 없는 든든한 것이 아니라 늘 시험을 당하는 믿음이다. 그러나 하나님께서는 겉으로 보이는 세계에 맞서, 모든 저항과 거부에 맞서 그들에게 확실한 체험을 안겨 주신다. 우리의 죄가 용서받았다! 평화가 이루어진다! 생명을 얻게 된다! 이러한 하나님의 사랑은 우리 인간이 유도해낼 수 있는 것이 아니다. 인간은 아무것도 한 것이 없다. 그래서 예수님은 시간의 단절을 말씀하신 것이다.(17절) 이로써 우리의 본문은 처음으로 다시 돌아간다. 예수님의 편에 선 사람, 그분 안에서 하나님 나라의 비밀을 발견한 사람, 그 사람은 아주 일상적인 이야기에서도 그 나라의 자취를 발견하게 된다. 자연과 역사도 그 비유의 기원이 될 수 있다. 이로써 나는 설교를 위해서 꼭 필요한 신학적 핵심 명제에 도달한다.　　신학적 핵심 명제

⑴ 예수님은 자신을 전적으로 신뢰하는 사람들에게 찾아오신다. 예수님은 그 사람들이야말로 새로운 시대에 속한 사람들이라고 말씀하신다. 이것은 하나님 나라가 이미 그들 속에서 시작되었기 때문이다.

⑵ 이 새로운 시대의 관점에서 보면 옛 시대의 특징이 눈에 들어온다. 그것은 불신앙, 완고함, 황량함이다. 이러한 특징은 하나님의 은혜가 인간의 힘으로는 도저히 얻을 수 없는 것이고 오로지 그분의 자유로운 선

물이라는 사실을 암시한다.

(3) 그분께서 말씀하시는 한, 그분께서 자신의 이야기를 비유로 들려주시는 한 믿음의 길은 언제나 가능하며, 언제나 용서와 구원의 희망이 존재한다. 그러므로 우리는 예수님과 함께 우리의 일상 속에서 그 나라의 자취를 찾아나가는 일에 초대를 받은 사람들이다.

칼 바르트의 글은 이런 우리의 명제를 더욱 선명한 언어로 표현하고 있다. "그러므로 예수께서는 비유로 말한다. […] 보아도 보지 못하고 들어도 듣지 못하는 사람들에 대한 말씀, 즉 이사야의 말씀이 성취되도록 하심이다. 인간은 스스로의 힘으로는 하나님을 향할 수 있는 가능성이 **없으며** 오히려 그 가능성을 **빼앗기는** 때가 오는데, 그것은 하나님이 실제로 그를 하나님 자신에게 돌이키시는 바로 그때다! 바로 이 절대적인 순서(질서)가 하늘나라의 비밀이며, 예수님의 제자들은 예수님을 통해서 그 비밀 자체를 만나게 된 것이고, 이로써 실제로 그분과 더불어 그것을 알게 된 것이다. 이로써 예수님은 그들을 하나님 앞과 온 세상 앞에서 자신의 고독 속으로 끌어들이셨다."[99]

창조적인 휴식

이 설교의 경우에는 관련 도서 읽기를 생략했다. 창조적인 휴식의 시간을 보낸 후, 나는 설교를 위해서 다음과 같은 생각을 적어 본다.

(1) 설교를 하면서 지나치게 인위적인 노력을 신뢰하는 사람은 성경 본문의 가르침으로 자신의 태도를 고쳐야 할 것이다. 듣는 사람의 기대

99) Karl Barth, Kirchliche Dogmatik, Bd. II/2, 3. Aufl., 1948, 495.

와 본문의 목소리 사이에는 이러한 갈등이 있는데, 설교는 그 갈등을 분명하게 내보여야 한다.

⑵ 비유나 이야기의 효과를 지나치게 신뢰하는 사람도 본문의 목소리에 좀 더 귀를 기울여야 한다. 그 어떤 길도 예수를 지나쳐 갈 수는 없다는 목소리 말이다. 예수님의 이야기는 그분의 삶과 마찬가지로 십자가와 부활에서 끝난다. 그 이야기의 진리와 효력도 바로 거기에 있다.

⑶ 복음의 위로는 예수께서 인간의 가능성은 낮추시고 하나님의 가능성을 높이신 것이다. 이것은 설교자가 자신의 노력으로 청중의 믿음을 이끌어낼 수 있을 거라고 생각하는 율법적인 교만을 내려놓도록 해준다.

자료 정리

설교의 주요 명제를 적어놓은 후, 지금까지 모아놓은 자료와 그 명제를 연결시킨다. 그리고 나와 나의 청중이 본문의 메시지를 더욱 명확하게 이해하는 데 도움을 줄 만한 다른 자료가 있는지 알아본다. 내가 알고 있는 여러 가지 경험도 꼽아본다. 어떤 흥미로운 사건이 벌어지는데 나는 거기에 온전히 나를 던질 수 없었던 적이 얼마나 많았던가? 누군가 나에게 어떤 이야기를 들려주었는데 그 이야기의 한계를 느꼈던 적도 있었다.

삶의 경험

⑴ 옛이야기: 빨간 모자 이야기는 여러 연령대의 어린이들이 다양한 방식으로 받아들이게 되는 이야기다. 어느 꼬마 아이가 그 이야기를 재미있게 듣는다. 할머니 집에서 전개되는 장면, 그러니까 빨간 모자가 침대 위의 늑대에게 이런저런 질문을 던지다가 끝내는 잡아먹히는 장면은 한 번 듣고 또 듣고, 자꾸자꾸 듣고 싶다. 마지막에는 할머니와 빨간 모자가 무사히 늑대 뱃속에서 빠져나오기 때문에, 이야기의 기쁨은 가시

지 않는다. 하지만 어느 날 그 아이가 묻는다. "그런데요.…원래 늑대는 말을 못하잖아요! 그리고 사람을 어떻게 통째로 먹을 수 있어요? 먼저 죽이고 갈가리 찢어서 먹는 거잖아요!" 자, 이제는 어떻게 되나? 이야기의 마술은 사라진다. 어린이는 더 이상 그 이야기 속으로 빨려 들어가지 않는다.

② 신문을 보면 이 나라에서 살고 있는 외국인(노동자)들이 적대시되고 위협을 당하는 사건에 대한 보도가 끊이지 않는다. 그런 일이 벌어질 때 그곳에 있었던 사람들은 시민의 용기를 발휘하여 그런 폭력을 막아주기보다는 그러한 폭력의 상황을 외면하고 있다. 한쪽에는 피해자가 있고, 다른 한쪽에는 방관자가 있다. 양쪽은 똑같은 상황을 전혀 다르게 느낄 것이다.

설교의 목차 정리와 집필

서론에서는 이 세미나에 참석한 학생들의 자기 이해를 언급할 것이다. 나는 이 청중을 설교학의 전문가라고 부를 것이다. 그들은 청중이 잘 이해할 수 있는 설교를 위해서 이 세미나에 참석해 열심히 공부하고 있다.

제1부에서는 그 본문이 우리에게 제기하는 불쾌한 요구를 부각시킨다. 본문과 나의 첫 번째 대화에서 떠오른 '안티 설교'를 사용한다.

제2부에서는 청중에게 구원의 올바른 순서를 제시함으로써 그들의 저항(감)을 극복한다. 그 순서는 그 무엇으로도 뒤바꿀 수 없는 것이다. 예수 그리스도 안에서 나타난 하나님의 긍정, 즉 우리를 향한 하나님의 긍정은 우리의 모든 업적보다 앞선다. 이 부분에서는 신학적·주석적 연구에서 얻은 성과를 반영한다.

결론부에서는 우리의 깨달음, 즉 믿음을 일깨우는 것은 우리가 아니라는 깨달음으로부터 결론을 도출할 것이다. 이 깨달음은 위로, 곧 설교자를 위한 위로의 말씀으로 이해될 것이다. 우리의 수공업적인 능력을 애써 감출 필요는 없으나, 우리는 그런 능력에도 불구하고 제자들이 예수님께 던진 질문으로 우리의 설교 준비를 시작할 수 있다. "주님, 우리가 무엇을 해야 합니까?"

마태복음 13장 10~17절 설교(R. Heue)

(1974년 1월 24일, 신학아카데미 첼레[Celle], 주간채플 설교)

친애하는 학우 여러분! 오늘의 주제는 아무리 봐도 화가 납니다. 우리는 이해가 잘 되는 설교를 하기 위해서 한 학기 내내 열심히 노력을 했습니다. 우리는 엄청나게 많은 책을 읽었고 기나긴 문장을 분석했습니다. 어려운 신학 사상을 필기하고 또 필기했습니다. 설교를 듣는 청중의 일상에 호소할 수 있는 탁월한 예화와 이야기를 찾아내기 위해 머리를 싸매고 고민을 했습니다. 우리는 그 옛날 마르틴 루터의 말을 우리의 마음에 새겼습니다. "칭의 교리에 대한 설교를 하면 사람들은 잠을 자거나 기침을 해댄다. 그러나 역사와 사례를 들기 시작하면 두 귀를 쫑긋 세우고 조용한 가운데서 열심히 경청한다."

하지만 우리는 이 모든 것에도 불구하고 예수님 편에 서 있다고 생각합니다. 예수님은 아무도 잠을 자거나 기침을 해대지 않는 설교를 하시지 않았을까요? 예수님은 청중, 즉 농부와 어부와 평범한 시민과 상인의 일상 경험을 포착하고 그로써 하나님 나라의 도래를 설명하시지 않았을까요?

그런데 지금 우리는 설교학의 모든 명예가 땅에 떨어지는 것 같은 상황, 즉 하나님 나라의 비밀이 사례와 역사를 통해서, 그러니까 비유를 통해서 밝혀지기는커녕 감추어지고 있는 상황을 받아들여야 합니다.

더 화가 나는 부분도 있습니다. 예수님도 설교가 실패에 부딪히는 경험을 하셨다는 사실이 예수님을 좀 더 가깝게 느끼도록 해주는 것 같기는 합니다. 그런데 그 원인을 꼭 '완악한 마음' 탓이라고 설명하셔야 했을까요? 그렇다면 대다수의 사람들은 비유를 이해할 수 없는 건가요? 어차피 듣지도 보지도 못하는 사람들이라는 건가요? 만일 그 말이 맞다면, 설교학을 배워서 열심히 설교를 준비하는 것도 불필요한 일입니다. 만일 대다수의 사람들이 믿음의 안테나를 갖고 있지 못하다면, 엄청난 시간과 에너지를 쏟아가면서 메시지를 전하는 것도 무의미합니다. 게다가 이사야의 예언은 더더욱 섬뜩합니다. 그러니까 그 사람들은 회개하고 구원을 받으면 안 되니까 듣지도 못하고, 보지도 못해야 한다는 겁니다. 그렇다면 설교자는 하나님의 심판을 이루기 위한 도구에 불과한 것일까요? 설교자가 저들의 닫힌 귀를 향해 설교를 하면 할수록 그들은 잠을 자고 기침을 하고, 그래서 결국은 더욱 확실하게 멸망에 빠지는 것일까요?

이렇게 화가 나는 상황에서 이중으로 당황스러운 것은 예수께서 제자들에게 너희는 볼 수 있고 들을 수 있는 복된 사람이라고 축하해 주시는 것입니다. 한마디로 소수정예가 선발되어 그들만 하나님의 비밀을 이해할 수 있게 됩니다. 선택된 그 몇 사람은 선지자들보다 나은 경험을 합니다. 그 옛날 이스라엘의 선지자들이 그토록 간절히 바라기만 했지 실제로는 경험하지 못한 것을 바로 그들이 보고 듣게 된 것입니다. 그렇다면 이것은 소수의 종교 엘리트를 위한 본문일까요? 올곧은 사람 몇 명만을 위한 본문일까요? 텅 빈 예배당에서 설교하는 목사들에게 위로를 주는 말씀일까요? 아니면 기독교인이란 아주 평범한 사람이지만 비범한 요구를 가진 사람임을 논증하는 한 편의 강연인가요?

친애하는 학우 여러분, 저는 이렇게 생각합니다. 설교학의 명예를 공격하는 이 문제에 대해 우리가 제일 편안하게 이야기를 나눌 수 있는 분은 바로 예수님입니다. 우리가 설교 시간에 사용하는 이야기나 예화는 기묘한 운명에 처할 때가 많습니다. 예컨대 저한테는 이런 일이 한 번 있었습니다. 어떤 어린이가 빨간 모자 이야기를 듣게 되었습니다. 처음에는 이야기를 재미있게 들었습니다. 완전히 그 이야기 속으로 빨려 들어간 것 같았습니다. 할머니 집에서 벌어진 사건은 아무리 이야기를 해도 흥미진진합니다. 빨간 모자는 침대에 누워 있는 늑대를 보고 깜짝 놀라서 왜 그렇게 눈이 큰지, 왜 그렇게 귀가 큰지, 왜 그렇게 입이 어마어마하게 큰지 물어봅니다. 그러자 늑대가 얼른 그 아이를 잡아먹게 됩니다. 물론 나중에는 할머니도 아이도 늑대 뱃속에서 무사히 빠져나오니까 끝까지 이야기를 듣는 기쁨은 가시지 않습니다.

그러나 그 긴장감은 어느 날 그냥 무너지고 말았습니다. 그 아이가 물었습니다. "그런데요.…원래 늑대는 말을 못하잖아요! 그리고 두 사람을 한 번에? 그렇게 많이는 못 먹어요. 그리고 잡아먹히면 죽는 거잖아요. 그것도 갈가리 찢어서 먹는 거잖아요!" 이런 질문 앞에서 마술도 완전히 힘을 잃어버렸습니다. 그 옛이야기는 이제 비유가 될 수 없으며, 그 이야기를 들려준 사람은 어떻게 하면 신빙성을 되찾을 수 있을지 진지하게 고민해야 합니다. 그 이야기에 대한 불신이 자기 자신에 대한 불신이 될 수 있기 때문입니다.

그러므로 예수님이 우리를 예수님의 비유와 이야기 속으로 끌어들이실 때, 결코 평범하지 않은 하늘나라의 비밀을 마치 거울 속의 모습처럼 우리에게 보여주실 때 그 이야기의 신빙성을 보장해 주는 것은 무엇입니까? 그것은 바로 그분의 삶과 죽음입니다. 그분의 메시지는 그분에 대한 신뢰와 결부되어 있습니다. 그러므로 예수님은 자신의 설교가 원칙적으로 알기 쉬운 것이 아니라는 사실을 감안하셔야 했습니다. 비유를 이해하는 것은 선서를 하는 일과 같습니다. 그 비유를 들려주시는 분을 받아들이지 않는 사람, 삶의 현실과 하나님 나라의 도래 사이의 관계를 자기 눈으로 보지 못하는 사람에게는 예수님의 이야기가 기껏해야 신기한 일화에 불과할 뿐, 전혀 논리적이지 않은 이야기였습니다. 씨 뿌리는 사람도 그렇지요. 자신의 종자 씨앗의 4분의 3이 죽건 말건 신경도 안 쓰고, 허수아비도 세워 놓지 않고, 밭에서 돌도 골라내지 않고, 가시 돋친 잡초도 뽑아 주지 않는 농부… 그런 사람은 아무리 농사를 전업으로 하지 않는다고 할지라도 조롱의 대상이 될 수밖에 없습니다. 그 이야기 뒤에, 하나님께서 얼마나 꾸준하게, 얼마나 긴 호흡으로, 얼마나 무한한 인내로 좋은 열매를 기다리시는지가 드러났을 때라야 비로소 청중은 그 이야기를 신뢰하게 됩니다. 우리가 그 이야기 이면에 있는 예수님 자신의 운명을 발견할 때, 다시 말해 그분이 직접 밟힌 씨앗, 말라 버린 씨앗, 질식당한 씨앗이 되시고, 그 어느 곳에서도 뿌리를 내릴 수 없게 되시고, 결국에는 척박한 돌밭에 그저 무덤 하나 갖게 되신 것을 우리가 깨달을 때, 비로소 우리는 그분과 함께 그 놀라운 변화를 보며 감탄하게 됩니다. 그렇게 많은 실패가 있었습니다. 많은 수치와 죽음 이 있었습니다. 그러나 이제 부활과 승리가 있습니다. 수많은 사람들이 그분을 통해 삶과 죽음 속에서 유일한 위로를 얻게 되었습니다.

그러므로 이 메시지는 보증인들과 하나로 연결된 메시지라는 사실, 예수님이 들려주시는 이야기는 언제나 예수님 자신의 이야기라는 사실, 바로 이것이 하나의 대답입니다. 그러나 우리를 경악하게 만드는 또 하나의 문제가 있습니다.

하나님의 실패는 인간의 부족한 믿음 때문만은 아닙니다. 이해라는 심리 현상에 수반되는 복잡한 규칙 때문만이 아닙니다. 오히려 하나님 자신이 그들의 귀와 눈을 막아 버리신 것입니다. 그렇습니다. 예수로 말미암아 심판의 분량이 이제 완전하게 찬 것입니다. 그분을 받아들이고 그분과 더불어 시작된 나라를 받아들이지 못한 사람은 하나님의 구원을 보지 못합니다. 조금도 보지 못합니다. 하나님 나라에 대한 말씀은 하나이건만 두 개의 상반된 반응이 나옵니다. 마태의 공동체 혹은 교회사 가운데 어떤 공동체가 그 말씀을 알고 나서 자기 의에 사로잡히거나 교만에 빠졌을 것이라고 추측할 수는 없습니다. 오히려 그 말씀은 모든 시대에 격렬한 논박의 대상이었습니다. 복음의 말씀은 기쁨을 불러일으키기만 한 것이 아니라 분노와 경멸과 박해를 불러일으켰습니다.

　우리 모두가 힘들어하고 있는 수수께끼가 있습니다. 우리의 현실과 우리가 받은 약속이 너무나도 분명하게 충돌한다는 사실, 그 어느 곳에서도 사랑이 견고히 지속되지 못한다는 사실 말입니다. 우리를 실패하게 만드는 여러 가지 여건이 있습니다. 처참한 상황이 있는가 하면, 좋은 상황이 있습니다. 타락한 삶의 공간이 있는가 하면, 모든 자유가 처절하게 짓밟히는 곳이 있습니다. 칠흑같이 어두운 시멘트의 숲이 있는가 하면, 햇볕이 잘 드는 초호화판 저택이 있습니다. 과연 이런 상황에서 하나님의 은혜가 나타날 수 있을까 싶은 상황입니다. 그들에게 하나님은 그저 마비, 죽음, 심판을 의미합니다. 그래서 우리의 선조들은 이렇게 생각했습니다. 인간에게 가장 큰 위협이 되는 존재는 바로 하나님 자신이다. 그리고 그 위협에 맞설 수 있는 대답도 주었습니다. 십자가로 가라! 예수께로 가라! 십자가에 달리신 예수께서 모든 어두운 그늘을 자신의 머리에 그러모으시고 온 인류를 대신하여 단 한 번 결정적으로 우리의 모든 경험을 외치셨음을 보라! "나의 하나님, 어찌하여 나를 버리셨나이까." 어쩌면 우리의 본문은 거기서 끝나는지도 모릅니다. 그러나 거기서 예수님은 크나큰 균열을 미리 막아내셨습니다. 그분은 몸소 버림받은 자가 되셨습니다. 우리를 받아들여진 자가 되게 하시려고 그분은 버림받은 자가 되셨습니다. 이것이 본문의 흐름입니다. '아니'에서 '그래'로 넘어갑니다. 수수께끼에서 해결로 넘어갑니다.

　그러므로 예수께서는 마지막으로 기쁨에 대해 말씀하십니다. 그분은 하나님의 계획이 우리 인간 안에서 마침내 목표에 도달할 것을 아시고 감탄하십니다. 그 모든 소통 장애에도 불구하고, 우리가 연루된 그 모든 죄와 운명에도 불구하고 하나님의 계획이 성취될 것입니다. 너희는 하나님을 하나님 되게 하라! 너희가 그분을 환상이라고, 덫을 놓는 존재라고, 우연이라고, 뭐라고 부르든 상관없다. 예수께서 하나님 앞에, 하나님을 위해 서서 말씀하신다. 너희는 복되도다!

종교는 항상 종교로 있게 하라! 너희가 그것을 아편이라고 하든, 소망의 꿈이라고 하든, 다이너마이트라고 하든 상관없다. 예수께서 그 모든 종교보다 앞에 서서 말씀하신다. 너희는 내 이름으로 듣고 보게 될 것이라!

이제 우리의 불쾌함이 곧장 기쁨으로 변하게 될 것인지 아닌지는 제게 별로 중요하지 않습니다. 우리는 환희의 설교자가 되기 어렵습니다. 그러나 저에게 그보다 더 중요하고 더 옳은 것이 있습니다. 그것은 우리의 설교와 설교 준비가 예수의 제자들이 시작했던 지점에서 시작하게 되는 것입니다. 그들은 당혹스러움에 빠져 질문을 던지는 것으로 시작했습니다. 주님, 우리가 어디로 가야 합니까? 우리는 알지 못합니다. 도대체 제자들은 뭐 하나 제대로 하는 것이 없는 것 같습니다. 정해진 기도문에 따라 술술 기도하는 것도 못하는 사람들이었습니다. 주님, 우리에게 기도를 가르쳐 주십시오! 그들은 예수님의 길이 도대체 어떤 길인지를 끝까지 알지 못했습니다. 주님, 우리가 어디로 가야 합니까? 그들은 이 세상의 미래에 대한 모든 생각이 다 무너지는 것을 느꼈습니다. 주님, 이스라엘을 다시 세우시렵니까? 그들은 다른 사람을 옹호하고 도와주는 사람이 될 만한 힘과 용기도 없었습니다. 주님, 저 굶주린 사람들을 위한 빵을 이 광야에서 어떻게 구합니까? 주님, 어디에서? 주님, 어디로? 주님, 무엇을 가지고? 주님, 어째서? 제자들은 그렇게 가슴 아픈 질문을 던지고 또 던졌습니다. 그렇게 부끄러운 질문을 던지고 또 던졌습니다. 그러나 그 모든 질문에 응답해 주시는 분이 계셨습니다.

이것이 우리의 확신입니다. 우리 신학자들과 설교자들에게 예수께서 주시는 확신입니다. 태산처럼 쌓이는 말들이 있지만 거기서 어느 날 하나의 말씀이 사건이 되어 나타납니다. 태산처럼 많은 질문이 있지만 우리에게 갑자기 응답이 찾아옵니다.

저의 경험을 하나 말씀드립니다. 제 신앙의 기초를 형성한 중요한 인식은 제가 들은 설교에서 나왔습니다. 때론 여기서 때론 저기서 들은 자그마한 조각들이 시간이 흐르면서 마치 모자이크처럼 결합되는 것을 경험했습니다. 저의 믿음은 설교에서 나왔고 신학은 믿음에서 나왔습니다. 그 경험을 떠올리며 저는 오늘도 설교할 용기를 얻습니다.

마르틴 루터는 말했습니다. "그리스도를 설교하는 일은 어려운 일이며 아주 위험한 일이다. 내가 그걸 미리 알았더라면 결코 설교를 하지 않았을 것이다. 그 대신 모세처럼 이렇게 말했을 것이다. "주여, 보낼 만한 자를 보내소서!"[100] 만일 내가, 나를 위해 죽으신 그분을 위해 이 일을 하는 것이 아니라면, 이 세상이 내게 아무리 많은 돈을 준다고 해도 하지 않았을 것이다." 아멘.

II. 두 번째 길: 주제에서 설교로

주제 설교를 해본 사람은 설교학 교과서 가운데 그 부분에 대한 설명이 별로 많지 않다는 사실을 알게 된다. 그러나 주제 설교는 나름의 정당성을 가지고 있다. 특히 성경을 인용하는 것 자체가 별로 중요하다고 생각하지 않는 사람들, 성경 말씀에 익숙하지 않은 사람들, 성경 말씀에 크게 권위를 부여하지 않고, 왜 성경 말씀을 믿어야 하는지도 이해하지 못하는 사람들에게는 주제 설교가 효과가 있다.

본문 설교에서는 성경 본문을 주의 깊게 주석하는 것이 중요한 반면, 주제 설교에서는 상황과 청중을 분석하고 해당 주제를 신학적으로 깊이 있게 성찰하는 것이 중요하다. 원칙적으로 나는 나한테 매우 중요한 것으로 다가오는 아이디어가 있을 때, 그리고 그 아이디어로 하나의 설교를 만들고 싶다는 마음이 들 때 주제 설교를 준비한다. 나는 그 아이디어

주제 설교의 정당성

100) 출애굽기 4장 13절 – 옮긴이.

를 하나의 주제로 발전시키고 그 주제를 성경적·신학적으로 연구한다. 예컨대 나는 '설교를 듣는다는 것'에 대한 주제 설교를 한다. 본문에서 설교로 나아가는 길에서 그랬던 것처럼, 나에게 즉흥적으로 떠오른 아이디어보다는 어떤 특정한 문제를 느끼고 문제에 대한 정보를 수집하고 무의식적으로 해결을 도모하는 일이 먼저 일어난다.

설교 아이디어

1단계 설교 준비의 처음에는 어떤 아이디어가 있다. 그러나 그 아이디어는 전부터 나의 내면에 자리하고 있던 어떤 모색의 과정에서 나온 것이다. 예컨대 내 안에 이런 고민이 있었을 것이다. 나의 청중은 요즘 어떤 질문을 안고 살아갈까? 내가 이 영역에서 뭔가 중요한 것을 발견하면 그것이 곧 아이디어가 되고, 나는 그 아이디어를 기초로 설교 주제를 만들고자 한다. 내 청중의 물음이 곧 나 자신의 물음이 될 수도 있다. 가령 그것은 교육에 관한 문제이거나 최근의 정치 문제일 수도 있다. 나는 그 문제, 즉 나와 나의 교우들에게 초미의 관심사가 되고 있는 그 문제에 대해 뭔가를 말할 필요가 있다고 느낀다. 그 문제가 곧 나의 주제이다. 나는 그것을 성경에서 찾는 것이 아니라 나의 일상 세계에서 찾는다. 오랜 관찰에 근거해서, 개인적인 체험과 대화를 통해서, 이야기와 뉴스와 영화를 통해서 찾는다.

신학적인 질문

나는 그 아이디어에 관하여 신학적으로 진지하게 연구한다. 그때 다2단계음과 같은 부분을 검토해야 한다.

(1) 이 아이디어는 성경의 본문 하나, 혹은 여러 개와 연관되어야 한

다. 이런 본문은 나의 아이디어를 수정하고 보완해 줄 것이며, 그 아이디어를 펼치는 데 도움을 줄 것이다.

(2) 이 아이디어는 교회의 신앙고백과 조화를 이루는 것이어야 한다. 또는 지금 현재의 사회적인 이슈를 다룬 것이어야 한다.

이러한 신학적 검토 작업은 결코 부차적인 것이 아니다. 설교자는 자신이 교회의 신학적 작업을 수행하고 있으며 그 신학의 공적인 영향에 참여하고 있음을 의식하고 있어야 한다.[101] 설교자는 성경의 전통과 교회의 전통을 대변하는 사람이다. 그는 뭔가 대담한 것을 선포할 때 그것이 교회의 신앙고백에 부합하는 것인지, 오늘의 사회적 논의에 부합하는 것인지를 점검하면서 말해야 한다. 설교자는 그저 하나님의 이름으로 아무런 방비 없이 전혀 새로운 영역으로 뛰어드는 사람이다. 그런 의미에서 설교자는 신학적 작업과 공적인 입장 표명의 전위 부대라고 할 수 있다. 그 설교가 누구에 의해서 – 목사이든 평신도 설교자이든 – 어떤 방식으로 선포되든 마찬가지다.

자료 수집

설교 아이디어는 앞으로 하게 될 설교의 일부분에 불과하다. 그 아이디어는 더 넓은 사유의 틀 속으로 들어와야 한다. 그래야 묵직한 설교 주제가 될 수 있다. 예를 들어 실업 문제, 낙태 문제, 환경 파괴 문제와 관련하여 보편적인 상황과 내가 살고 있는 지역의 상황을 조사한다. 이런 주제에 대해서 주요한 논점을 제대로 파악하고 거기에 관해 충분히 토론할 수 있을 때 비로소 나는 그 주제로 설교를 할 수 있다. 내가 그 분야

3단계

---

101) 참조: W. Huber, Kirche und Öffentlichkeit, 2. Aufl., München 1991.

의 전문가가 될 필요는 없지만 나만의 선명한 의견을 제시할 수는 있어야 한다. 나는 설교자로서 공적인 기능을 감당하기 때문에 공적인 입장을 취하는 것이다.

내가 다루려는 주제를 최대한 생생하게 표현해 본다. 이로써 설교 준비 작업은 본문 설교와 같은 작업 궤도에 오른다. 이제는 자료를 수집할 때이다. 주제에 대한 자료는 크게 두 가지 영역에서 찾아낸다.

⑴ **나 자신의 경험:** 나는 나 자신에 대해 이야기한다. 설교 중에 내가 경험한 것을 이야기하면 청중도 그 이야기를 자기의 이야기처럼 느끼기 쉽다. 단 그것은 내가 직접 경험한 것이어야 한다. 더 자세한 것은 제7장과 제8장을 참조하도록 하자.

⑵ **다른 사람에게서 들은 이야기, 혹은 읽은 이야기:** 그 주제와 관련된 시, 인상 깊은 사진을 골라본다. 그 주제와 관련된 다른 사람의 설교를 살펴본다.

두 영역에서 찾아낸 몇 가지 중요한 내용을 취합하고 적어 놓는다.

설교의 목표 적어 놓기

여기서 중요한 것은 내가 이 주제를 가지고 어떤 것을 이루려고 하는지, 나의 청중을 어디서 이끌어내어 어디로 데려가려고 하는지 확실히 해두는 것이다. 그것을 창조적 휴식 후에 분명하게 적어 놓는다.

4단계

설교 구성

5단계

이제는 설교의 목표를 염두에 두고 자료를 평가해야 한다. 모아둔 모든 자료를 하나하나 따져봐야 하는 것은 아니다. 다음과 같은 관점에서 일단 자료를 골라내도록 하자.

(1) 설교에 쓰일 예화나 구체적인 자료는 내용적으로 무게가 있어야 하고 설교의 메시지를 지지하는 것이어야 한다.

(2) 설교에 쓰일 자료는 흥미로워야 하며 청중에게 뭔가 새로운 것, 새로운 이야기, 새로운 통찰을 제공해 주어야 한다. 청중을 한바탕 웃게 만들 만한 구절이 나올 수도 있다.

(3) 예화나 이야기는 최대한 긴장감 있게 전달되어야 한다. "30분이 지난 줄 알고 시계를 봤더니 겨우 10분이 지났더라!"가 아니라 "10분 정도 지났을 거라고 생각하고 시계를 봤더니 벌써 30분이 지났더라!"가 되어야 한다.

설교를 구성할 때는 목차를 잘 잡는 것이 중요하다. 목차는 설교의 목표와 상응해야 하며, 설교의 자료 하나하나가 의미 있는 맥락 속에 놓일 수 있도록 도와주어야 한다. 설교의 구성과 목차에 대해서는 제4장을 더 참조하자.

 ## 어느 기도 모임에서 행한 주제 설교

설교를 듣는다는 것에 대하여(R. Lindner)

주제에서 설교로 나아가는 길의 마지막 지점에 대한 예로 어느 기도 모임에서 행한 설교 한 편을 소개하고자 한다. 이 설교는 내가 봉사(사회복지) 활동을 하는 분들이 모인 곳에서 선포한 말씀이다. 설교를 듣는다는 것은 과연 무엇일까 가만히 생각하던 중 나에게 아이디어가 떠올랐다. 내가 청중에게 "당신들은 설교 듣기의 전문가입니다!"라고 말했을 때 그들이 어떤 반응을 보일지 궁금했다. 나는 그들이 스스로를 어떻게 평가하고 있는지 말해 보고자 했다. 나의 목표는 청중이 설교에 대해 기대하는 것과 관련하여 나의 추측이 맞았는지 틀렸는지 알아보는 것이었다.

오늘 아침, 저는 설교를 듣는 것에 대한 설교를 하고자 합니다. 저는 여러분이야말로 그 방면의 전문가라고 생각합니다. 여러분 모두는 지금까지 살아오면서 수많은 설교를 들었습니다. 좋은 설교도 들었을 것이며 나쁜 설교도 들었을 것입니다. 여러분은 좋은 설교를 들으면 그것이 여러분의 삶에 뭔가 도움을 준다는 사실을 느끼실 것입니다. 또는 어떤 설교가 여러분에게 그야말로 아무런 의미 없이 다가올 때, 그때도 여러분은 그런 차이를 분명히 느끼실 것입니다. 우리 같은 설교자도 그것을 잘 알고 있습니다. 그래서 설교가 전혀 청중의 마음속으로 들어가지 못한다고 느낄 때면 완전히 낙담할 때가 많습니다. 그런 때는 설교를 그만두고 싶습니다.

내가 할 수 있을까? 해도 될까? 여러분은 한 주를 위한 말씀을 기다리고 있습니다. 오늘 이 월요일 아침에 뭔가 중요한 말을 기대하고 있습니다.

여러분은 설교 듣기의 전문가이십니다. 제가 하는 말이 옳은지 그른지 한번 따져보십시오. 제가 이런 이야기를 하니까, 여러분 가운데 몇 분은 벌써 이렇게 질문하는 것 같습니다. 이 설교의 본문은 어디야? 이건 중요한 질문입니다. 그래서 여러분께 이렇게 대답합니다. 지금 저는 로마서에 나오는 바울의 말씀으로 설교를 하고 있습니다. "믿음은 들음에서 나온다."(롬 10:17)

1. 여러분이 오늘 아침 이 자리에 모인 이유가 무엇입니까? 제가 한 번 맞춰 보겠습니다. 그것은 여러분이 듣고자 하기 때문입니다. 저는 여러분에게 정말 중요한 것, 그것은 믿음이라고 생각합니다. 좀 더 정확하게 말하자면 믿음의 확신입니다. 이것은 이번 한 주 저와 여러분, 우리 모두에게

필요한 것입니다. 우리에게는 두 발을 딛고 설 든든한 토대, 확고한 버팀목, 구체적인 방향, 확실한 목표가 필요합니다. 중요한 결정을 내릴 때 도움이 될 만한 무언가가 필요합니다. 오늘, 그리고 내일, 우리는 하나님께 무엇을 기대할 수 있을까요?

저는 얼마 전에 아주 구식으로 살고 있는 의사 선생님에 대한 기사를 읽었습니다. 그분은 환자 색인 카드를 쓰지 않고 계속해서 환자 노트를 쓰셨다고 합니다. 그 두꺼운 책에 모든 걸 기록했습니다. 참으로 비효율적인 일이었습니다. 그 당시에도 더 효율적인 방법이 많이 있었음에도 그것을 고수했습니다. 그런데 그 의사의 두꺼운 공책 첫 페이지에 아주 인상 깊은 두 단어가 쓰여 있었습니다. "하나님과 함께."(Mit Gott)

오늘 아침, 저도 그렇게 구식으로 한 주의 첫 페이지에 쓰고 싶습니다. "하나님과 함께!" 이것이 저에게 도움이 됩니다. 그렇지 않고서 제가 어떻게 이 모든 것을 헤쳐나갈 수 있을까요? 너무나 많은 것이 혼란스럽습니다. 어떤 것은 그야말로 의미 없어 보입니다. 무엇이 옳고 무엇이 그른지 올바르게 판단할 수 있는 능력을 어디서 얻을 수 있을까요? 정신없이 바쁘게만 지내지 않도록 삶을 고요하게 가라앉히는 힘을 어디서 찾을 수 있을까요? 그래서 저는 이번 주, 또 다음 주 다이어리의 첫 페이지에 이렇게 씁니다. "하나님과 함께!" 이 두 단어가 저에게 용기를 줍니다. 힘을 줍니다.

저는 이렇게 제 믿음에 확신을 주는 것이 필요합니다. 그럴 때 누군가가 저를 도와주는 것도 참 좋습니다. 저는 여러분도 그럴 것이라고 생각합니다. 바로 그래서 우리는 설교를 듣습니다. 믿음의 확신은 들음에서 옵니다. 그 확신은 귀를 통해서 우리의 가슴으로 뚫고 들어옵니다. 그러면 내면이 고요해집니다. 가벼워집니다. 밤의 어두움이 물러갑니다. 밝아집니다.

2. 그러나 우리에게 필요한 것은 확신만이 아닙니다. 우리에게는 방향 제시가 필요합니다. 우리의 생각에 방향을 제시해 주는 것 말입니다. 특히 봉사의 일, 선교의 일을 할 때는 더욱 그렇습니다. "하나님과 함께!" 그러

나 우리의 일상은 이 두 단어에 맞서고 있습니다. 그건 너무 구식이야. 그게 아니면 '생소하다'고 할까? 아닙니다. "하나님과 함께"라는 말은 결정적인 방향을 제시해 주고 있습니다. 그 말은 사람이 우리 생각의 중심에 있어야 한다는 것을 의미합니다. 이것이 이성적인 것입니다. 이것이 우리의 모든 행동에서 가장 우선시되어야 하는 것입니다. "하나님과 함께!" 이 말은 오늘 우리가 함께 일하는 사람들, 우리의 일이 필요한 사람들을 위한 존재가 되는 것을 의미합니다. 우리는 자꾸만 이것을 잊어버리는 경향이 있기 때문에, 이것을 자꾸 상기시켜 주는 것이 필요합니다. 우리에게는 하나님의 말씀이 필요합니다. "너는 네 이웃을 사랑하느냐?"라고 물으시는 음성이 필요합니다. 솔직히 말해 그 물음에 응답하는 것은 제게도 쉬운 일이 아닙니다. 그래서 저에게도 올바른 방향 제시가 필요합니다. 하나님 없는 봉사? 그건 불가능한 일입니다.

3. 올바른 방향은 올바른 결정과 뗄 수 없는 관계입니다. 설교를 들음으로써 우리가 얻을 수 있는 것은 확실함과 방향성이라고 말씀드렸습니다. 그러나 그것 외에 또 하나가 있습니다. 바로 올바른 결정입니다. 우리도 이론적으로는 이웃 사랑이 중요하다는 것, 인간을 지향해야 한다는 것을 알고 있습니다. 이제 우리에게 필요한 것은 그것을 행할 수 있는 강력한 요청입니다. 그때 뭔가가 일어납니다. 화살을 과녁에 맞히기 위해서 활시위를 팽팽하게 잡아당기는 것입니다. 제가 이해하는 설교가 바로 이것입니다. 설교는 우리가 올바른 결정을 내리는 데 도움을 줍니다. 그럴 때 뭔가가 시작됩니다. 나를 유혹하는 온갖 목소리에 맞서고 온갖 장애물을 뛰어넘고 실패도 딛고 일어나게 됩니다. 하나님의 요청을 들은 사람은 쉽게 멈추는 법이 없습니다. 그는 의미 있는 결과를 낼 수 있고 또 그럴 수밖에 없습니다. 이는 그가 하나님의 고요함을 힘입어 일하고, 하나님께 의지하여 올바른 방향으로 나아가기 때문입니다. 이제 그분이 나를 부르십니다. 그러므로 이 일을 합니다. 하나님과 함께! 여러분도 여러분의 일을 합니다. 하나

님과 함께! 우리를 도우시는 분이 계십니다. 아멘.

사례 점검

앞에서 살펴본 주제 설교 작성의 단계를 토대로 하여 방금 소개한 기도 모임 설교를 다시 한 번 점검해 본다.

설교 아이디어

나는 내가 설교하기 전에 청중에 대해서 가지고 있던 기대와 실제 청중의 모습이 일치하는지가 궁금했다. 내 생각을 청중에게 그대로 드러내는 것도 좋겠다는 생각이 들었다. 나의 주제는 '설교를 듣는 것에 대하여'였다. 조금 더 자세히 말하자면 이런 것이다. "청중은 나의 전문 비평가이며, 그들은 자기네에게 도움이 되는 것이 무엇인지를 알고 있다." 나는 설교에 대한 많은 대화를 통해서 이런 확신을 얻게 되었다. 바로 이것을 봉사 사역과 선교 사역을 하는 분들에게 설교하고 싶었던 것이다. 기도 모임이 끝난 후, 그들은 나의 예측이 맞았다는 것을 확인해 주었다.

신학적 물음

나의 아이디어는 신학적으로 나름의 타당성을 확보하고 있었다. 그것은 로마서 10장 17절의 말씀과 직접 연결되며, 들음을 믿음의 수단으로 간주하는 다른 여러 본문과도 연결될 수 있다. 더 나아가 올바른 복음 선포의 책임이 교회 공동체 전체에게 주어진다. 오늘날 많은 교회 공동체들이 이 과제를 더 깊이 자각하고 성숙하게 받아들이고자 한다. 이것은 신학적으로 타당한 신앙적 확신이며, 나는 그 확신을 강하게 해주고 싶었다.

자료 수집

이 기도 모임의 이론적 구성은 분명해졌다. 나는 그것을 좀 더 분명하게 기록해 놓았다.

(1) 과거에 나도 봉사 사역이나 선교 사역을 한 경험이 있었다. 그 경험을 토대로 구체적인 내용을 찾아냈다. 청중도 나와 비슷한 경험을 했다. 자신이 하는 일이 과연 의미 있는 일인지에 대한 의혹도 있었고, 일은 많이 하는데 정말 중요하게 생각되는 일이 아닌 것 같아서 위기감에 빠질 때도 있었고, 뭔가를 하려는 의욕이 실천으로 옮겨지지 않는 때도 있었다.

(2) 그 의사의 이야기는 「조각 작품(Stückwerke)」이라는 책에서 발췌했다.[102]

설교의 목표 적어 놓기

나는 설교를 듣는 것과 관련된 내면의 움직임, 세 가지(확신 제공, 방향 제시, 결단 촉구) 수용의 영역을 청중에게 소개하고 그 세 가지가 그들의 일에 주는 의미를 설명하고자 했다. 그 목표 설정에서 차례가 나왔다.

설교 디자인

(1) 내가 사용할 수 있는 자료를 선별하되, 청중이 직접 깨달을 수 있는 내용을 전달하겠다는 의도를 가지고 골라냈다. 나는 청중의 오랜 경험, 수년간의 경험을 소재로 삼았다. 그들의 내면에서 항상 일어났던 움직임을 그들 스스로 자각할 수 있도록 했다. 그들은 이른바 '아하 – 체험

---

102) J. Hanselmann(Hg.), Stückwerke, Wuppertal 1974.

(Aha-Erlebnis)', 그러니까 "아하, 바로 그거였구나!" 하면서 고개를 끄덕이게 되는 체험을 했다.

(2) 설교자가 청중을 비전문가가 아니라 전문가로 호칭할 때 긍정적인 자극을 받았다. 청중의 경험은 나의 경험과 일치했다.

제3장

청중을 위한 설교

제2장에서 다루었던 내용이 본문(주제)에서 설교로 가는 길이었다면 제3장은 청중과 설교의 관계를 집중적으로 다루려고 한다. 결국 설교라는 것은 청중에게 어떤 변화를 일으키는 것이어야 한다. 설교는 "귀를 만드신(심으신) 분"(시 94:9)에 대한 말씀이 되어야 한다.

지금부터 우리는 설교와 관련된 기본적인 통찰에 집중하고 가이드라인의 의미에서 몇 가지 실천적인 조언을 하고자 한다. 우리가 우선적으로 부각시키고자 하는 것은 선포의 사건과 관련하여 설교자와 청중이 공동의 책임을 가지고 있다는 사실이다. 그 다음으로는 들음의 세 가지 유형을 구별하고, 마지막으로는 그것이 설교 구성에 어떤 모습으로 나타나는지를 논의할 것이다.

독일의 경건주의 신학자 슈페너(Philipp Jakob Spener)는 「경건한 소원」(1975)이라는 저서에서 이렇게 썼다. "설교는 사람들을 구원하려는 거룩한 방편이므로 모든 것이 이 목적에 따라 행해져야 한다. 소수의 지식인들보다는 다수를 차지하는 일반인들을 염두에 두어야 한다."[103]

우리의 청중이 '일반인'이건 '지식인'이건 상관없이 우리는 청중을 위해 설교하는 것 아닌가! 바로 그들이 설교의 메시지를 더 잘 받아들이고 마음에 새기며, 그 설교를 통해 뭔가를 새로 시작해야 한다. 이를 위해서 설교자는 청중을 최대한 잘 '대하는' 데 필요한 규칙을 정확히 알고 있어야 한다.

Ⅰ. 설교를 위해 배우다

일반적으로 설교자는 설교 본문에 대해서는 많은 것을 알고 있으나 청중에 대해서는 아는 게 별로 없을 때가 많다. 그런가 하면 청중은 자기가 '설교를 통해 얻은 것'에 대해 거의 말을 하지 않는다. 그러나 바로 그 이야기를 듣는 것이 설교자에게는 대단히 중요하다. 설교자는 그런 대화를 통해서 자신의 설교가 어떤 영향을 끼치는지를 확인할 수 있다. 그것을 통해서, 자신이 설교에 들인 노력이 결코 헛되지 않았다는 것을 알 수 있다. 청중의 반응을 정확하게 볼 줄 아는 설교자는 늘 추가로 뭔가를 배울 수 있다. 그는 자신의 일을 훨씬 효과적으로 해나가게 될 것이다.

1. 설교자와 청중의 공동 책임

여러분은 왜 설교를 듣기 원하십니까? 설교가 어떠셨습니까? 어떻게 받아들이고 계십니까? 설교를 듣고 나서 뭔가 새롭게 시작한 일이 있습니까? 만일 설교자가 청중에게 이런 질문을 던진다면 – 일반적으로는 – 아주 애매모호한 대답만 돌아올 것이다. 예를 들면 다음과 같다.

청중은 설교를 통해 무엇을 얻는가?

103) 필립 야곱 스페너 지음, 엄성옥 옮김, 「경건한 소원」, 은성 2011, 179.

- 설교에 은혜 많이 받았습니다. (그런데 정확하게 뭐가 그렇게 은혜로웠
  다는 것일까?)
- 목사님 설교를 아주 좋아합니다. (그런데 그건 무슨 이유 때문일까?)
- 많은 찔림을 받았습니다. (그런데 어떤 변화가 일어났을까?)

그다지 긍정적이지 않은 평가를 내리는 사람은 차라리 입을 다무는 쪽을 택한다. 어떤 사람은 설교자에게 직접 비판의 말을 던지기도 한다. "오늘 저는 목사님 설교에 전혀 동의할 수 없어요." 그러나 설교가 끝난 다음 바로 그런 말을 하는 것은 매우 어려운 일이다. 자칫 설교자가 상처를 입을 수도 있기 때문이다. 어쨌거나 설교자는 엄청난 노력을 기울여 설교를 마쳤다. 그는 - 두 가지 의미에서 - "자기 안에 있는 것을 쏟아 부었다." 그러므로 그 설교를 객관적으로 볼 수 있으려면 약간의 간격이 필요하다. 또 한 가지 유념해야 할 것이 있다. 설교자가 본래 자신의 기대와는 달리 청중을 대하는 데 그리 성공적이지 못했다면, 설교자 자신이 약간 언짢은 감정 상태가 된다. 그는 고민에 빠진다. '어떻게 하면 복음의 말씀을 더 잘 전달할 수 있을까?' 운동선수가 막 경기를 마친 뒤에는 쉼이 필요하듯이 설교자도 예배가 막 끝난 뒤에는 충전의 시간이 필요하다. 애정 어린 비판을 해주고자 하는 사람이라면 그것을 느낀다. 최근 들어서는 교인들도 설교에 대해 공동의 책임을 져야 한다는 생각을 가지고 그 방향으로 나아가고자 하는 교회들이 많아졌다. 어떤 경우에는 설교자의 부인이 좋은 친구가 된다. 때로는 소규모 모임에서 그런 시도를 한다. 때로는 예배준비위원회가 예배를 마친 후에 설교에 '평가 작업'을 수행하면서 설교자와 대화를 나누기도 한다. 설교 사건을 위한 공동 책임이 어떤 모습으로 나타나는지에 대해서는 제6장에서 좀 더 자세

히 다룰 것이다.

　여기서는 청중이 설교자를 잘 도울 수 있는 방법에 대한 몇 가지 제안을 하고 넘어가려고 한다. 영국에서 감리교 운동의 기초를 닦은 존 웨슬리(1703~1791)는 설교 원고를 작성하고 나서 그 (아주 꼼꼼한!) 원고를 자기 집 하녀에게 읽어 주었다고 한다. 이렇듯 설교 원고를 미리 한 번 소리 내어 읽어보는 것은 모든 설교자가 큰 부담이 없이, 충분히 할 수 있는 일이다. 만약에 – 가끔씩이라도 – 교역자 팀이 그렇게 예배와 설교를 준비하는 일에 함께한다면 대단히 좋은 효과를 거둘 수 있을 것이다.[104] 함께 모여 기도하면서, 예배 중에 역사하는 분은 하나님이지 인간이 아니라는 점을 되새길 수 있다. 그런 경우에는 설교의 주제나 본문을 공동으로 정할 수 있다. 특정한 기간 동안 시리즈 설교를 계획할 수도 있고, 예배를 거기 상응하는 요소로 디자인할 수도 있다. 설교자는 자신이 말하고자 하는 것을 그 계획 속에 반영할 수 있다. 다른 대화 파트너가 그 계획을 수정하거나 개선을 위한 조언을 할 수 있다. 어떤 교회에서는 예배 전에 준비위원회가 설교 원고를 함께 읽어보는 것으로 합의를 했다. 이것은 성령의 역사를 배제하자는 것이 결코 아니다. 오히려 설교를 청중의 입장에서 검토해 보고 설교의 질적 향상을 도모하려는 것이다. 특별히 교회에 대해 거리감을 갖고 있는 사람들에게 설교하는 경우에는 이런 방법이 큰 효과를 거둘 수 있다.[105] 이런 공동의 설교 작업은 많은 시간과 에너지가 드는 일이지만 이것을 통해 얻는 이익은 그것을 보상하고도 남는다. 설교 이전에 상당히 많은 부분이 명료해질 수 있다. 설

청중은 어떻게 설교자를 도울 수 있는가?

예배를 함께 준비하기

---

104) 예배를 공동으로 디자인하는 것과 관련하여 많은 아이디어를 제공해 주는 책: K. Douglass, Gottes Liebe feiern. Aufbruch zum neuen Gottesdienst, 2. Aufl., Emmelsbüll 2000. 특히 151 이하.

105) 이런 경우에는 설교의 내용을 간추린 요약문을 사람들에게 미리 나눠 주는 것도 추천할 만한 방법이다. 더 나아가 '피드백 쪽지'를 나눠 줘서 예배 참가자들이 서면으로 피드백을 하도록 하는 것도 생각해 볼 만하다.

교 이후의 모임이 필요치 않게 된다. 설교자를 든든하게 지지해 주는 모임의 상호 신뢰는 비판도 포용한다. 만일 설교자가 이런 도움을 받을 수 있다면 그는 점점 더 좋은 설교를 하는 법을 배우게 될 것이다. 설교자의 파트너들에게도 이와 비슷한 변화가 일어난다. 그들도 설교를 더 잘 듣는 법을 배울 것이며, 설교자가 자신의 과제를 성취하는 데 꼭 필요한 도움을 주는 법을 배우게 될 것이다.

2. 설교자와 청중이 함께하는 경험

설교를 구성하고 평가하는 것과 관련하여 설교자와 청중의 관점이 다르기 때문에 서로가 가지고 있는 질문도 사뭇 다르다.

예컨대 청중은 이런 것을 알고 싶어 한다.

- 내가 이 설교를 통해 마음에 감동을 느낀 이유는 무엇인가? 설교를 듣고 나서 많은 깨달음이 왔고 그래서 새로운 변화가 일어났는데, 그 이유는 무엇일까?
- 나는 왜 화가 났을까? 이 설교가 나에게 아무런 의미가 없는 것은 왜일까?

설교자가 알고 싶어 하는 것은 이런 것이다.

- 나의 설교에 회중이 감동한 이유는 무엇인가? 많은 사람이 용기를 얻고 집으로 돌아갔다는데, 내 설교의 어떤 부분이 그런 작용을 한 것일까?

이런 물음에 대해서는 다양한 대답이 가능하다. 이번 장에서는 예컨대 말함과 들음의 세 가지 유형에 관해 소개할 터인데, 그 유형은 청중의 마음에 가 닿는 설교를 하는 데 도움이 될 것이다. 제7장에서는 설교자와 청중의 관계, 그리고 설교의 작용을 커뮤니케이션 이론의 관점에서 다시 한 번 다룰 것이다.

그러나 일단 여기서는 나 자신의 경험에 기대어 몇 가지를 성찰하고자 한다.

다음과 같은 훈련이 도움을 줄 것이다.

다음의 질문을 듣고 떠오르는 것을 한 번 적어 보라.

청중을 위한 질문

여러분이 정기적으로 나가는 교회의 설교자는 설교 중에 청중을 어떤 방식으로 대하는지 곰곰이 생각해 보라.   연습

- 그의 설교는 내게 감동을 준다/주지 않는다. 왜냐하면….
- 나는 그의 설교를 잘 이해할 수 있다/없다. 왜냐하면….
- 설교자는 청중에게 친근감 있게 다가온다/불친절하고 퉁명스럽다. 그것이 어디서 느껴지느냐면….
- 그의 설교가 특히 마음에 드는 때는 그가 …할 때이다.

설교자를 위한 질문

- 최근 나의 설교 중에서 가장 성공적이었다/실패했다고 느낀 것은 어떤 설교였나?
- 청중이 내 설교에 완전히 몰입했다/몰입하지 못했다고 느낀 것은 어떤 모습을 보았기 때문인가?
- 설교를 준비하면서 특별히 힘들었던 부분이 있다면, 직접 설교를

할 때는 그 부분을 어떻게 다루었는가?

• 내가 설교를 통해 도달하고자 했던 것, 설교의 목표는 분명했는가?

이러한 질문은 설교를 하는 사람과 듣는 사람 모두 자신들의 설교 경험을 더욱 명료하게 의식하고, 성경의 메시지를 함께 이해하는 길을 더욱 의식적으로 걸어갈 수 있도록 도와줄 것이다. 설교자와 청중 모두에게 유익이 될 것이며, 설교 사건에 더욱 적극적으로 참여하는 데도 도움이 될 것이다. 게다가 이 경험을 설교자와 청중이 함께하는 모임에서 서로 나눌 수 있다면, 설교자와 청중 모두가 설교라는 커뮤니케이션의 전문가로 성숙할 수 있게 된다. 설교의 공동 책임이라는 대의를 위해 상호 동등한 배움의 기회가 주어지는 것이다. 이것은 협력자로서의 대화를 위한 훌륭한 전제 조건이다. 그러기 위해서는 우리가 한 편의 설교에 대해 어떤 기대를 갖고 있는지를 아는 것이 중요하다.

II. 설교에 대한 기대

1. 설교? 그래도 일반적인 평판보다는 낫다

설교의 위기 신학자들은 벌써 오래 전부터 '설교의 위기'라는 말을 하고 있다. 어떤 사람은 '설교의 곤경'이 너무나 압도적인 상황이니 이 업무를 그만두는 것이 좋겠다고 말하기도 한다. 명명백백한 '킬러의 구호(killer's parole)'가 들려오기도 한다.[106] 그런 주장에 맞서 토론하는 것, 심지어 그런 주장을 꺾어 버리는 것은 어려운 일이다. 의혹은 아주 깊은 곳까지 스며 있다. 그 의혹을 거둬내려는 신학적 시도는 일반적으로 별 도움이

---

106) G. Theißen, Über homiletische Killerparolen—oder die Chancen protestantischer Predigt heute, in: Praktische Theologie(1997), Heft 3~97, 179~202.

안 되는 것 같다. 돌아오는 주일에도 설교단 위에 서야 하는 설교지를 도와주기 위해서는 아무래도 제3의 길이 필요해 보인다. 만일 설교자가 매번 새로운 무언가를 배울 수 있다면, 그래서 '성공의 경험'을 축적해 나갈 수 있다면 그의 설교는 다시금 기쁨이 될 것이다. 바로 이런 맥락에서 우리는 설교의 공동 책임을 말하는 것이다. 교회 공동체가 함께 기도하고 함께 대화하면서 설교에 대한 책임을 함께 지는 길에 대해서 말하는 것이다. 만약 그럴 수 있다면, 설교의 의미에 대한 의혹 때문에 설교자가 내적으로 마비되는 문제가 너무 심각해지지는 않을 것이다. 자신의 일에 대한 최소한의 의혹 정도만이 남아 있을 것이다. 설교자는 자기 확신에 차서 설교를 하는 것이 아니라, 하나님의 말씀의 역사는 그 어떤 것에 의해서 좌우될 수 없다는 분명한 깨달음 속에서 설교를 할 것이다.

설교가 의미가 있느냐 없느냐 하는 문제와 관련해서 또 하나의 관점이 중요하다. 그것은 많은 사람들의 관심이다. 우리는 최근 상당히 놀라운 통계 자료를 접할 수 있었다. 그것은 독일의 경우(K.-W. Dahm의 통계에 의하면) 평범한 주일에도 백만 명 가량의 기독교인들이 개신교 교회의 예배에 참석하여 설교를 듣는다는 사실이다. 더 최근의 통계에 따르면, 독일 개신교교회협의회에 속한 교회 말고 다른 교파 교회(감리교회, 개혁교회 등) 예배에 참석하는 사람들의 수도 75만 명이 훌쩍 넘는다. 그 밖의 다른 교파에 속한 사람들은 통계에 잡히지 않았다. 라디오나 텔레비전을 통해 설교를 듣는 사람들의 수, 그리고 - 만일 우리가 '설교'의 개념을 조금 넓게 본다면 - 이런저런 잡지에 기고된 기독교적 묵상 원고를 읽는 사람들까지 치면 정말 어마어마하게 많은 사람들이 설교를 듣고 있다는 사실이다.

이 통계와 관련된 학문적 연구 결과물을 찾아내는 일은 아주 어려운 일이고, 많은 사람들이 설교를 접하는 이유도 아주 다양하겠지만, 한 가지 사실만큼은 분명한 것 같다. 설교가 설교에 대한 일반적인 평판만큼 나쁜 상태는 아니다. 설교는 분명히 평판보다는 낫다. 좋은 설교에 대한 갈망, 좋은 설교에 대한 수요는 있다. 성경에 깊이 뿌리를 내리고 오늘의 삶을 바라보게 해주는 설교에 대한 목마름이 있다는 것이다.[107] 많은 개신교인들이 '설교를 통해 뭔가를 얻고 싶어'하며, 설교의 말씀을 제대로 이해하고 받아들이고, 그 말씀을 붙잡고 살아가고 싶어 한다. 이렇게 청중의 의식이 높아지고 있으니 설교자의 의무도 커진다. 그의 설교는 사람들이 그 말씀을 듣도록 초대하는 말이 되어야 한다.

설교에 대한 관심은 조금 더 자세히 연구할 만하다. 그토록 많은 사람들은 왜 설교를 듣고 싶어 하는가? 다음과 같은 추측이 가능하다.

- 청중은 어떤 결핍을 느끼고 있다.
- 청중은 자신의 경험에 근거하여, 성경적인 복음의 선포가 그 결핍을 채워 줄 수 있을 거라고 기대한다.

아주 일반적으로 말하면 이렇게 표현할 수 있다. 특정한 어떤 것이 필요한 사람, 그리고 자신이 찾는 것을 예배와 설교 속에서 찾을 수 있음을 아는 사람, 오직 그런 사람만이 들을 마음을 갖고 있다. 설교와 관련하여 안 좋은 경험을 한 사람이라 할지라도 그가 정말 듣고자 하는 사람이라면 장기간 설교를 안 들을 수는 없다. 어떤 사람은 화가 나서 다시는 교회에 가지 않겠다고 선언하지만 다시 그 자리로 나아온다. 듣고자 하는

---

107) 독일 개신교에서 예배 참석, 교회에 대한 기대, 가르침의 영향력과 관련하여 발표된 자료와 그에 대한 평가를 알아보려면: W. Huber/J. Friedrich/P. Steinacker(Hg.), Kirche in der Vielfalt der Lebenszüge. Die vierte EKD-Erhebung über Kirchenmitgliederschaft, Gütersloh 2006. 독일 내 다른 교파의 상황을 전체적으로 살펴보려면: H.-M. Niethammer, Kirchenmitgliedschaft in der Freikirche, Göttingen 1995(EmK), B. Marchlowitz, Freikirchlicher Gemeindeaufbau, Berlin/ New York 1995(BEFG).

사람은 설교가 자신의 결핍을 채워줄 수 있다는 희망을 쉽게 포기하지 않는다. 왜 그런가? 우리 시대 많은 사람들은 자신이 의지할 수 있는 것, 자신이 지향할 수 있는 것을 애타게 찾고 있으며 그러한 갈망은 결국 하나님을 향한 갈망이기 때문이다. 그리고 그 하나님은 예배 중에 설교를 통해, 혹은 그 설교가 아니라면 다른 요소를 통해 인간에게 말씀하시며 변화를 일으키시는 분이기 때문이다.

2. 말함과 들음의 유형

일반적으로 결핍은 뭔가를 추구하는 몸짓을 만들어낸다. 이것은 인간의 보편적인 행동 방식이다. 추위에 떠는 사람은 몸을 따뜻하게 만들고자 한다. 배고픈 사람은 허기를 채우려고 한다. 설교를 듣고자 하는 사람도 뭔가 특별한 것을 추구하는 사람이다. 그러나 이것이 모든 사람들에게 똑같은 모습으로 나타나지는 않는다. 그러나 몇 가지 유형에 따라 정리해 볼 수는 있다. 인간의 추구를 설명하고자 한다면 어떤 식으로든 도식화를 피할 수 없다. 인간이 하는 말의 경우도 마찬가지다. 여러 가지 연설의 유형은 청중이 추구하는 것을 만족시켜 주기 위한 것이다. 청중의 유형과 연설의 유형은 오랜 경험을 기반으로 정리된 것이다. 보통은 몇 가지 유형이 혼합된 방식으로 나타난다는 사실을 유념해야 한다. 들음과 말함을 세 가지 유형으로 나눠볼 수 있는데, 모든 사람은 각각의 유형을 조금씩은 모두 가지고 있다. 하지만 각 사람은, 각각의 청중/설교자는 자기만의 독특한 특징을 가지고 있다. 모두가 나름의 특별한 방식으로 듣고 또 말한다. 또한 그때그때의 상황에 따라 비중이 조금씩 변하기도 한다.

지금부터 설명하는 내용을 통해서 청중은 자신이 설교에서 찾고자 하는 것이 무엇인지, 그리고 자기에게 불편한 연설 유형은 무엇인지 점검할 수 있다. 자신 안에서 갈망을 일으키는 결핍의 정체가 무엇인지 알 수 있다. 설교자는 자신에게 어떤 연설 유형이 잘 맞고 어떤 것이 덜 맞는지 점검해 보게 된다. 모든 설교자는 자기에게 맞는 수사학적 특성을 가지고 있다. 하지만 또 다른 연설 유형을 배워 보고 그것을 훈련할 수도 있다. 이로써 설교자는 더 많은 사람의 마음에 가 닿을 수 있고, 자신의 청중으로부터 더 크고 더 광범위한 호응을 얻을 수 있다. 청중이든 설교자든 자신의 지경을 더 넓힐 수 있다. 청중은 더 잘 듣는 법을, 설교자는 더 잘 말하는 법을 배울 수 있다.

지금부터 말함과 들음의 세 가지 유형을 설명하고자 한다. 이것은 인간 의식의 서로 다른 '수용 영역'과 관계되며 각각 다른 효과를 이끌어 낸다.

이 유형 구분의 역사는 고대 세계로 거슬러 올라간다. 그리스 철학자 아리스토텔레스는 자신의 저서 「수사학」에서 이에 대해 설명하고 있다. 아리스토텔레스 이전의 철학자 플라톤은 말의 기술을 '아첨하는 기술'로 단정하며 반대하는 입장이었지만, 아리스토텔레스는 말의 기술이야말로 인간 공동체 안에서 '좋은 삶'에 기여한다는 견해를 대변했다.

청중이 추구하는 것	시간 관련성	그에 상응하는 말(연설)의 방식	청중의 수용 영역
삶의 의미	현재	확신을 주는	감정
방향	과거	정보를 제공하는	이성
결정	미래	도전하는	의지

확신을 주는 말   • **확신을 주는** 말은 정치인이나 학자의 말이었다. 그들은 이런 언어로써 자신의 능력과 업적을 알렸다.

정보를 제공하는 말   • **정보를 제공하는** 말은 법정에서 쓰였다. 이런 말은 판사가 여러 가지 증거나 주장에 근거하여 올바른 판결을 내리는 데 도움을 주었다.

- **도전하는** 말은 정치적 모임에서 쓰이곤 했다. 그런 모임에 참석한 청중은 그런 말을 듣고 어떤 정치적 입장을 취할 수 있었고 그에 해당하는 실천에 나서게 되었다.

이러한 유형은 어떤 철학자 한 사람의 발명품이 아니라, 어떤 일이 있을 때마다 청중과 대면해야 했던 연설가들의 오랜 경험이 결집되어 나온 것이다. 유형 구분의 최종 목적은 연설자가 자신이 원하는 효과를 거두는 것이다. 이러한 고전적 연설 유형을 설교에도 적용할 수 있을까? 그것은 어떤 전제 조건 하에서, 또 얼마만큼 가능할까?[108]

a) 감정 영역

현대의 상황에서 사람들이 설교에 뭔가를 기대하게 만드는 가장 강력한 요인은 아마도 확실성의 결핍일 것이다.(제1장 참조) 청중은 자신의 삶을 의지할 곳이 어딘지 잘 알지 못한다. 그들은 이 세상을 충분히 신뢰할 수 없다. 현재는 모든 것이 불확실해졌다. 어떤 특별한 사건이 그들의 삶을 불확실하게 만들기도 한다. 그들은 굳건한 터전을 갈망한다. 두 다리로 확실하게 듣고 설 수 있는 터전 말이다. 어떤 경우에는 크고 작은 실망 때문에 시달리기도 한다. 직장 생활의 실패, 자녀 교육의 어려움, 미래에 대한 불안 등이 그들을 괴롭히기도 한다. 삶의 의미가 흔들리고 있다. 혼자 힘으로는 도저히 올바로 살아갈 수 없을 것 같다.

---

108) 수사학과 설교학의 변화무쌍한 관계의 역사에 대해 참조할 만한 책: A. Grözinger, Die Sprache des Menschen, München 1991, 70 이하.

삶의 의미를 추구하는 인간

이렇게 삶의 의미를 추구하는 사람들이 예배의 자리로 나아온다. 그들이 찾는 것은 고요함과 평온함의 공간이다. 그들은 잃어버린 확실함을 되찾고 싶어 한다. 그들이 아직까지 붙잡고 있는 믿음이란 과연 견고한 것일까? 그들의 삶을 충분히 지탱해 줄 만한 것일까? 자신의 의심, 또한 일상 속에서 끊임없이 들려오는 '안티설교'는 그 믿음에 물음표를 던진다. 매주 교회를 찾아와 설교를 듣지만, 자신의 믿음과는 반대되는 여러 의견과 맞닥뜨릴 때가 많이 있다.

하나의 예

주일 아침 K 집사가 교회에 가려는데 남편이 한소리 하는 것을 듣는다. "당신은 또 교회 가는 거야? 꼭 그래야 되는 건지 원!" 교회를 가는 길에 K 집사의 마음에 회의감이 밀려온다. '남편의 말이 맞는 건 아닐까? 나도 다른 사람들처럼 일요일에는 늦게까지 잠을 푹 자거나 야외로 나가거나 해야 되는 거 아닐까?' 이런 마음으로 교회에 도착한 K 집사는 정말 도움이 필요한 상태이다. 그녀는 오늘의 설교 말씀을 통해 신앙의 평안함을 되찾기를 바란다. 자기 남편과 다른 사람들에게서는 발견하지 못하는 그 평안함 말이다. 오늘 예배의 경험을 통해 그녀는 자신이 하나님의 자녀라는 사실을 다시 한 번 확실히 느끼고 싶어 한다. 자기처럼 신앙 안에서 더욱 굳건해지기를 바라는 사람들과 함께 새로이 호흡을 가다듬고자 한다. 자신의 신앙에 반대하는 모든 억압적 분위기에서 완전히 자유로워짐을 느끼고 싶어 한다. 주일을 맞아 '새롭게 충전하여' 자기 앞에 펼쳐질 미지의 하루하루를 힘차게 살아가기를 원한다.

암울한 일상에 찌든 사람들은 단순히 휴식과 평안함 이상의 것을 추구한다. 그들은 권고와 가르침만이 아니라 강력한 영적 비상(飛上)과 찬

란한 기쁨을 원한다. 환한 빛이 어두운 생각을 몰아내야 한다. 청중은 지나간 일에 대한 미련과 다가올 일에 대한 불안을 털어내기를 원한다. 그들은 예배 속에서 축제를 경험하며, 자신의 열망이 만족되는 것을 체험하고, 하나님의 역사를 가까이 느끼기를 원한다.

청중이 그런 설교에서 무슨 구체적인 이득을 보겠느냐고 묻는다면 그건 정말 유치한 물음이리라. 그들의 체험은 그 자체로 가치가 있는 것이지 이용가치로 따질 수 있는 성격이 아니다. 가슴이 한껏 벅차오르는 휴가를 보낸다든지 멋진 콘서트를 즐기는데 거기다 대고 '성과'를 운운하지는 않는다. 미적인 체험은 그 자체로 의미가 있다. 또한 인간이 삶의 방향을 찾기 위해서는 먼저 자기 자신을 (재)발견하는 것이 중요하다는 사실도 주목하는 것이 필요하다. 자신을 되찾은 사람만이 새로운 방향을 향해 첫걸음을 떼어놓을 수 있다. 먼저 자신의 두 다리로 올곧게 선 사람만이 곧이어 자기 주변도 돌아보고 또한 힘차게 앞으로 걸어갈 수 있다.

잠시 시간을 내어 이런 연습을 해보자.

청중을 위한 질문

지금까지 살아오면서 어떤 상황에서 당신에게 특별한 도움이 되었던 설교를 한 번 떠올려 본다. 그때 당신이 어떤 결핍을 느끼고 있었는지 적어 본다. 그때 들은 설교에 대해, 그 설교의 방식이나 내용이나 설교자에 대해 (그의 목소리, 외적인 모습, 설교 방식 등에 대해) 생각나는 것이 있으면 그것을 적어 본다.

설교자를 위한 질문

예배가 끝난 뒤 누군가 당신에게 다가와 뜨겁게 악수하면서 "오늘 설교는 정말 훌륭했습니다!"라거나 "정말 큰 감동을 받았습니다!"라고 말할 때 당신이 어떻게 반응하는지 적어 본다. 당신은 청중의 그런 느낌 표현과 거기에 대한 당신의 반응을 어떻게 평가하는가?

삶의 의미를 추구하는 사람, 그래서 결국 자신의 삶을 든든하게 지탱해 주는 토대와 감동을 경험한 사람은 특별히 감정의 세계에서 설교를 받아들인 사람이다. 아주 엄격한 형식의 예배나 교훈적인 설교는 그에게 큰 영향을 끼치지 못한다. 그의 이성은 골치가 아플 정도로 합리적인 일상 세계에서 안 그래도 혹사당하고 있다. 예배 중에 그의 의지는 새로운 과제를 떠맡을 준비가 되어 있지 않다. 일주일 내내 고된 일을 하느라 너무나 바빴던 사람이라면 주일 아침만큼은 편안한 마음으로 뭔가 긍정적인 것을 받아들이고 싶어 한다.

감정이라는 수용 영역은 설교자가 가장 쉽게 청중에게 도달할 수 있는 지점이다. 그들은 '이성의 인간' 혹은 '의지의 인간'이라기보다는 '감정의 인간'이다. 그들은 이 세상을 경험할 때 이성이나 의지를 먼저 사용하지 않는다. 논리적 정돈이 먼저가 아니다. 항상 그런 질서를 구축하기 위해 노력하는 것도 아니다. 오히려 그들은 어떤 순간을 통해, 어떤 이미지나 분위기를 통해 세상을 경험한다. 그들이 접한 것들을 일단 감정적으로 수용한다. 걱정, 두려움, 적대감, 슬픔, 공감, 헌신, 기쁨으로 반응한다. 그들은 경건한 감동으로 삶의 의미에 대한 확신을 얻고자 하는데, 그때도 머리의 도움이 아니라 가슴의 도움을 받는다. 그들은 예배를 통해 가르침이나 권고를 추구하기보다는 '영성', 즉 인간의 존재 전체를 아우르는 영적인 체험을 추구한다.

확신을 주는 말

지금까지 설명한 청중 유형에 속한 사람들의 수는 일반적으로 개신교 목사들이 추측하는 수보다 훨씬 많다. 대부분의 설교자들은 객관적이고 이성적인 모습을 보이는 편이고, 그래서 자신의 감정 세계를 억누르면서 살아간다. 설교는 아름답거나 축제적이어서는 안 되고 엄숙하고 내용성이 있어야 한다고 생각한다. 많은 설교자들이 무의식적으로 이렇게 생각한다. 청중에게 필요한 것은 설교 본문의 내용을 올바르게 설명하는 것뿐이라고. 그러면 청중은 뭐가 중요한 것인지 이해할 거라고. 그러나 이것은 착각이다. 적어도 설교의 초입 부분에서는 청중의 감정적인 갈망을 유의하면서 설교를 해야 한다. 그래야 그들의 마음을 붙잡고 더 나아갈 수 있다.

삶의 의미를 추구하는 청중과 설교자가 한자리에서 만나 서로의 삶을 나눌 수 있다. 그런 만남에 제일 적당한 말의 유형은 확신을 주는 말이다. 청중의 상황을 분명하게 파악한 설교자에게는 금방 일련의 성경 구절이 떠오를 것이다. 우리에게 위로와 용기와 기쁨을 주는 말씀들이다. 예를 들면 다음과 같은 것이다.

- "내가 사망의 음침한 골짜기로 다닐지라도 해를 두려워하지 않을 것은 주께서 나와 함께 하심이라."(시 23:4)
- "내 영혼아 여호와를 송축하라 내 속에 있는 것들아 다 그의 거룩한 이름을 송축하라."(시 103:1)
- "세상에서는 너희가 환난을 당하나 담대하라 내가 세상을 이기었노라."(요 16:33)
- "심령이 가난한 자는 복이 있나니 천국이 그들의 것임이요."(마 5:3)
- "만일 하나님이 우리를 위하시면 누가 우리를 대적하리요."(롬 8:31)
- "또 내가 새 하늘과 새 땅을 보니."(계 21:1)

성경 색인을 활용하여 '**두려워하다, 염려하다, 위로하다, 돕다, 사랑하다, 기뻐하다, 찬양하다**'와 같은 키워드를 쳐보면, 삶의 의미를 추구하는 사람들에게 직접적으로 호소할 수 있는 성경 말씀을 찾아낼 수 있다. 설교자는 그런 말씀들을 참조하여 확신을 주는 말을 구상할 수 있다.

성경 본문과 말의 방식은 상응하는 관계이다. 그러므로 설교자는 청중의 기대만 신경 쓸 것이 아니라 성경 본문의 형식에도 유의하여야 한다. 그래야 그 내용에 상응하는 메시지를 선포할 수 있다. 형식과 내용은 서로 분리될 수 없는 긴밀한 관계이기 때문이다. 예컨대 시편 8편을 가지고 설교를 하는데 신학과 자연과학의 관계를 규명하기 위해 그 본문을 이용하는 식의 설교를 한다면 그것은 시편 8편에 대한 폭력이다. 그런 주제라면 약간 더 교훈적인 형식을 지닌 창세기 1장의 창조 이야기가 더 알맞을 것이다.

다음의 **예**는 어느 요양시설 담당 목사로 활동하던 빌헬름 크누트(Wilhelm Knuth)의 설교이다. 그는 누가복음 12장 22~31절의 말씀과 자신의 설교 형식을 조화롭게 결합시켰다. 그는 이 설교를 하면서 청중을 – 독일의 북해(Nordsee)에 있는 어느 섬으로 휴가를 온 사람들 – 일단 교회 건물 밖으로 데리고 나가서 자연을 바라보면서, 믿음이 적은 사람들을 배려하시는 하나님에 대한 설교를 시작했다. 특히 그는 백합화와 들풀의 이미지를 해변 모래사장에서 자라는 잡초에 적용시켰다. 그러면서 그런 보잘것없는 풀 하나하나까지 돌보시는 분, 우리 인간은 더 더욱 돌보시는 분을 찬양했다.

저 모래 위의 잡초들을 보십시오! 비록 아주 작은 풀이지만 자기 나름의 역할을 하고 있습니다. 저 풀들이 있기 때문에 저곳에 위험한 모래언덕이 생기지 않습니다. 저 풀들이 있기 때문에 근처의 숲과 밭이 모래로 뒤덮이지 않습니다. 저렇게 바람에 날리는 얕은 모래밭에서 저 뜨거운 햇빛을 맞으면서 저 풀은 어떻게 생명을 유지할 수 있을까요? 저 푸른 풀들의 뿌리는 제 몸 길이의 열 배나 된다고 합니다. 그 뿌리가 깊은 곳에서 영양분을 제공해 줍니다. 큰 바람이 불어닥쳐 저 풀의 뿌리까지 다 날려 버리지 않는 한 풀들은 그 자리를 지키며 생명을 이어갑니다. 그렇게 풀들은 자기의 문제를 해결합니다. 그런데 인간에게도도 깊은 곳에 어떤 생명의 원천이 있어야 하지 않을까요?

만일 우리가 우리 인생의 여러 가지 어려움으로부터 벗어날 수 있는 길, 돌파구를 찾지 못한다면 우리의 휴가는 그다지 즐겁지 않을 것입니다. 그런데 바로 그 돌파구를 하나님께서 우리를 위해 이미 예비해 두셨습니다. 그분 자신이 우리 존재의 근원이십니다. 하나님은 모든 자연을 돌보시는 분이며, 우리 인간은 더 많은 관심으로 돌보시는 줄 믿습니다. 하나님은 저 작은 생명까지도 놀랍게 잘 돌보십니다. 바로 그분께서 오늘 우리에게 꼭 필요한 인생의 계획을 예비해 두신 줄 믿습니다. 예수께서 우리에게 외치십니다. '보아라!' 이 말씀은 자연의 아름다움을 모든 감각을 총동원하여 누리라는 뜻, 혹은 그것을 생물학적으로 연구하라는 뜻이라기보다는 그것의 상징 언어를 깨달으라는 뜻입니다. 이런 상징 언어는 자연에서만 들을 수 있는 것도 아니고, 휴가 때만 들을 수 있는 것도 아닙니다. 만일 우리가 여기서 배운 것을 일상의 삶 속에서, 대도시의 삭막한 현실에서 적용하며 살아간다면, 우리는 매일 한 걸음 한 걸음 앞으로 나아갈 수 있습니다. 만일 우리가 우리 자신의 삶 속에서 아버지의 사랑스러운 배려와 돌봄을 알아차릴 수만 있다면 우리는 치유를 경험하게 될 것입니다. 그러면 우리의 삶을 이끄시는 그분에 대한 비판이 그분을 향한 믿음으로 변화될 것입니다. 그것은 아버지 안에서 아늑함을 느끼는 어린아이의 믿음입니다. **109)**

109) W. Knuth, Zwischen Sorge und Freude, Gladbeck 1973, 12.

이 설교가 특별히 흥미로운 까닭은 두 개의 연설 유형이 어떻게 결합되는지를 잘 보여주고 있기 때문이다. 모래 위의 잡초는 우리를 묵상으로 인도하고, 우리가 세상 걱정에 맞설 수 있게 도와주는 스승 노릇까지 한다.(정보와 설명을 제공하는 말) 일반적으로 묵상적인 설교나 연설을 위한 기법은 많이 있다. 설교자는 자신의 연약함을 솔직하게 드러낼 수도 있다. 주부이면서 엄마였던 어느 설교자는 이렇게 고백했다.

때때로 불안이 저를 엄습합니다. 그러면 저는 살얼음 위를 걷는 것 같은 느낌이 듭니다. 벌써 어딘가 그 얼음이 갈라지는 소리가 들립니다. 나를 위협하는 수백 가지의 덫이 있습니다.

내 남편 – 혹시 운전을 하다가 사고를 당하지는 않을까? 내 아이들 – 이 험악한 세상에서 잘 자라날 수 있을까? 내 친구 – 암에 걸려 몇 달 못 산다고 한다. 나한테도 그런 일이 생기지 않을까?

가끔 저는 거울 앞에서 제 얼굴의 주름을 걱정스럽게 살펴봅니다. 내 나이 60 혹은 70이 되면 나는 어떤 모습일까? 비참하고 우울한 모습일까? 지혜롭고 명랑한 모습일까?

언젠가는 이 얼굴도 웃거나 울 수 없을 겁니다. 언젠가는 굳어버릴 거고 흙으로 돌아갈 것입니다. 내 얼굴은 그저 잠깐 빌린 것일 뿐입니다. 내 삶도 마찬가지입니다. 내가 낭비하거나 아니면 아름답게 사용할 수 있는 하나의 선물입니다.

이런 연설은 고대 그리스의 수사학이 추구하던 '아름다운 연설'은 결코 아니다. 인간의 영광스러움을 찬양하지 않고 두려움에 휩싸인 인간을 있는 그대로 묘사한다. 인간을 '추켜올리며 환호'하지 않는다. 여기서 중요한 것은 하나님의 구원의 역사를 통해 저 깊은 곳에서 높은 곳으로 들려 올라가는 것이다. 예수 그리스도께서 죽은 자 가운데서 부활하신 사건은 바로 이것을 확언하는 영원한 증거이다. 모든 인간은 바로 그 사건에서 위로를 얻을 수 있다. 그러므로 설교자가 청중 앞에서 자신의 연약한 처지를 숨길 필요가 없는 것이다.

설교자가 위의 여자처럼 편안하게 현재형 1인칭 어법을 쓸 때("때때로…저를 엄습합니다. …저는 …느낌이 듭니다. …가끔 저는 거울 앞에서… 살펴봅니다….") 청중은 설교자에게 더욱 쉽게 공감할 수 있다. 그러면 청중과 설교자는 서로에게 아주 가까워진다. 청중과 설교자는 이 순간 함께 하나님 앞에 서 있다. 설교자의 말은 자연스럽게 하나의 기도로 이어진다. 우리는 시편을 읽을 때도 이와 비슷한 경험을 한다. 시편 기자는 자신의 비참한 처지를 묘사하다가 돌연 그 곤궁에서 벗어남을 이야기한다.(가령 시편 22편) 하나님으로부터 버림을 받았다고 느끼던 인간이 자신의 기도를 들어주신 하나님을 찬양한다.(20~25절)

청중이 설교자의 1인칭 어법에 얼마나 쉽게 동의할 수 있는지를 잘 보여주는 또 다른 예 하나를 살펴보자. 다음의 설교문은 베른하르트 피츠케(Bernhard Fitzke)의 성탄절 설교 가운데 일부이다. 신학생이었던 그는 연설의 유형에 대해서 배운 뒤에 확신을 주는 설교의 형식으로 다음의 설교문을 준비하여 선포했다.

"무서워하지 말라!" 천사가 말했습니다.
내가 무서워한다고?
"내가 너희에게 큰 기쁨의 좋은 소식을 전한다. 오늘 너희를 위하여 구주가 나셨으니."
제 눈에 보이는 거라고는 초라하기 짝이 없는 구유밖에 없습니다.
"곧 그리스도 주시니라."
나한테 주인은 이미 충분하지 않은가? 나도 천사의 말을 믿고 싶다! 나도 베들레헴에 갔으면 좋겠다!

내키지 않는 마음으로 베들레헴을 향하여 첫걸음을 내딛습니다. 나의 발걸음은 점점 빨라집니다. 내가 있던 곳이 싫기 때문입니다. 하지만 내가 어디에 도달할지는 알고 있는가? 그러다가 구유 앞에 섭니다. 그 위에는 별이 있습니다. 익숙하기도 하고 낯설기도 합니다. 가까이 다가갑니다. 엄마와 아기, 구유, 이 모든 건 처음 보는 것이 아닙니다. 과거 수많은 사람들이 사랑스럽게 그려낸 것과, 이야기로 들려준 것과 똑같습니다. 모든 것이 나에게 너무나 익숙합니다. 하지만 지금 나는 새로운 눈으로 보고 있습니다. 이 어두운 구유 안이 환합니다. 구유의 불빛에 내 눈도 환하게 열립니다. 그리고 그제서야 나는 지금까지 내가 살아온 곳이 얼마나 어두운 곳이었는지를 깨달으며 깜짝 놀랍니다. 나에게 빛처럼 여겨졌던 것이 사실은 암흑의 망토였으며, 어둠의 휘장이었고, 나의 괴로운 숙명이었습니다. 그러나 그 휘장이 위에서 아래로 쭉 찢어져 버렸습니다. 이제는 이곳에 빛이 있습니다!

설교자는 어둠에 사로잡힌 청중을 풀어내어 복음의 빛으로 인도하고자 한다. 이제 청중은 큰 기쁨 속에서 한 목소리로 찬양을 드린다. 설교자의 말씀과 회중의 찬양이 하나로 어우러진다. 설교자는 고독한 솔리스트가 아니다. 그는 회중 예배와 긴밀하게 연결되어 있다. 그는 회중의 한 사람이자 설교자인 것이다. 그는 다른 회중과 마찬가지로 예배의 전 과정에 참예한다. 예배는, 그리고 그 예배 중의 설교는 교회 공동체 전체의 일이다.

몇 가지 연습을 더 해보자.

청중을 위한 질문

연습 위의 설교문을 읽으면서 어떤 부분이 마음에 와 닿았는가? 어떤 부분이 거슬리는가?

당신도 위와 같은 설교를 할 수 있는가? 청중에게 참된 용기와 기쁨을 맛보게 하려면 어떻게 설교해야 할까?

몇 개의 설교 원고를 읽으면서 검토해 보자. 당신에게는 어떤 방식이 더 편한가? 다른 사람의 이야기를 들려주는 것이 쉬운가, 자신이 경험한 것을 들려주는 것이 쉬운가? 당신은 당신에게 약간 낯선 방식에 도전해 보기도 하는가?

b) 이성 영역

삶의 의미를 추구하는 사람, 그래서 확신을 주는 연설 방식을 추구하는 사람에게 중요한 것은 쓰러졌던 나를 다시 일으켜 세우는 것이다. 그들은 위로와 감동을 받고 새 힘을 얻어서, 자신의 삶을 내리누르던 권세로부터 자유로워진다. 이렇게 심리적으로 홀가분함을 느끼고 새로운 힘을 느끼는 것은 대단히 중요한 측면이다. 그러나 영적인 침체의 멍에에서 벗어난 이후에는 지적인 측면이 필요하다. 하나님께서 왜 그를 곤경에서 구해내셨는지, 앞으로의 삶을 위한 확고한 토대는 어디서 찾을 수 있는지를 아는 것이 중요하다. 그러므로 설교자는 청중의 이성에 호소하기 위해 노력해야 한다. 예배의 자리에 나아온 사람은 편안하고 감동적인 안식을 누릴 뿐 아니라 이 세상을 살아가면서 올바른 방향을 찾아나갈 수 있는 능력을 키워야 한다. 청중의 믿음은 다시 일어나 굳게 서는 것으로 끝나는 것이 아니라, 자기 주변을 바라보며 앞으로 나아갈 수 있는 것이어야 한다.

핵심동기: 올바른 방향 추구

올바른 방향 추구

여전히 삶의 의미를 찾지 못해서 힘들어하는 사람은 대개의 경우 새로운 정보를 받아들이지 못한다. 자기를 둘러싼 상황이 암담하기 때문에 아무것도 보이지 않는 것이다. 그래서 그는 빛을 찾는다. 그 빛을 찾으면 모든 것을 가진 것처럼 느낀다. 그의 갈망은 충족되었다. 설교를 듣는 사람들 가운데 많은 이들이 이런 충족을 경험한다. 그런데 거기서 멈추지 않고 앞으로 더 나아가게 만드는 일이 쉽지가 않다. 그러나 이렇게 끝없이 앞으로 나아가는 것이야말로 기독교 선포의 중요한 특징 가운데 하나이다. 그러므로 설교자는 감정적인 상태에 머물러 있는 청중으로 하여금 그 이상의 것을 추구하도록 하기 위하여 각별한 주의를 기울여야 한다. 그들에게는 믿음을 더욱 굳세게 하는 설교와 나란히, 그 믿음 안에서 더욱 자라나게 하는 설교가 필요하다. 그들은 늘 새로운 것을 배움으로써 삶의 반경을 확장해 나가야 한다.

청중 가운데는 '감정의 인간'도 많지만, 설교를 통해 뭔가 새로운 것을 배우려는 사람들도 있다. 그들은 '이성의 인간'으로서 기독교 신앙과 관련하여 논리적으로 아주 명쾌한 설명을 추구하는 사람들이다. 그들에게도 나름의 결핍이 있어서 그것 때문에 힘들어한다. 그들은 주로 이성을 활용하여 이 세상을 파악한다. 그러나 신앙과 관련해서는 그런 노력이 실패로 돌아가곤 한다. 그래서 그들은 설교를 통해서 자신의 물음에 대한 해답을 얻고자 한다. 또 어떤 사람은 자신의 삶에 찾아온 어떤 문제를 제대로 이해하지 못하는 경우가 있다. 그 문제를 풀지 못해 꼼짝달싹 못하는 처지에 있다. 그는 지금 자신에게 너무나 불확실하게 다가오는 이 문제를 정확하게 조망하고 그 본질을 꿰뚫어보기 원한다. 그래서 그것을 평가하고 나름의 방식으로 정리해 놓고자 한다. 어쩌면 그는 기독교인으로서 자신의 신앙과 삶에 대한 기존의 앎이 완전히 무너져 내리

'이성의 인간'

는 경험을 했는지도 모른다. 지금 그에게 중요한 문제는 이것이다. 어떻게 하면 나의 신앙을 새로운 기초 위에 놓을 수 있을까? 어떻게 하면 신앙 안에서 한층 더 자라날 수 있을까?

청중은 자신의 이성으로 이해할 수 있는 가르침을 원한다. 그리고 그것을 다른 사람에게 분명한 개념과 논리로 설명해 줄 수 있기를 바란다. 그는 지금 자신의 삶이 오랜 전통 및 과거와 연결되어 있음을 이해하고 싶어 한다. 그래서 그는 이성의 비판을 이겨낼 수 있는 지식과 해석을 필요로 한다. 한창 자라나는 학생들이 아버지나 어머니에게 이런 질문을 던질 수 있다. "목사님이 기적 이야기를 들려주셨는데, 아무래도 그건 그냥 지어낸 얘기 같아요. 상식적으로는 믿을 수 없는 얘기잖아요!" 그러면 부모는 예수님의 기적 이야기가 오늘 우리에게 어떤 의미가 있는지 알고 싶어 한다. 만일 설교자가 그 기적 이야기를 자신이 어떻게 받아들이고 있는지, 그 이야기를 자신의 세계관과 어떻게 조화시키고 있는지를 설명하는 설교를 한다면 불확실한 상황에서 혼란스러워하는 청중에게 큰 도움이 될 것이다. 때로는 청중이 설교자의 해석에 동의하지 않을 수도 있다. 자신의 관점에서는 설교자의 해석이 이성적으로 완전히 납득되지 않는다고 생각할 수도 있다. 그러나 그럼에도 설교자의 해석을 충분히 존중하게 될 수는 있다. 청중은 개인적인 자기고백이 담긴 해석을 기대한다. 신앙과 삶에 대한 정보를 전달하는 맥락이지만, 그래도 인간적인 고백을 원하는 것이다.

요컨대 올바른 방향 설정을 추구하는 사람들의 갈망은 단순히 객관적인 정보를 통해 충족되지 않는다. 논리적인 문장과 명료한 개념만 가지고는 충분하지 않다. 청중이 설교자에게 기대하는 것은 신학 강의가 아니다. 설교자가 힘든 것은 바로 이 때문이다. 신앙에 대한 정보를 '신학적으로 깔끔하게' 강의하는 것은 쉬운 일이다. 그런 설교는 "지겹도록 옳은"(루돌프 보렌) 말씀에 불과하다. 설교자는 사람들이 그런 설교를 얼마나 안 듣는지 알아차린다. 성경의 위대한 말씀도 청중에게는 너무 어렵게 다가올 때가 많다. 그런 말씀은 빵이라기보다는 돌에 가깝다. 하지만 설교는 손님들이 기꺼이 먹고 싶어 하는 좋은 음식에 비길 수 있다. 그런데 현실이 그렇지 못할 때 잔치 주인은, 다시 말해 설교자는 낙담하지 않을 수 없다. 그래서 어떤 사람은 이렇게 묻는다. 이 사람들에게는 복음의 진리에 대한 배고픔(암 8:11)이 없는 게 아닐까?

정보를 제공하는 말

주로 감정의 영역을 통해 세계와 만나는 사람들에게는 감정에 호소하는 말이 필요한 것처럼, 이성을 활용하여 세상을 파악하는 사람들에게는 신앙의 정보를 잘 풀어서 전달해 주는 연설 방식이 필요하다. 이것은 쉬운 일이 아니다. 그래서 기독교 신앙에 대한 논리적 해명을 추구하는 평신도들 가운데 스터디 그룹을 좋아하는 사람들도 있다. 하지만 한 편의 설교도 그런 기능을 충분히 감당할 수 있다.

지금부터 소개하는 두 편의 설교는 정보를 제공하는 연설 방식을 보여주는 예이다. 이런 설교는 -다른 사례들과 마찬가지로- 비판적인 성찰을 촉구하는 설교이다.

첫 번째는 예수 그리스도의 동정녀 탄생에 대한 설교다. 한스 릴예(Hans Lilje) 감독의 설교는 난해한 교리를 청중에게 어떤 방식으로 설명할 수 있는지를 보여준다.[110] 릴예는 설교의 들머리에서 이 '믿을 수 없는 이야기'에 대한 청중의 비판을 진지하게 받아들이되 모든 오해를 반박하고, 동정녀 탄생에 대한 신앙고백이 어떻게 '우리의 구원의 보증'으

---

110) H.-R. Müller-Schwefe, Zur Zeit oder Unzeit, Stuttgart 1958, 47~55에 실린 설교문.

로 선포될 수 있는지를 설명한다. 릴예는 여기에 대한 자신의 지식을 청중에게 전달하되, 결국은 청중이 그 문제에 대해 나름의 판단을 내릴 수 있도록 한다.

첫째, 우리 주 예수님은 우리가 사는 이 땅, 이 세계로 찾아오셨습니다. 그가 태어나셨습니다. 인간이 되셨습니다. 그분은 우리의 힘으로는 도저히 파악할 수 없는 일을 행하셨으며, 인류 전체의 운명을 고스란히 짊어지셨습니다. 다른 종교에도 신의 화육에 관한 이야기가 나오지만, 우리 기독교인이 주님을 향해 고백하는 그런 성육신에 관한 이야기는 없습니다. 우리는 감히 이렇게 고백합니다. 주님이 우리와 똑같은 인간이 되셨다고.

이것은 무엇을 의미합니까? 온갖 폭력과 죄악, 삶에 대한 두려움과 죽음에 대한 공포의 소용돌이 속에서도 우리는 홀로 버려진 존재가 아니라는 것입니다. 하나님께서 함께 계십니다. 예수께서 우리에게 오셨습니다.

그러나 여기서 복음이 우리에게 들려주는 또 하나의 증언이 있습니다. 첫째만큼이나 중요한 이 둘째 증언은 그분이 단순히 우리의 동료가 되신 것이 아니라 우리의 구원자가 되신다는 증언입니다. 이것은 그분이 우리와는 다른 분, 우리의 이 세상과는 다른 분이기 때문에 가능했습니다.

바로 여기에 모든 것이 달려 있습니다. 그러므로 우리와 엇비슷한 그리스도를 선포하는 순간 기독교 메시지에 대한 근본적인 오해가 생겨나는 것입니다. 그분이 우리와 다른 분이라는 것, 바로 여기에 모든 것, 그야말로 모든 것이 달려 있습니다. 그분은 니케아 신조가 말하는 것처럼 하나님에게서 나온 하나님, 빛에서 나온 빛이십니다.

많은 설교자들이 교리적 논증을 어려워한다. 그들은 청중이 '위로부터의 영원한 진리'를 들으며 마음에 감동을 느끼지는 않을 거라고 추측한다. 그래서 독일의 로쿰(Loccum)에 있는 신학 아카데미에서는 청중으로 하여금 그 진리를 갈망하게끔 자극을 주는 설교 방식을 개발하려는 시도가 있었다. 청중도 함께 생각할 수 있어야 한다. 재판을 진행하는 판사처럼 자신의 판결을 내릴 수 있어야 한다. 그런 의미에서 호르스트 히르슐러(Horst Hirschler)는 '성탄절 축제'를 주제로 성공적인 설교를 했다.[111]

청소년 모임은 여느 때처럼 평범하게 시작됐습니다. 처음에는 세 명, 그 다음 시간에는 나머지 여덟 명이 참석했지요. 우리는 대림절에 베를린의 어느 교회에서 벌인 활동에 대해 이야기를 나누었습니다. 한 학생이 그 교회에서 나누어 준 유인물을 가져왔습니다. 거기에는 굵은 글씨로 '비판적인 크리스마스 운동'이라고 쓰여 있었습니다. "성탄절을 맞아 지나친 과소비 행태를 회개하자. 사고 싶다고 모든 걸 다 사지 마라!" 그 교회는 성탄절에 소비하는 돈의 일부를 아프리카에 학교를 세우는 데 쓰자고 호소하고 있었습니다. 우리는 거기에 대해 이야기를 나누었습니다.

그러다가 갑자기 우리 가정에서 성탄 전야를 어떻게 보내는지 이야기하기 시작했지요. 어떤 친구들은 집에서는 그 시간이 정말 지루하다고 말했습니다. 어떤 친구는 이렇게 말했지요. "선물을 주고받는 시간까지는 그래도 좋아요. 그런데 그 다음에는 모두가 처박혀서 자기 일만 하지 아무런 새로운 게 없어요." 어떤 여학생은 이런 이야기를 들려주었습니다. "우리 집 크리스마스이브는 그야말로 끔찍해요. 결혼한 오빠 둘은 와이프 데려와서 자기네들 사는 시시한 얘기나 해요. 그러다가 할머니가 나오세요. 가끔은 할머니가 아주 좋을 때가 있어요. 오빠들은 항상 교회 가는 걸 싫어해요. 찬송 부르는 것은 더 싫어하죠. 그래서 할머니는 항상 이렇게 말씀하시죠. '얘들아, 너희도 알다시피, 내가 살면 얼마나 살겠니. 어쩌면 이번이 내 생애 마지막 성탄절이 될지도 몰라. 나를 위해서라도 한 번 좋은 노래 좀 불러 주렴.' 그래서 우리가 마지못해 한자리에 앉으면 할머니는 찬송가를 꺼내

111) 북독일방송(NDR)/서독일방송(WDR)의 라디오 방송 설교, werkstatt predigt I/1973, 3~4에 실림.

오세요. 그러고는 이 노래 불렀다가 저 노래 불렀다 하지요. 난 이것도 참 좋다고 생각해요. 하지만 식사가 끝난 다음에는 그것도 끝이죠." 다른 학생들에게도 물어보았지만 성탄 전야에 대한 좋은 기억을 가진 친구는 한 사람도 없었지요.

그때 한 친구가 제안했습니다. "크리스마스이브를 청소년부실에서 보내면 안 될까요? 8시나, 8시 반에는 만날 수 있어요. 그때면 집에서는 특별히 할 일도 없어요. 여기서 진짜 성탄 전야 행사를 해봐요. 집에서는 그런 말을 꺼내지도 못해요. 지난번에는 아주 현대적인 크리스마스 이야기를 읽어주겠다고 했는데 모두가 싫다고 했어요. 청소년부실도 예쁘게 장식할 수 있어요." 그랬더니 어떤 친구는 "제가 크리스마스트리를 만들게요." 하고 외쳤습니다. "우리 크리스마스 캐럴도 불러요. 악기 연주도 해요. 제대로 된 이야기도 낭독해요. 게임도 해요…."

그러나 저는 마음이 그다지 편치 않았습니다. 행사 자체는 좋습니다. 하지만 하필이면 성탄 전야에? 적어도 그날만큼은 가족과 함께 보내야 하지 않을까요? 그런 식의 행사는 시대에 뒤떨어진 것 아닐까요? 실제로 많은 가정에서 크리스마스이브를 어떻게 보내느냐는 정말 큰 문제입니다. 뭘 할까? 누가 프로그램을 짤까? 그런 프로그램이란 게 있기나 한가? 어른들은 젊은 사람들의 비판을 무서워합니다. 어른 들도 자신들의 권리가 보장받지 못한다고 생각합니다. 어쨌거나 청소년들의 의견은 후폭풍을 불러왔습니다. 화가 난 부모님들이 목사실로 몇 통의 전화를 걸어왔습니다. 그러나 어떤 가정에서는 부모님과 자녀 사이에 좋은 대화가 오가기도 했습니다. 부모님의 입장이나 자녀들의 입장에서, 성탄절을 보낼 때마다 아쉬웠던 것을 화기애애하게 이야기할 수 있었던 것입니다.

성탄절이란 과연 무엇일까요? 꼭 성탄 노래를 불러야 할까요? 성탄과 관련된 본문이나 이야기를 반드시 읽어야 할까요? 예수님의 생일에 가장 어울리는 일은 무엇일까요? 크리스마스에 우리가 세대별로 나뉘어서 나

이 든 사람은 나이 든 사람끼리 또 젊은이는 젊은이끼리 축하의 자리를 갖
는다면 그게 바람직한 것일까요? 어쩌면 그런 시간이 필요할 수도 있습니
다. 최근에 저는 연세가 지긋하신 어떤 분과 이야기를 나누었습니다. 자녀
들은 벌써 장성해서 타지에서 일을 하며 살아가고 있습니다. 그분이 저에
게 이렇게 말하더군요. "우리 아이들은 이번 크리스마스 때는 오지 않습니
다. 각자가 자기에게 맞는 방식으로 성탄절을 보내야지요. 우리도 까다로
운 자식들 장단에 춤추지 않아도 돼서 행복하답니다."

하지만 크리스마스이브는 우리에게 전혀 다른 가능성을 제시해 줍니다.
우리가 서로를 위해 시간을 내는 것 말입니다. 어르신과 젊은이가 서로에
게 귀를 기울이고 서로를 존중하려고 노력한다면, 그것이야말로 예수님의
스타일에 딱 맞는 것 아니겠습니까?

그날 계획된 크리스마스 파티는 결국 성사되지 않았습니다. 주요한 이
유는 그 계획 덕분에 각 가정에서 크리스마스이브를 어떻게 보낼 것인가를
놓고 가족 간의 대화가 시작됐기 때문입니다. 어느 가족은 아프리카에서
유학 온 학생이 있다는 소식을 듣고 그 학생을 초대하기로 했습니다. 그것
도 좋은 일이었습니다.

이 설교문은 어떤 특정한 도식을 기초로 구성된 것이다. 거기에 대해
서는 다음 장에서 자세히 살펴보기로 하자. 이 설교에서 중요한 것은 청
중이 어떻게 자신의 의견을 형성할 수 있는지, 어떻게 '크리스마스'를 맞
이하여 삶의 방향성을 찾아갈 수 있는지를 보여주는 것이다.

다음의 질문에 대답해 보자.

청중을 위한 질문

연습　위의 설교문을 읽으면서 느낀 것을 적어 보자. 어떤 부분이 마음에 와
닿았는가? 어떤 부분이 그렇지 않았는가?

어떤 설교 방식이 당신에게 더 어울리는가? 교리적인 지식 전달의 방식인가? 청중과 함께 나름의 방향을 찾아나가는 방식인가?

c) 의지 영역

쓰러졌던 자리에서 다시 일어나 자기 주변을 돌아보는 사람이라고 해서 모두 다 전진하는 신앙의 삶을 살아가는 것은 아니다. 힘을 되찾은 사람은 이제 기독교 신앙의 기초에 대한 지식을 공급받아야 한다. 그리고 그것을 다른 사람에게도 논리적인 언어로 설명할 수 있어야 한다. 하지만 그렇다고 해서, 청중과 설교자가 거기서 구체적인 결론을 이끌어내고, 예컨대 타인에게 사랑으로 관심을 기울이고 선한 일을 하는 등 구체적으로 실천하는 신앙을 살아내는 것은 아니다. 청중은 설교를 통해 감정의 깊은 곳에서 평안과 위로를 경험한다. 하지만 그들의 의지는 자신이 받은 사랑을 구체적인 누군가에게 구체적인 방식으로 전할 수 있는 자극을 받지 못했다. 자신이 약속받은 미래를 적극적으로 '끌어안고' 그것을 만들어가기 위한 자극을 받지 못했다. 구체적인 실천을 요청하며 도전하는 연설 방식이야말로 그런 변화를 이끌어낼 수 있다. 그리고 이러한 유형은 인간 안에 있는 의지의 영역에 호소한다.

핵심동기: 올바른 결정 추구

올바른 결정을 찾아서

젊은 청중은 설교자가 명상적 스타일의 관찰이나 신앙적 정보 전달에 오랜 시간을 쓰는 것을 못 견딘다. 그런 피 끓는 청춘은 아니더라도, 이 세상을 주로 의지를 통해 파악하는 사람들은 어떤 확실한 대답을 목말라 한다. '우리는 구체적으로 무슨 일을 해야 하는가?' '우리는 기독교 신앙을 어떻게 실천하며 살 것인가?' 설교자들은 그런 문제에 확실한 답을

'의지의 인간'

주지 못할 때가 많다. 기껏해야 설교를 끝맺으면서 그냥 일반적인 차원의 요청을 하는 것뿐이다. 누구나 할 수 있는 '뻔한 말'이나 하고 있는 것이다. 그런 설교는 불충분하다는 느낌을 줄 수밖에 없다. 그래서 실망한 '의지의 인간들'은 따로 모임을 꾸려서 나름의 실천 사업을 추진하는 걸 선호하기도 한다.

설교를 들으러 오는 사람들 가운데서 적잖은 수의 사람들이 현재의 삶 혹은 미래의 삶을 위한 결정을 내리는 데 도움이 되는 설교를 원한다. 설교자들도 그걸 확실히 느낄 때가 있는데, 그것은 가끔씩 사람들이 찾아와서 이렇게 말할 때이다. "제가 목사님 말씀을 듣고 […] 그대로 해보았습니다." 어쩌면 설교자는 그냥 일반적인 차원의 암시만을 던져 주었는지도 모른다. 그 사람은 설교자가 원래 의도한 것과는 다르게 그 메시지를 이해했다. 그는 뭔가를 결정해야 하는 상황에서 고심하다가 그 설교를 들으면서 나름의 결단을 내리는 데 도움을 주는 어떤 자극을 경험했다. 설교자는 의도하지 않았지만 청중이 그의 메시지를 듣고 자신의 고민에서 헤어나와 그 메시지를 자신의 삶에 적용시켰던 것이다.

이러한 반응은 또 다른 종류의 결핍이 있다는 증거이다. 요컨대 수많은 사람들이 자신의 신앙을 구체적으로 실천하는 데 필요한 자극의 결핍을 느끼고 있다. 많은 사람들이 선한 일을 해야 한다는 걸 알고는 있지만 그렇게 하지 못하고 있다. 때로는 용기가 없어서, 때로는 어떻게 하는지 잘 몰라서 그럴 수 있다. 중요한 결단을 내려야 하는 상황에서는 더더욱 그렇다. 청중도 알고는 있다. 내가 정말 설교를 중요하게 생각한다면 나의 삶은 근본적으로 달라져야 한다. 하지만 다른 사람이 하는 것을 나는 과감히 하지 못한다.

잘 모르고 높은 담 위로 올라갔다가 위험에 처한 두 사내아이의 이야기가 있다. 한 남자가 그 아이들을 향해서 소리쳤다. "내가 받아 줄 테니

얼른 뛰어내려라!” 한 아이는 그 말을 듣고 뛰어내렸고 무사히 어른의
품에 안겼다. 그는 그 아이의 아빠였다. 아빠를 신뢰하는 마음이 그 아이
를 구한 것이다. 다른 아이는 긴급구조대원이 온 다음에야 구출될 수 있
었다.

복음주의적인 설교는 바로 이 문제를 중요하게 다룬다. 유명한 복음
주의 설교가 찰스 스펄전(Charles H. Spurgeon)도 사람들에게 그리스도
를 위해 결단할 것을 촉구하면서[112] 아주 강력한 어조로 청중의 마음을
사로잡았다.

저는 오늘 진정한 사랑의 심장을 가지신 분의 이름으로 간청합니다. 그
분은 십자가에 달려 죽으신 구원자, 그리고 나를 통해 여러분을 초대하시
는 분입니다. 지금 내가 우는 것처럼 여러분을 위해 울고 계신 분입니다.
그분의 이름으로 여러분께 애원합니다. 그분께로 돌아오십시오. 그러면
구원을 받을 것입니다. 그분이 이 세상에 오신 것은 “잃어버린 것을 찾아
구원하려 하심이라.” 그분은 자기에게 오는 사람을 결단코 내치지 않으십
니다. […] 오 거룩하신 성령이여, 이 죄인들을 주님께 인도하소서! 여러분
은 죄인입니다. 여러분께 간청합니다. 그리스도를 꽉 붙잡으십시오. 이제
그의 옷자락을 만지십시오! 눈을 들어 십자가에 달리신 그분을 바라보십
시오! 모세가 사막에서 뱀을 높이 든 것처럼, 그리스도께서는 여러분이 보
는 앞에서 높이 들리셨습니다. 여러분께 빕니다. 제발 그분을 보십시오. 그
분을 보고 생명을 얻으십시오! 예수 그리스도를 믿으라, 그리하면 너희가
살리라! 하나님께서 나를 통해 여러분에게 간청하시듯, 저는 이제 그리스
도를 대신하여 간청합니다. 여러분, 하나님과 화해하십시오!

---

112) H. Thielicke, Vom geistlichen Reden, Stuttgart 1961, 259~260에서 인용.

도전하는 말

결단을 촉구하는 연설은 비교적 드문 편이다. 특히 주일예배 때는 그런 유형의 설교를 찾아보기 힘들다.[113] 청중에게 믿음을 호소하는 설교는 "시대에 맞지 않는다."는 소리를 여기저기서 듣게 된다. 우리 사회의 곳곳에 불신앙이 침투하는 것에 거부감을 느끼기보다는 복음을 전파하는 선교 활동에 거부감을 느끼는 사람들이 더 많다. 복음을 전도하고 믿음을 호소하는 설교를 비판하는 사람에게 대안이 뭐냐고 물으면 이렇다 할 대답을 듣지 못하곤 한다. 그래서 최근에는 개신교 교회 안에서 파송의 의미를 재발견하려는 움직임이 나타나고 있다.[114] 우리는 교회 안에 복음 전도에 대한 새로운 각성이 일어나도록 노력해야 하며, 기독교 신앙을 잘 모르는 사람들에게 다가갈 수 있는 새로운 길을 찾아내려고 애써야 한다.

선교와 복음화는 예외적인 사업이 아니라 일반적인 사업이 되어야 한다.[115] 물론 그 과정에서 선교 활동의 에큐메니컬한 차원이 (다시금) 충분히 고려되어야 한다.[116]

도전하는 방식의 설교는 지금까지 살펴본 것 가운데서 가장 어려운 방식이다. 이러한 설교를 위해서는 탁월한 연설 능력이 필요하며, 설교로 뭔가를 호소할 수 있는 특별한 감각이 필요하다. 많은 설교자들이 도전하는 설교 방식을 꺼리는데, 이것은 그런 방식이 청중의 '기분을 상하

---

113) 참조: W. Bub, Evangelisationspredigt in der Volkskirche, 2. Aufl., Stuttgart 1993, 140 이하.

114) 저명한 개신교 신학자 에버하르트 융엘(Eberhard Jüngel)은 1999년 11월 라이프치히에서 열린 독일개신교교회협의회의 총회 개회 연설에서 다음과 같이 지적했다. "본래 선교와 복음화는 기독교 교회에 당연한 일이어야 한다. 두세 사람이 예수 그리스도의 이름으로 모이는 곳이라면 그 두세 사람은 곧이어 네다섯 사람이 예수님의 이름으로 모일 수 있도록 집중적이고 열정적으로 노력을 해야 한다."(자료: epd-Dokumentationen 4/99)

115) 참조: W. Klaiber, Ruf und Antwort. Biblische Grundlagen einer Theologie der Evangelisation. Stuttgart/Neukirchen 1990, U. Laepple/H.-H. Pompe, Normalfall Evangelisation, Neukirchen-Vluyn 1997.

116) 참조: H. Vorster(Hg.), Ökumene lohnt sich, Frankfurt 1998; EMW/ACK/missio(Hg.), Aufbruch zu einer missionarischen Ökumene, Hamburg 1999.

게' 할 수도 있기 때문이다. 많은 청중이 강력한 신앙적 도전을 회피하는 것도 설교자가 그런 설교를 망설이게 되는 이유 가운데 하나다. 설교자는 뭔가 도움을 주려고 하지만 청중이 그것을 받아들이지 않는다. 설교자는 뜨겁게 외치지만 청중은 들으려고 하지 않는다. 훌륭한 말씀이 그들의 마음에 확신을 주어 그 말씀으로 위로를 받긴 하는데, 그 이상의 도약을 감행하지 못하는 것이다. 예수께서도 부자 청년에게 당신을 따라오라고 하셨지만 그러지 못하는 모습을 보셨다.(막 10:17~27) 부자 청년은 그 부름을 따르지 않았다. 예수께서는 그에게 그럴 수 있는 자유도 허용하셨다. 설교자가 도전하는 설교를 할 때도 마찬가지다. 청중에게 도전을 주되, 어떤 특정한 결정을 강요하거나 조작하려고 해서는 안 된다. 작가인 쿠르트 마르티(Kurt Marti)도 부자 청년의 이야기를 주석하면서 그런 원칙을 지켰다. 그 설교의 클라이맥스는 복음서 기자 마가의 흥미로운 한 마디이다. "그러자 예수께서 그 남자를 보시고 사랑하셨다."(21절)

조작하려고 해서는
안 된다

저 같으면 그냥 여기서 마무리를 하고 '아멘'을 외쳤을 겁니다. 예수님이 사람을 사랑하신다는 것보다 더 좋은 게 있을까요? 그거야말로 우리에게 일어날 수 있는 모든 것, 궁극적인 것, 최고의 것입니다. 만일 예수께서 오늘 우리를 보시고 사랑하신다면 오늘 이 일요일은 최고의 축제가 될 것이며, 우리는 마음속까지 '깨끗하게 되어 빛을 발하면서' 기쁜 마음으로 우리의 길을 걸어갈 것입니다. 우리는 이제, 또한 영원히 구원받은 존재가 될 것입니다. 그리고 저는 오늘도 예수님이 기뻐하시는 사람들이 여기 많이 있을 거라고 실제로 믿고 있습니다. 그들은 살아 계신 하나님에 대한 갈망을 간직한 사람들입니다. 지금 이 자리에는 없지만, 교회에 오지는 않았지만, 바로 그런 갈망을 가진 사람들이 또 많이 있을 거라고 생각합니다. 그들도 그런 내적인 불안함 속에서 뭔가를 추구하고 있기 때문에 예수님의 사랑을 받고 있습니다. 우리는 그 사람들에게 이것을 말해 줘야 할 겁니다.

그러나 저는 그럼에도 불구하고 아직 '아멘'을 하지 못합니다. 우리의 이야기가 계속되고, 예수님의 사랑도 계속되기 때문입니다. 계속해서 우리의 삶 속으로 더 깊이 파고들어 옵니다. 그래서 예수님은 당신이 사랑하신 사람을 향해 말씀하십니다. "네게 아직도 한 가지 부족한 것이 있으니, 가서 네게 있는 것을 다 팔아 가난한 자들에게 주라 그리하면 하늘에서 보화가 네게 있으리라 그리고 와서 나를 따르라!"

예수님의 사랑은 우리가 믿는 것보다 더 나아갑니다. 하지만 여기서는 너무 나간 것 같습니다. 그래서 이 이야기는 해피엔딩이 안 됩니다. 마지막 부분에 와서 불편해집니다. 우리도 모두 똑같은 대답을 했을 겁니다. 이건 저한테는 너무 심하네요. "와서 나를 따르라!" 어쩌면 그건 가능할지도 모릅니다. 요즘 우리는 예수님을 따르라는 말씀을 영적인 것으로 해석해 버릴 수 있으니까요. 그러나 "가서 네게 있는 것을 다 팔아… 주라." 오, 이건 너무 나간 것 같습니다. 이건 너무 심합니다….117)

미래 지향

도전하는 설교가 어려운 이유 가운데 하나는 그것이 미래와 직결되어 있기 때문이다. 청중은 미래를 바라보면서 결정을 내려야 한다. 그는 이것이 옳은 것인지 고민을 한다. 저 말씀대로 하는 것이 도움이 될까? 설교자가 보여주는 목표에 도달할 수 있을까? 그는 자신의 미래를 확신하지 못한다. 정보를 제공하는 설교는 훨씬 쉽다. 그것은 과거에 대해, 역사적인 것에 대해, 혹은 과거에 모아둔 지식에 대해 말하기 때문이다. 확신을 주는 설교는 현재 시제이다. 이것은 하나님과 인간의 친밀함을 추구한다. 그 인간은 지금 여기 있는 인간이며, 설교자가 가까이 다가설 수 있는 인간이다.

---

117) K. Marti, Das Markus-Evangelium, Basel 1967, 214~218.

여러 사람의 경험을 종합해 볼 때, 도전하는 설교가 잘 받아들여지는 때는 청중이 그 설교의 내용 중에서 자신이 뭔가 도약을 감행할 수 있게 해주는 어떤 포인트를 찾아냈을 때이다. 청중에게 결단을 촉구하는 설교를 하는 사람은 그리스도를 따라 사는 삶이 바로 그 결단을 통해 앞으로 어떻게 발전할 수 있는지를 보여줄 수 있어야 한다. 도전하는 설교에는 구체적인 요소가 필요하다. 그래서 일부 복음주의 설교자들은 믿음의 결단을 원하는 사람들에게 '서약의 기도'를 따라하라고 한다.[118] 어떤 설교자들은 그들에게 '앞으로' 나와서 공적인 고백을 하라고 요청하기도 한다. 또 어떤 사람들은 그들과 개인적인 대화를 한다. 그래서 친밀하고도 안전한 분위기에서 신앙의 첫걸음을 떼어 놓을 수 있게 한다. 참회기도, 공동기도, 축복기도 등 형태는 다양하다. 최근에는 교회 내에서 '신앙의 기초 과정' 같은 자리를 마련하여 새신자들을 초대하고 마지막 시간에는 - 편안한 분위기에서 - 자신의 삶을 하나님께 드리는 의식을 거행하는 프로그램이 자리를 잡아나가고 있다.[119]

복음 전도의 과정에서는 복음의 말씀에 감동하여 철저하게 하나님을 향해 살기로 다짐한 사람이 어떻게 살아야 하는지에 대해 구체적인 지침을 주는 것이 꼭 필요하다. 물론 상황에 따라서 적당한 형식을 찾아야 한다. 하지만 중요한 것은 실제로 그러한 삶의 변화가 일어나는 것이다. 만일 설교자가 결단을 촉구하기만 할 뿐 구체적인 길을 보여주지 않는다면, 그의 설교는 결국 청중을 혼란스럽게 만들 뿐이다. 그의 호소는 공허한 말의 반복이 될 것이며, 청중은 장기적으로 그런 요청에 '면역'이 되고 말 것이다.

---

118) 사례: W. Bub, Evangelisationspredigt, 145~146.

119) 참조: K. Douglass, Glaube hat Gründe, 2. Aufl., Stuttgart 1999. B. Krause, Reise ins Land des Glaubens. Christ werden – Christ bleiben, Neukirchen–Vluyn 2000.

정치적인 설교의 경우도 이와 마찬가지다. 정치적 설교는 실제로 드러날 수 있는 행동을 촉진해야 한다. 예컨대 서명 운동이나 공적인 시위나 상징적인 행위 등을 생각해 볼 수 있다. 그런 것이 없다면, 뜻을 같이하는 사람들이 낙담하여 어떤 치명적인 행동주의에 빠지게 된다. 복음주의적 설교와 정치적 설교는 이런 점에서 유사하다. 두 가지 모두 도전하는 방식의 연설이기 때문이다.

독일의 유명한 신학자 헬무트 골비처(Helmut Gollwitzer)는 베를린 대학교의 신학교수로 재직하면서 수많은 정치적인 설교를 했는데, 그의 설교는 앞서 말한 구체적인 요소를 갖추고 있었다. 그의 설교에는 시대적 사명을 가지고 세계사적인 사건에 참여할 것을 촉구하는 목소리가 선명하게 드러난다. 골비처는 청중 한 사람 한 사람에게 호소하는 설교를 했다. 한 사람의 변화는 개인적인 면에서나 정치적인 면에서 더 큰 파급 효과를 일으킬 수 있다. 또한 그의 의식이 바뀌게 된다.

예수께서 말씀하십니다. "너 스스로에게 물어보아라. 너에게 정말 필요한 것이 무엇인가? 어떤 일이 있어도 네가 꼭 가지고 있어야 할 것은 무엇인가? 네가 간절히 부르짖고 있는 그 대상은 무엇인가? 그것이 없어서 너무나도 쓰라린, 그것은 무엇인가?" 어쩌면 당신은 외로운 사람인지도 모릅니다. 그래서 일용할 양식을 찾듯, 당신을 돌봐주고 당신의 말에 귀 기울이며 당신을 이해해 주는 사람을 찾고 있습니다. 그런데 예수께서 말씀하십니다. "네가 네 주변에 있는 사람들에게 그런 사람이 되어 주어라! 바로 그럴 때 너의 외로움이 사라질 것이다." 혹시 당신은 좀 덜 이기적이고 좀 더 명랑하고 다정다감한 배우자를 원하십니까? 예수께서 말씀하십니다. "너의 배우자에게 바로 그런 배우자가 되어 주어라! 그러면 너의 결혼 생활이 완전히 달라지리라." 지긋지긋한 밥벌이 노동을 하느라 인생이 공허합니까? 당신의 사무실에서 일하고 있는 다른 사람들을 한 번 보십시오. 그 사람들도 힘겨워하고 있는 것을 보십시오. 어쩔 수 없는 일상이지만 뭔가 새로운 분위기를 만드는 사람, 새로운 의미를 가져오는 사람! 그들에게 그런 사람이 되어 주십시오. 당신이 다른 사람에게 기대하는 존재, 그들에게 그런 존재가 되어 주십시오. 이것이 예수님의 말씀입니다. 그 말씀은 마치 열쇠처럼 다른 사람의 삶 속으로 들어가는 문을 열어 줄 것입니다.

정말 흥미로운 것은 이것입니다. 당신이 자신의 모습을 잘 들여다볼 때 다른 사람을, 그의 문제를 볼 수 있게 되고, 그를 알게 된다는 것입니다. 바로 그때 당신은 깨닫게 됩니다. 그들은 당신이 힘겨워하는 그 문제 때문에 더욱 힘들어하고 있다는 사실 말입니다. 당신은 돈이 부족해서 걱정입니다. 그러나 당신 주변에는 훨씬 덜 가진 사람들이 수두룩합니다. 당신에게는 자유와 정의가 필요하고 자유 법치국가가 필요합니다. 당신은 그런 나라에서 살고 있음을 감사해야 합니다. 지금도 페르시아와 터키의 감옥에 갇혀 고문을 당하고 사형 선고를 받는 사람들이 있기 때문입니다. 당신에게는 자유, 의사 표현의 자유, 종교적·정치적 견해를 자유롭게 말할 수 있는 자유가 필요합니다. 그런데 체코슬로바키아, 그리스에서는 하고 싶은 말이 있어도 할 수가 없습니다. 당신은 남아프리카의 백인, 로디지아의 백인으로서 정원이 딸린 집에서 살고 있습니다. 세계 어디라도 갈 수 있습니다. 그런데 당신 곁에는 다른 피부색을 가진 사람들이 최하층 시민으로 격하되어 극한의 상황 속에서 살아가고 있습니다. 그들도 우리에게 필요한 것과 똑같은 것이 필요한 사람들입니다. "그러므로 무엇이든지 남에게 대접을 받고자 하는 대로 너희도 남을 대접하라 이것이 율법이요 선지자니라."(마 7:12)**120)**

---

120) H. Gollwitzer, Veränderungen im Diesseits, München 1973, 52~53.

도전하는 설교의 어려움을 충분히 알고 있는 설교자라 할지라도 책임
감을 가지고 과감하게 그런 설교를 해나가야 한다. 그런 말씀을 선포하
기 위해서는 용기가 필요하다. 신앙의 선배들이 늘 하시던 말을 빌리자
면 '권능'이 필요한 것이다. 하나님께 사로잡힌 사람은 대담하게 자신의
입장을 밝히고 청중에게 결단과 실천을 호소할 수 있다. 그는 권면하시
는 그리스도의 권위(고후 5:20)를 가지고 말씀을 전할 수 있다. 그에게는
성령의 임재가 필요하다. 거기에 더하여 적절한 때에 적절한 말씀을 찾
아내는 예민한 공감의 능력이 필요하다. 그 말씀의 목표는 제자도, 즉 예
수님을 따르는 삶이다. 내세가 아니라 이 세상에서 변화된 삶을 사는 것
이다. 하나님의 약속을 믿고 열린 미래를 향해서 전진하는 것이다.

마지막으로 다음의 질문에 대답해 보자.

청중을 위한 질문

 연습

당신은 도전하는 설교를 어떻게 평가하는가? 그런 식의 설교 방식을
원하는가? 그런 설교 때문에 안 좋은 경험을 한 적이 있는가? (그렇다면
어떤 경험이었나?) 도전하는 설교이면서도 당신이 충분히 동의할 수 있는
설교는 어떤 모습인가?

설교자를 위한 질문

최근에 도전하는 방식으로 (복음주의적인 혹은 정치적인) 설교를 한 적
이 있는가? 그런 설교를 하는 데 주저함은 없었는가? 그런 주저함은 어
떤 이유에서 타당하다고 생각하는가? 어떻게 하면 그런 주저함을 극복
할 수 있는가?

제4장

설교의 구성

　　우리의 설교가 - 앞 장에서 살펴본 것처럼 - 청중을 고려한 설교가 되기 위해서는 그에 상응하는 구성이 필요하다. 그래서 우리는 제4장에서 설교의 구성에 필요한 내용을 안내하고자 한다. 우리의 설교는 청중의 마음을 끄는 설교, 잘 준비되고 정돈된 느낌을 주는 설교가 되어야 한다. 그런 마음으로 한 편의 설교를 준비하는 설교자는 멋진 집을 만드는 건축가에 비길 수 있다. 좋은 건축가는 장차 그 집에 살 사람을 생각하면서 정성을 다해 집을 짓는다. 그런 집에 사는 사람은 편안하고 행복하다. 이것을 설교에 적용해 보자. 설교를 듣는 사람들은 정성껏 준비된 설교를 원하며, 그런 설교의 메시지와 도전에 더 적극적으로 반응한다.

설교자는 건축가

　　우리가 설교의 반향을 제대로 포착하려고 한다면 그 원인을 오로지 설교자의 능력에서 찾아서는 안 된다. 잘 준비된 설교와 집중적인 경청, 이 두 가지가 책임 있게 어우러질 때 설교의 성공을 결정하는 어떤 것, 즉 청중의 마음을 깊이 어루만지며 감동과 변화를 일으키는 뭔가가 발생한다. 설교를 잘 준비하고 잘 전달한다고 해서 무조건 기대했던 결과가 나오는 것은 아니다. 설교 사건에 작용하는 요인들은 너무나 다양하기 때문에 설교의 성공을 하나하나 다 계획할 수는 없다. 그렇다고 해서 설교를 잘 구성하고 계획하는 일을 소홀히 할 수는 없다. 설교자는 자신의 수공업적인 능력, 즉 설교 한 편을 마치 정교한 수공업 작품처럼 깎고 다듬어 만들어내는 능력을 계발하고자 한다. 그런 노력을 통해서 청중이 그들의 설교를 더 잘 이해하게 된다고 믿기 때문이다.

I. 들음으로의 초대

설교는 사람들에게 겁을 주려는 것이 아니라, 축제의 자리로 초대라도 하듯이 사람들을 들음의 자리로 초대하는 것이어야 한다. 이 이미지는 예수께서 복음을 선포하실 때 즐겨 사용하시던 것이다.(마 22:1~10 등) 예수께서는 이 땅 위의 사람들이 하나님 나라의 기쁨을 미리 맛보기를 원하셨다. 많은 설교자들이 성경 본문의 깊은 뜻을 파악하고 그것의 신학적 의미를 해석하느라 엄청난 노력을 기울인다. 언뜻 보기에는 모든 것을 완벽하게 마친 것 같다. 그런데 청중은 그의 설교를 즐기지 못한다. 그의 설교가 초대의 말씀처럼 다가오지 않는다. 빌립보서 4장 4절을 본문으로 한 다음 설교를 한 번 보자.

주께서 가까우셨습니다! 그분의 가까우심은 이미 지금 여기에서 기독교인의 삶을 결정하고 그 삶을 기쁨으로 가득 채웁니다. 그래서 본문은 이렇게 말합니다. "주 안에서 항상 기뻐하라!" 그분에게서 나오는 기쁨은 일상의 모든 염려와 걱정 앞에서 무너져 내리는 기쁨이 아니라 그것을 극복하는 기쁨입니다. 때때로 아무런 기쁨도 없는 현실, 오히려 갑갑하게 내리누르는 듯한 현실의 문제를 애써 외면하거나 이상화하는 것이 아닙니다.

그 현실은 실제로 새롭게 변화되었습니다. 예수 그리스도께서는 당신이 이 땅 위에서 만난 사람들의 삶 속에 새로운 내용을 제공해 주셨습니다.

이 설교자는 구구절절 옳은 말을 하고 있다. 그러나 그는 몇 문장을 말하면서도 너무나 많은 것을 전하려 하고 있다. 하나의 교리적 문장이 가면 또 하나의 교리적 문장이 온다. 청중은 그리스도께서 가까이 오심의 의미를 충분히 받아들이고 생각해 볼 시간도 없이 그것을 기뻐해야 한다. 그의 삶은 벌써 새로운 의미를 얻었으니, 지금까지 자기를 짓누르던 것을 다 뒤로하고 기뻐해야 한다. 이런 식으로는 그 누구도 설교의 흐름을 따라갈 수 없다. 그러면 청중은 아예 신경을 꺼 버리고 다른 것을 생각한다. 청중이 그런 설교를 안 듣는다고 이상하게 여길 노릇이 아니다. 그가 선포하고자 하는 복음은 복음[기쁜 소식]이 아니다. 아무도 그것을 들을 수 없기 때문이다.

1. 쉽게 경청하도록 해주기

너무 어려운 말이나 텍스트는 얼마든지 쉽게 만들 수 있다. 물론 이 점에서는 듣는 사람보다 읽는 사람이 유리하다. 독자는 그 문장을 다시 한 번 읽을 수 있기 때문이다. 게다가 잘 이해되지 않는 문장은 다른 사람에게 물어봐서 의미를 깨우칠 수 있다. 그러나 설교를 듣는 사람은 그 자리에서 내용을 이해해야 한다. 설교가 반복되지 않기 때문이다.

그런 면에서 설교는 세심한 준비가 필요하다. 설교자는 청중이 이미 아는 것과 아직 모르는 것을 함께 제공해 주어야 한다. 이미 아는 것은 더 확실하게 해주고, 아직 모르는 새로운 것은 충분히 이해할 수 있도록 해줘야 한다. 설교에 새로운 내용이 많다면, 청중이 그것을 소화할 수 있도록 충분한 시간을 주어야 한다. 새로운 내용을 가만히 자기 안에 받아들이는 멈춤의 시간이 없다면 금방 피곤해질 수 있다. 청중은 자신의 관심을 일깨워 주는 긍정적인 자극을 필요로 한다. 많이 배운 청중이든 조금 덜 배운 청중이든 마찬가지다. 이미 아는 것을 다시 한 번 새로운 방식으로 언급해 주고, 새로운 것은 자신이 충분히 파악할 수 있도록 설명해 주는 것은 모든 청중에게 도움이 된다. 이런 맥락에서 잉여성(redundancy)이라는 개념이 나온다. 이것의 어원은 라틴어 '레둔다레(redundare)'이다. 이 말은 '넘쳐서 ~까지 이르다', '넘쳐흐르다'라는 뜻이다. 이것은 쓸데없는 과잉을 의미하는 것이 아니다. 어떤 설교는 실제로 그런 과잉의 상태를 보이기도 한다. 그런 설교를 듣는 것은 지루한 일이다. 그런 설교는 그 누구에게도 와 닿지 않는다. 여기서 우리는 괴테의 한 마디를 상기할 필요가 있다. "쓸모없는 치즈 덩어리는 밟으면 옆으로 퍼질 뿐, 단단해지지는 않는다."[121]

설교자가 너무 많은 것을 말하려고 할 때 설교는 점점 힘들어진다. 그런 설교자에게 부족한 것은 잉여성, 곧 더 깊은 차원으로 이끄는 반복이다. 잉여성이 부족한 설교를 그림으로 나타내면 아래와 같다.

그러나 아래의 모습이면 훨씬 좋은 설교가 된다.

이런 잉여성이 중요한 것은 설교만이 아니다. 예컨대 텔레비전 뉴스에서도 중요하다.

---

121) "Getretener Quark wird breit, nicht stark." 내용 자체가 하찮고 시시하다면 그것을 가지고 아무리 많은 노력을 해도, 아무리 많은 말을 하고 또 반복해도 그 수준이 더 나아지지 않는다는 뜻 – 옮긴이.

하나의 예

카셀에서 풀다로 가던 고속열차가 갑자기 탈선하는 바람에 수많은 사상자가 발생한 기사가 있다고 치자. 그런 기사의 내용은 몇 마디 문장으로 충분히 그 사실 관계를 전달할 수 있다. 그러나 시청자가 그 소식을 더 잘 파악할 수 있도록 하려면 그 탈선의 상황을 좀 더 상세하게 묘사해야 한다. 텔레비전은 이러한 잉여성을 창출하기 위해서, 아나운서가 그 보도를 읽은 뒤에 그 상황을 화면으로 다시 내보낸다. 사고 현장의 모습, 탈선한 열차의 모습이 화면에 나타난다. 목격자와의 인터뷰가 나온다. 철도청 책임자가 나와서 그 사건에 대한 유감을 표명하고 수습 대책을 발표한다. 이 모든 과정이 그 정보의 잉여성을 만들어낸다. 그런 잉여성이 없으면 이른바 주의력 *끄기* 효과라는 것이 발생한다. 한 마디로 시청자가 리모컨을 꾹 눌러 다른 채널로 가 버리는 것이다. 시청자는 자기가 노력해서 그 정보를 평가하고 판단하려고 하지 않는다. 시청자는 그 정보에 더 이상 관심이 없다. 그러면 자기가 듣거나 보던 것을 금세 잊어버린다.

설교자는 텔레비전 뉴스 보도를 보면서 배울 수 있다. 설교자도 청중을 집중시키기 위해 노력을 기울여야 한다. 거기에는 여러 가지 방법이 있다. 성경 본문을 주의 깊게 연구해서 그 방법을 터득할 수도 있다. 어떤 경우에는 선포의 상황에 기초하여 그 방법을 찾아낼 수도 있다. 설교 중 성경 본문을 주석하기 위해서 여러 가지 언어 형식과 스타일을 활용하는 것도 큰 도움이 될 것이다. 본문에 따라 조금씩 방법이 달라지겠지만 예컨대 이런 것이 가능하다.

- 본문에 나오는 상황에 대한 자세한 정보 전달(예수께서 우리의 기대를 완전히 무너뜨리는 모습을 보여주셨다…)
- 중요한 배경 지식(예수 시대에 목자들은 유대 사회의 주변부 집단이었

다….)

- 하나의 개념에 대한 친절한 설명(하나님 나라는 어떤 정치적인 것이 아
  니라….)
- 이미 알고 있는 사실에 대한 간단한 암시(예수께서 병자를 고쳐주셨
  다….)
- 하나의 문제를 직접적으로 언급(많은 사람이 예수님의 그 말씀을 듣고
  힘들어했다….)
- 하나의 이미지를 상세하게 설명(그리스도는 이 세상의 빛….)
- 간단한 은유(기독교인은 이 세상의 소금이니….)
- 인상 깊은 어투나 언어유희(네가 나에게 하듯, 나도 너에게….)
- 이야기(성경에 나오는 이야기, 문학작품이나 일상에서 찾아낸 이야기….)

너무 많은 잉여성도 문제가 될 수 있다. 그런 설교는 내용적 측면에서 계속 제자리걸음을 하는 꼴이라 청중을 지루하게 만든다. 자꾸만 하나의 내용을 반복하면 청중의 생각을 임의로 조작하는 것 같은 느낌을 준다. 설교에는 청중의 자기 성찰과 판타지를 위한 여백이 있어야 한다.

2. 설교 속의 이야기

설교를 효과적으로 구성하는 제일 좋은 방법 가운데 하나가 스토리텔링이다. 설교자는 청중 앞에서 이야기 하나를 펼쳐나간다. 어떤 사건에 대한 이야기를 들려주거나 최근에 나눈 대화에서 이야기 소재를 건진다. 성경을 펼쳐서 읽기 시작하면 분명해진다. 이것은 이야기책이다! 성경은 생명에 대한 이야기, 하나님과 이 세상에 대한 이야기를 들려준다. 성경은 과거와 미래에 관한 이야기를 들려주면서, 언제나 깜짝 놀랄 만한 방식으로 현재에 관한 이야기가 된다. 성경의 이야기는 희망과 절망,

성경 – 이야기 책

사랑과 실패, 능력과 무기력에 관한 이야기를 들려준다.

어느 날 율법학자가 예수께 와서 묻는다. 주변에 있던 사람들은 두 사람의 대화에 귀를 기울인다. '예수님은 뭐라고 대답하실까?' 예수님은 예루살렘과 여리고 사이의 산길을 가던 사람이 강도를 만난 이야기를 들려주신다.(눅 10:30~35) 예수님은 그 당시 상황에서 흔히 일어나던 사건을 가지고 하나의 비유를 만들고 그 이야기에 등장하는 사람들 하나하나에 대한 이야기를 들려주신다. 이렇게 해서 만들어진 '자비로운 사마리아 사람' 이야기는 한 번 들으면 그대로 기억 속에 각인되는 이야기이다.

청중은 이런 이야기를 들으면서 자기 안에 잠들어 있던 기억을 깨우고 망각 속에 빠져 있던 경험을 다시 불러내어 새로운 빛으로 가져오게 된다. 그 이야기가 내면의 깊은 희망과 갈망을 어루만지고 삶의 핵심 문제를 일깨워 준다. 여기서 결정적으로 중요한 것이 있다. 그것은 성경의 이야기가 '사이 공간(Zwischenraum)'을 허용한다는 사실이다. 청중은 정해진 것을 수동적으로 받아들이는 사람이 아니다. 그 이야기에 등장하는 운명적 사건을 어떻게 파악할 것인지, 어떤 인물과 자신을 동일시할 것인지는 청중 자신에게 맡겨진 일이다. 나도 한때 '강도를 만난' 것 같은 상황을 경험해 보지 않았나? 내 인생에도 '선한 사마리아 사람' 같은 존재가 있었나? 나도 누군가를 '외면한' 적은 없었나? 때로는 그 이야기의 곁가지 문장이, 주변 인물이, 사소한 배경이 우리의 마음에 와 닿고 우리에게 새로운 행동의 가능성을 제시해 주기도 한다.

a) 스토리텔링의 방식 – 몇 가지 원칙

성경 이야기의 재구성이나 **일상의 이야기**에 관해 자세히 살펴보기에

앞서 몇 가지 이야기 방식과 규칙을 소개하고자 한다.[122] 우리가 이렇게
하는 까닭은 한편으로는 이야기의 다양한 가능성을 펼쳐 보이기 위함이
고, 다른 한편으로는 현장에서 이미 검증된 몇 가지 기본 원칙을 소개하
여 실제로 이야기 설교를 하는 데 도움을 주기 위함이다.

다양한 스토리텔링 방식의 사례

성경의 이야기를 재구성하기

• 성경 이야기의 재구성: 이것은 본문의 기본 흐름을 따라가면서 이
야기하는 것이다. 여기서 중요한 것은 이야기의 디테일을 하나하나 빠
뜨리지 않고 말하는 것이 아니라, 본질적인 요소를 확실하게 전달하는
것이다. 등장인물 간의 관계 설정, 장소, 이야기의 반전이 일어나는 지점
등을 체크한다.

요약해서 이야기하기

• 요약해서 이야기하기: 복음서(마 15:30, 요 7:1)와 사도행전(8:1)에도
오랜 기간에 걸쳐 일어난 일이나 일련의 사건들을 간추려서 이야기하는
대목이 종종 나온다. 설교를 하면서도 구약 예언자의 운명이나 예수님
의 수난에 대해서 간략하게 소개하는 이야기를 할 수가 있다. 이로써 전
후 관계를 선명하게 드러내고 개별적인 이야기의 맥락을 잡아 준다.

배경 이야기

• 배경 이야기[123]: 역사적인 배경 지식을(예컨대 예수 시대에는 목자들
이 어떤 모습으로 살았는지, 세리들이 미움을 받은 까닭은 무엇인지) 진술하되
사전에 나오는 설명처럼 하지 않고 이야기의 형태로 풀어서 한다.

액자구조 이야기

• 액자구조 이야기[124]: 액자구조 이야기에서는 배경 이야기의 경우

---

122) 지금부터 소개할 내용은 다음의 두 책에 나와 있다. H. K. Berg, Bibeldidaktik, München 1993, 182
이하. G. Adam/R. Lachmann(Hg.), Methodisches Kompendium für den Religionsunterricht 1,
Basisband, 4. Aufl., Göttingen 2002, 137~162.

123) 예수의 삶과 행적을 그 시대의 틀에 맞게 이야기로 풀어낸 좋은 책: 게르트 타이센 지음. 차봉희 옮
김. 「갈릴래아 사람의 그림자」, 한국신학연구소 2007.

124) 성경에서 액자구조 이야기에 관한 대표적인 예가 욥기와 요나서의 앞부분과 뒷부분이다. 앞뒤의 이
야기가 액자처럼 '본래의' 내용을 둘러싸고 있는 구조이다.

와 유사하게 성경 본문의 배경 지식이 중요하다. 예수님의 비유, 그리고 구약성경의 예언서는 대개가 답변의 성격을 띠고 있다. 신약성경의 서신서도 구체적인 상황과 물음에 대한 응답으로 기록되었다. 그런 상황과 물음을 조명하여 드러내는 것이 액자구조 이야기의 과제이다.

• **인물 관점 이야기**: 여기서는 이야기꾼이 등장인물의 역할 속으로 들어가서 그의 관점으로 모든 이야기의 과정을 진술하는 것이다. 이렇게 하면 똑같은 이야기라도 전혀 다른 분위기를 띠게 되고, 전과는 전혀 다른 방식으로 청중의 마음에 가 닿는다. 예컨대 '죄 지은 여인이 예수님께 기름을 붓는' 이야기(눅 7:35~50)는 그 여인의 관점, 바리새인 시몬의 관점, 어느 손님의 관점, 예수님 자신의 관점 중에서 누구의 입장으로 이야기하느냐에 따라 청중에게 전혀 새로운 이야기로 다가온다.

• **더 이야기하기**[125]: 이것은 성경 이야기의 재구성을 따르되, 그 이야기가 끝나는 지금에서 마무리하는 것이 아니라, 청중으로 하여금 그 다음에 전개될 일을 생각해 보도록 하는 것이다. 예컨대 '부자 청년'이야기는 그가 예수님과 대화를 나눈 뒤에 비통한 모습으로 돌아가는 것으로 끝맺는다.(마 19:22) 그러나 청중은 그 후에 그가 어떻게 되었을까 상상할 수 있다. 삭개오의 이야기도 그렇게 해볼 수 있다. 예수께서 그에게 "오늘 구원이 이 집에 이르렀다."(눅 19:9)고 말씀하시고 그 다음 주에 삭개오는 어떤 모습으로 살고 있었을까?

스토리텔링의 몇 가지 규칙

• **이야기의 인물을 적절하게 선별하기**: 본문에 따라, 이야기의 상황에 따라 다양한 인물과 다양한 관점을 고를 수 있다. 판에 박힌 인물에서

인물 관점 이야기

더 이야기하기

이야기의 인물을
적절하게 선별하기

---

125) 특히 W. Neidhart는 이런 유형의 이야기의 가능성을 가장 설득력 있게 보여주었다. 이 책 마지막 부분에 있는 참고도서 목록을 참조하라.

벗어나 신선한 것을 찾아내면 집중도를 높일 수 있다.

• **긴장감의 곡선을 만들어내기:** 모든 이야기에는 시작과 마지막이 있다. 그리고 그 사이에는 – 학교 다니면서 작문 시간에 배운 것처럼 – 본론이 있다. 처음에는 이야기의 전모를 감추어 놓고 몇 가지 모티브를 뒤로 미루어 두었다가 마지막에 가서 반전을 일으키면 흥미진진한 이야기가 된다.

• **스토리텔링의 화법을 유지하기:** 스토리텔링의 언어는 짤막짤막하게 끊어지는 것이 특징이다.(글을 쓰듯이 말을 해서는 안 된다.) 시제는 현재형을 쓰거나 단순 과거형을 쓰는 것이 좋다. 청중의 입장에서는 능동태 직접 화법이 따라가기 쉽다.("그들은 예수께서 죄가 사하여졌다고 하신 말씀을 들었습니다." 대신에 "예수께서 말씀하셨다. 너의 죄가 사하여졌노라.") 문장을 치장하는 형용사(위대한, 아름다운)는 아껴서 사용하고 평가가 담긴 표현(좋다, 악하다)은 최대한 삼간다. 좋은 이야기의 생명력은 청중에게 자유로운 해석의 여지를 남기는 데 있다.

• **어려운 표현은 바꿔 쓰기:** 설교자가 어려운 개념(하나님 나라, 심판, 죄, 영원)을 일단 풀어서 설명한 다음 그 개념을 써주면 청중에게 큰 도움이 된다.

• **행동의 동기와 감정을 찾아내기:** 이야기는 인간의 지성에만 호소하는 것이 아니라 인간의 모든 영역에 전인적으로 영향을 끼친다. 좋은 이야기는 객관적인 사실만 나열하는 것이 아니라 어떤 사람의 행위 이면에 있는 여러 가지 원인과 동기(질문, 염려, 두려움)를 알 수 있게 해준다.

• **청중의 호기심과 질문을 자극하기:** 좋은 이야기는 이야기가 끝난 다음에도 많은 생각거리를 준다. 이야기는 우리의 관심을 자극하여 여러 가지 질문을 이끌어낸다. '만약' 거기서 그러지 않았더라면 어떻게 되었을까? 이제 그 사람은 어떻게 되었을까? 그건 무슨 의미일까?

• **풀리지 않는 질문과 비밀은 그냥 놔두기**: 성경의 많은 이야기들은 '영원한 이야기'이다. 그것이 인간의 근본적인 질문(삶의 의미, 고통의 기원), 근본적인 갈등(선과 악, 성공과 실패), 근본적인 주제(나이 듦, 이별)와 관련된 것이기 때문이다. 좋은 이야기는 어떤 행동의 표층에 머무르지 않고 인간 실존의 심층까지 파고들어간다. 그리고 어떤 신비는 - 예컨대 기적 이야기 - 논리적으로 설명하기보다는 그냥 놔두는 쪽을 택한다. 이야기는 그 비밀스러운 사건이 청중에게 일으키는 변화에 주목한다.

b) 성경 이야기 재구성

놀랍게도 대다수의 설교자들은 성경 본문의 이야기 구조에 거의 주목하지 않는다. 예언자의 이야기든지 예수님의 비유든지 그냥 본문을 읽기는 하는데 그런 이야기의 실마리, 혹은 맥락을 파악하지는 못한다. 주제 설교를 할 때는 성경 본문이 더 짤막짤막하게, 더 토막 난 모습으로 등장한다. "본문에는 17절에 나오는 것처럼…" 하고 마는 식이다. 그렇게 되면 성경 본문의 이야기적 맥락이 상실되고 만다. 그러나 성경 이야기가 담고 있는 생생한 자료들은 여러 가지 신학적 주제를 청중의 현실 속에 적용하는 데 충분한 자극을 준다. 어린이와 함께 드리는 예배 때 가만히 보면, 어른들도 누군가가 성경의 이야기를 실감나게 구연해주면 그 이야기 듣는 것을 아주 좋아한다. 그리고 어른들 가운데서도 성경의 이야기를 잘 모르는 사람, 거의 모르는 사람들이 꽤 많다. 그래서 성경 이야기의 재구성은 청중으로 하여금 그 이야기의 '원본'인 성경을 펼쳐 읽으면서 '그게 정말로 그런지' 확인해보고 싶은 마음이 들도록 해야 한다.

하나의 예

동방박사(마 2:1~12)

저는 두 명의 왕을 만나봤습니다. 연달아서 그 두 명을 다 만나봤지요. 10월의 어느 날이었습니다. 저는 여느 때처럼 하늘을 관찰하고 있었습니다. 그런 일을 하는 저를 사람들은 현자 혹은 박사라고 부릅니다.

어느 날 토성이 물고기자리 쪽으로 가까이 왔습니다. 그 뒤를 목성이 따라왔지요. 토성과 목성은 8개월 동안 나란히 움직이고 있었습니다. 이것은 뭔가 특별한 의미가 있는 일입니다. 토성은 '신의 눈'이라 하고, 목성은 '왕의 별'이라고 합니다. 두 별이 세 번이나 아주 가까워졌다가 물고기자리에 들어온 다음에는 녹아서 하나가 되어 버린 것 같았지요. 마치 하나의 멋진 별처럼 창공에서 빛을 발했습니다. 그런데 그게 다가 아니었어요! 두 별이 물고기자리를 떠나기 전에 아주 드문 일이 일어났습니다. 화성이 따라붙은 것입니다. 저는 이 책 저 책을 뒤적이며 이 신비한 현상에 대한 내용을 찾아보았습니다. 그리고 드디어, 별자리가 이렇게 배치되는 것은 유대 나라에 메시아가 태어날 징조라는 사실을 알아냈습니다. 저는 오래 고민하지 않고 즉각 길을 떠났습니다. 여행은 정말 힘들었지요. 먹을 것이 바닥날 때도 많았고 숙소는 끔찍했습니다. 너무 피곤하고 지칠 때는 내가 뭣 하러 이런 고생을 하고 있나, 메시아가 나실 것이라는 소문은 그야말로 뜬소문이 아닌가, 하는 의혹에 사로잡히기도 했습니다. 그러다가 어느 날 여관에서 어떤 외국인을 만났는데 글쎄 그 사람도 저와 똑같은 징조를 보고 그것을 저와 똑같이 해석한 사람이었지 뭡니까. 그때 저는 다시금 확신을 갖게 되었습니다. 그리고 그와 함께 여행을 계속할 수 있었습니다.

목적지는 예루살렘이었죠. 거기 말고는 다른 곳이 없다고 생각했던 겁니다. 왕은 수도에 있는 왕궁에서 태어나야 하는 것 아닙니까? 예루살렘에 도착하니까 어떤 사람이 안토니아 성(요새)으로 가는 길을 알려주었습니다. 그 성은 성전 바로 옆에 있었고 비전투용 궁궐처럼 보였습니다. 하지만 전투태세를 갖춘 한 부대의 군인들이 그곳을 지키고 있었습니다. 위병들은 우리를 샅샅이 조사한 뒤에야 헤롯 왕에게 소식을 알렸습니다.

드디어 우리는 왕을 만났습니다. 그는 초라한 사람이었습니다. 왜냐고요? 그에게는 많은 돈이 필요했고 수많은 학자들의 조언이 필요했습니다. 그에게는 시녀들과 병사들, 점점 더 많은 병사들이 필요했습니다. 그는 그 모든 것을 통해 매일매일 확인하고 싶어 한 것이 있었습니다. 그것은 자기가 위대하고 강력하고 천하무적이라는 것이었습니다. 그러나 실제로는 전혀 그렇지 않았습니다. 제가 그에게 말했습니다. 우리는 새로 나신 통치자께 인사를 드리고자 여기 왔노라고 말입니다. 그러자 그는 끔찍한 두려움에 휩싸였습니다. 왕궁의 율법학자들이 말하는 것을 들어보니까, 우리가 찾아갔어야할 곳은 오히려 베들레헴이었습니다. 그 옛날 미가라는 예언자가 그곳에서 메시아가 태어날 거라는 예언을 남겼다고 말입니다. 그래서 우리는 베들레헴으로 갔고, 거기서 다른 왕을 만났습니다. 그는 짐승의 먹이통에 누워 있었습니다. 그러나 말로는 표현할 수 없을 정도로 부유했습니다. 왜냐고요? 그에게는 철통같이 무장한 왕궁이 필요없었기 때문입니다. 하나님께서는 권력욕과 시기심에 사로잡힌 자들에게는 보이지 않도록 초라한 마구간에 그를 숨기셨습니다. 그분에게는 푹신한 담요가 필요없었습니다. 하나님께서는 짐승들의 숨결로 그를 따뜻하게 해주셨습니다. 똑똑한 사람들의 조언도 필요없었습니다. 하나님의 진리가 그를 환히 비춰주었기 때문입니다. 병사들도 필요없었습니다. 하늘의 천사 군대가 하늘 아버지의 뜻에 따라 그를 지켜주고 있었기 때문입니다.

저는 두 명의 왕을 만나 보았습니다.

하나는 부유함 속에서도 초라했습니다.

다른 하나는 가난함 속에서도 부유했습니다.

두 번째 왕에게 우리는 황금, 유향, 몰약을 바쳤습니다. **126)**

---

126) F.–K. Kurowski, Du redest mit mir, 2. Bd., Verlag, Die Spur, Berlin 1974.

설교자가 이렇게 성경의 이야기를 재구성할 때, 이것은 단순히 잉여성을 창출하는 것 이상의 일을 하는 것이다. 설교자가 그 이야기를 훌륭하게 들려주면 청중의 입장에서는 경청하기가 쉬워진다. 하지만 청중이 경청하는 것은 부가적인 현상에 불과하다. 성경의 이야기가 전달되는 과정에서 정말 중요한 것은 그것의 메시지가 드러나는 것이다. 이것은 어떤 추상적인 진리를 실감나게 이야기하는 것과는 차원이 다르다. 설교자가 성경 이야기를 들려줄 때는 바로 이 깨달음을 놓치지 말아야 한다. 이런 필연성이 설득력 있게 다가오면 다가올수록 더 좋다. 청중은 성경 이야기의 세계 속에서 자기의 자리를 잘 찾을 수 있게 되고, 그 이야기의 등장인물과 자기를 동일시할 수 있게 되고, 그 이야기의 도전을 받아들일 수 있게 된다. 이야기 속에서 청중이 그 이야기의 핵심 메시지와 만나는 사건이 일어난다. 만일 청중이 마음을 열어 그 메시지를 받아들이면 그것은 그의 삶에 큰 영향을 끼치게 된다.

많은 설교자들이 가지고 있는 문제점은 이 첫 단계, 즉 사람들이 귀기울여 듣게 만드는 단계를 건너뛰고 곧장 성찰과 해석으로 넘어간다는 것이다. 예를 들면 이렇다. "여기서 예수님의 말씀이 오늘 우리에게 주시는 의미는 세 가지입니다. 첫째… 둘째… 셋째…." 이런 식의 설교는 처음부터 청중에게 '뭔가를 가르치려' 드는 설교이다. 청중에게 충분한 여유를 주고 그들 스스로 마음을 열 수 있도록 해주지 못하는 설교이다. 청중이 일단 이야기 속으로 빨려 들어가면 그들은 설교자가 전달하려고 한 핵심에 금세 도달할 수 있다. 그래서 예수님은 비유로 말씀을 하신 것이다. 예수께서 원하신 것은 무엇인가? 청중이 그분의 인격, 그분의 메시지에 담겨 있는 진리와 맞닥뜨리는 것이다. 그때 그 진리가 드러난다. 예수께서 이야기를 시작하면 그 진리가 솟아올라 빛을 발한다.

대표적인 예가 포도원 일꾼의 비유이다.(마 20:1~15) 이 비유에 오늘 우리의 사유 패턴을 덮어씌우는 것은 옳지 못한 일이다. 예컨대 인간의 업적과 하나님의 자비를 대조시키는 사유 패턴 말이다. 이 이야기는 우리를 어떤 구체적인 상황 속으로 끌고 들어간다. 이야기의 마지막에는 흥미롭게도 하나의 질문이 자리하고 있다.(15절) 포도원 주인은 투덜거리는 일꾼들에게 묻는다. "내가 선하므로 네가 악하게 보느냐?" 이 질문으로 모든 것이 결정된다. 여기서 중요한 것은 하나님의 사랑은 모든 사람, 모든 것을 위한 사랑임을 선포하는 것이 아니다. 정말 중요한 것은 예수님의 그 질문 앞에서 내가 결단하는 일이다. 가장 뒤처지고 가난한 사람에게도 자신의 것을 베풀어 주시는 하나님의 그 선하심을 내가 신뢰하고 받아들일 것인가? 아니면 투덜거리며 외면할 것인가? 이 이야기의 진리는 우리가 하나님의 자비로우심의 보편성을 성찰함으로써 발견하는 것이 아니라, 우리가 – 설교자로서 또한 청중으로서 – 그 예수를 믿고 따름으로써 발견하는 것이다. 이 이야기의 진리를 자신의 생명으로 보증하신 그 예수님 말이다.

예수님은 이 세계의 이야기를 들려주시는 것 같지만, 동시에 자기 자신의 이야기를 들려주시는 것이다. 그분은 우리를 그 이야기 속으로 끌어들이심으로써 동시에 자신의 삶과 죽음의 이야기 속으로 끌어들이신다. 비유를 통한 이야기는 그분의 놀라운 기술이다. 그분이 청중을 위해 생생하게 그려내신 이미지는 어느 순간 갑자기 그분의 인격과 삶에 담겨 있는 진리를 투명하게 드러낸다. 예수님은 이미지와 비유와 상징과 몸의 언어로 말씀을 선포하셨다. 우리도 그분의 방법을 본받을 수 있다. 이 책의 제8장에서 그 부분을 자세히 다룰 것이다.

c) 일상의 이야기

예수님의 비유는 그 당시의 세계, 일상, 생활환경을 소재로 하고 있다. 그런 것들도 하나님 나라의 비유가 될 수 있었다. 길가에 피어 있던 흔하디흔한 꽃들, 들판에 핀 백합화가 갑자기 솔로몬 왕의 옷에 대해, 우리를 향한 하나님의 지극한 돌봄에 대해 말하기 시작한다.[127] 작디작은 겨자씨 한 알이 하나님 나라의 모습을 드러낸다. 처음에는 너무나 작았지만 마침내 크게 자라나는 것이다. (막 4:30~32)

예수께서 그러셨던 것처럼 설교자들도 자신의 일상에서 복음의 진리를 비유로 드러낼 수 있는 것들을 찾아낼 수 있다. 거기에 딱 맞는 이야기를 찾아내는 것은 쉬운 일이 아니다. 물론 제일 좋은 것은 설교자가 자신의 경험에서 그런 소재를 발견하는 일이다. 그런 경험이야말로 설교자 자신에게 제일 와 닿는 이야기일 터이고, 그런 이야기라야 청중에게도 제일 설득력 있게 전달될 수 있는 법이다. 그 이야기가 재미있는 이야기냐 아니냐 하는 것은 결정적인 문제가 아니다. 그 재미가 순간적으로는 청중의 관심을 끌 수 있을지도 모른다. 하지만 이야기가 그렇게 흥미를 유발하기 위한 보조수단 정도로만 사용될 뿐 나중에는 아무런 의미도 없는 것이라면, 청중은 오히려 그 이야기 때문에 설교자가 정말로 전하고자 했던 메시지에 신경을 쓰지 못할 수도 있다. 이야기는 인간의 실존 깊은 곳에 호소하는 것이어야 한다. 그렇지 않을 경우에는 마음을 다잡고 그 이야기를 포기해야 한다.

스토리텔링을 설교의 중요한 요소로 받아들일 때 우리가 중요하게 생각하는 질문은 바로 이것이다. 복음이 선포되는 그 자리에서 어떻게 하면 청중이 자신의 참모습을 발견할 수 있을까? 어떻게 하면 그가 그 사건 속으로 빨려 들어와 진리를 발견할 수 있을까? 그가 피부로 와 닿는 진지함 속에서 그 이야기와 맞붙어 씨름을 할 수 있도록 충분한 여지가

---

127) 제3장의 사례 설교 참조.

제공되고 있는가?

스위스의 작가 막스 프리쉬(Max Frisch)의 일기에 나오는 소박한 이야기 한 편은 좋은 스토리텔링이 어떤 효과를 일으키는지를 잘 보여준다.[128]

여섯 살짜리 딸내미 우르젤이 한참 놀이를 하다가 불쑥 나한테 물었다. 아빠는 죽어도 괜찮냐고. 신문을 들고서 한참 읽고 있던 나는 이렇게 대답해 주었다. "모든 사람은 죽는 거야. 하지만 죽어도 괜찮은 사람은 아무도 없어." 딸아이는 골똘하게 생각한다. 그러더니 "난 죽어도 괜찮아!"—"지금이라도? 정말?"—"지금은 아냐. 그래, 지금은 아냐!" 나는 신문을 내려놓고 아이의 모습을 보았다. 아이는 책상에 앉아 물감을 섞으면서 그림을 그리고 있었다. "하지만 나중에는…." 아이는 조용히 집중해서 그림을 그리면서 "나중에는 죽어도 괜찮아." 하고 말한다.

이 짧은 이야기를 읽으면서 우리는 모든 사람이 한 번쯤은 마주치는 경험, 즉 두려움과 소망이 한 장면 속에 고스란히 녹아 있는 것을 보게 된다. 이런 이야기를 들은 청중은 직접 거기에 대해서 생각을 하게 된다. 어쩌면 처음에는 거부감을 느낄 수도 있다. 하지만 죽음에 대한 물음은 그를 놓아주지 않는다. 나는 죽어도 괜찮은가? 왜 나는 나의 죽음에 대해서 생각하지 않는가? 내가 죽어가고 있을 때 나에게 도움이 되는 건 무얼까? 나도 내 주변에 죽어가는 사람을 찾아가 뭔가 도움을 줄 수는 없을까? 어떤 사람은 어린이가 죽음에 대해 질문을 던지는 것에 깜짝 놀라서, 그런 질문을 던진 이유를 곰곰 생각해 볼 수도 있다.

설교자가 어떤 이야기를 들려주면 그 이야기를 통해서 청중의 내면

이야기는 삶의 중대한 문제를 건드린다

128) M. Frisch, Tagebuch 1946~1949, Frankfurt/M.(1950) 1977, 349.

에 어떤 질문이 생겨날 수 있다. 그러면 설교자는 그 질문에 대해 뭔가를 말할 수 있게 된다. 그 이야기에 등장하는 어떤 장면이 뇌리에서 지워지지 않는다. 좋은 이야기는 우리의 현실과 어떤 식으로든 관련을 맺기 때문이다. 복음의 진리는 그 현실 관련성 속에서 언어로 표출된다. 설교는 현실적 경험의 깊은 곳에 뿌리를 내리고 있을 때 생명력을 발휘한다. 그러므로 설교자는 그런 이야기를 잘 골라서 들려줄 수 있어야 한다. 그 이야기는 자기의 경험에서 나온 것일 수도 있고, 책을 통해 얻은 것일 수도 있다. 자기가 가진 아이디어의 결핍 때문에 이야기를 완전히 포기하기보다는 설교를 위한 이야기 모음집을 활용하는 것이 훨씬 낫다.[129]

설교자는 인간의 다양한 경험에서 이야기의 소재를 길어 올리는데 그것이 인간의 의식 영역에만 한정될 필요는 없다. 때로는 꿈도 청중의 마음 깊은 곳에 호소할 수 있으니, 이는 꿈이라는 것이 인간의 중요한 체험과 경험을 상징으로 응집해 놓기 때문이다.[130]

저는 어렸을 때 이상하게도 똑같은 꿈을 여러 번 꾸곤 했습니다. 꿈속에서 저는 시내의 익숙한 거리를 걸어갔습니다. 크고 작은 나무들이 있는 들판이 나옵니다. 거기서 저는 한참 놀고 있었지요. 그곳은 제가 잘 아는 곳이고 주변에는 집과 사람들이 있었습니다. 그렇게 잘 놀고 있는데 갑자기 뒤에서 추적자가 나타났습니다. 그 사람의 모습이 확실하지 않기 때문에 저는 그냥 추적자라고 부릅니다. 어디서 사자같이 성큼 뛰어 나타났을까? 잘 모르겠습니다. 어쨌든 그는 큰 소리로 으르렁거리며 나를 쫓기 시작했습니다. 저는 모든 수단과 방법을 동원해서 그 사람에게서 도망치기 시작했습니다. 으르렁거리는 소리가 점점 약해졌습니다. 하지만 너무나 당황

---

129) 독일어권에서 추천할 만한 책으로는 W. Hoffsümmer(Hg.), Kurzgeschichten 1~8, München 2006이 있다. 그 밖의 다른 책은 이 책의 참고도서 목록을 참조하라.
130) 다음의 이야기는 R. Heue, in: werkstatt predigt 7/74, 46~47에서 발췌한 것이다.

스러운 일이 일어났지요. 이상하게 발이 움직이지 않는 거였습니다. 바닥이 온통 진흙창이라도 된 듯이 발이 떨어지지 않았지요. 앞으로 나아가는 게 너무 힘들었습니다. 추적자는 어느새 나를 따라잡을 정도로 가까이 왔습니다. 돌처럼 무거운 다리를 힘겹게 움직이며 저는 시내로 도망쳤습니다. 집들이 보이고 사람들이 보였습니다. 그런데 그들은 나를 도와줄 수 없었습니다. 가는 길도 쉽지 않았지요. 길바닥이 말랑말랑한 타르로 뒤덮여 있어서 신발이 쩍쩍 달라붙었습니다. 한 걸음을 뗄 때마다 안간힘을 써야 했지요. 내 뒤에는 추적자가 바짝 다가오고 있었지요. 길은 점점 좁아졌고 연이어 골목길이 나왔습니다. 그러다가 드디어 나를 구원해 줄 집이 눈앞에 보였습니다. 힘겨운 달리기 때문에 숨이 차 헐떡이면서 손잡이를 돌렸습니다. 추적자가 막 나를 잡으려는 순간 문이 열렸습니다. 저는 얼른 집으로 뛰어 들어갔지요. 하지만 문을 닫을 수가 없었습니다. 추적자가 문이 닫히지 않도록 문을 잡고 버텼습니다. 결국 저는 계속 도망을 쳐야 했습니다. 얼른 계단을 올라갔지요. 또다시 두 다리가 천근만근 무거웠습니다. 또다시 낑낑거리며 달려야 했지요. 방문은 열려 있었습니다. 얼른 거기로 들어가려고 했으나, 거의 동시에 추적자가 따라왔습니다. 저는 뒤쪽의 우윳빛 유리를 통해서 추적자의 막강한 모습을 볼 수 있었습니다. 문틈은 아직 열려 있었지요. 천천히, 하지만 확실하게 방 안으로 몸을 밀치며 들어갔습니다. 지금 제가 아는 건 – 사람들이 저한테 말해 주기를 – 제가 그 시점에서 비명을 질렀다는 겁니다.

그러면 저는 땀을 흠뻑 뒤집어쓴 채로 잠에서 깨어납니다. 엄마가 오셔서 불을 켜 주시죠. 방문은 닫혀 있었습니다. 아무런 일도 없었습니다. 이 꿈을 나중에도 똑같이 꾸었는데 그때는 결말이 달랐습니다. 가장 위태로웠던 순간, 그러니까 추적자가 문 앞에 서서 천천히 문을 안으로 밀고 있을 때, 저는 순간적으로 용기를 냈습니다. 저는 옆으로 가서 문을 활짝 연 다음 그 괴물의 쩍 벌린 입 속으로 뛰어들었습니다. 그러자 놀라운 일이 벌어졌습니다. 마지 그렇게 뛰어든 것이 그 괴물을 죽인 것 같았지요. 어둠은 사라졌고 사방이 환해졌습니다. 저는 온전했고 괴물은 사라졌지요. 모든 상황이 역전된 것 같았습니다. 내가 아니라 그가 삼켜졌습니다. 나는 살아 있고 그가 죽었습니다.

아주 오랜 시간이 흐른 뒤에 저는 이 꿈을 통해서, 바울 사도께서 말씀하신 이미지를 이해하게 되었습니다. 승리가 죽음을 삼켰습니다! 때때로 저는 이렇게 생각합니다. 죽음이 나를 쫓아올 때, 그가 나의 문 앞에 서 있을 때, 그가 나의 생명으로 침입하려 할 때 나에게는 그 문을 열 용기가 있나? 때때로 이렇게 생각합니다. 어쩌면 우리의 삶 속에서 예수님의 경험이 반복되고 있는 것 아닐까? 사망아 너의 승리가 어디 있느냐, 사망아 네가 쏘는 것이 어디 있느냐?

설교자가 이야기를 들려주려고 마음을 먹었다고 치자. 설교자는 그제야 실제로는 자기가 말씀 선포와 잘 어울리는 이야기를 거의 알고 있지 못하다는 사실을 알게 된다. 그래도 일단 설교 구성을 위해 이 소중한 요소를 찾아보기로 마음먹고 나서면, 설교자 자신이 점점 그런 이야기를 잘 흡수하는 존재가 된다. 그는 이 세상을 예전과는 다른 눈으로 경험하게 되고, 이 세상의 소리를 더 귀 기울여 듣게 되고, 무엇을 읽어도 더욱 집중해서 읽게 된다. 이로써 설교자는 인간 존재의 심층과 접촉하게 되며, 이런 만남은 우리가 사는 이 세상에 깃들인 복음의 진리의 비밀을 열어 밝혀 준다. 청중은 이런 변화를 그의 설교에서 곧장 느낄 수 있다.

연습   이번 단락을 마무리하면서 또 하나의 연습을 해보자. 이것은 설교의 이해도와 잉여성의 물음에 대한 청중의 반응을 확인하기 위한 것이다. 설교자와 청중 몇 명에게 어려운 설교의 한 부분을 읽어준다.(예컨대 이번 장의 앞부분에 나와 있는 설교문) 그 후에 청중은 다음과 같은 질문에 답을 해본다.

- 나는 무엇을 이해했는가?
- 나는 무엇을 이해하지 못했는가?
- 나는 어느 지점에서 집중력이 느슨해지고 다른 생각을 하게 되었는가?

청중의 다양한 반응을 접한 후, 설교자들은 그 단락에 잉여성을 만들고 언어의 형식(스토리텔링, 예화)을 확장하여 좀 더 이해가 잘 되는 설교문을 만들어 보는 것이다. 다시 한 번 그 설교를 들려주고 설교자들의 작업이 성공적이었는지 점검한다. 이런 훈련은 결과적으로 청중에게 도움이 된다. 이렇게 한 번 재작업을 거친 설교문이 훨씬 이해가 잘 되기 때문이다.

또 다른 연습은 이미 활자로 인쇄된 설교문을(가능하면 자기가 직접 쓴 설교문을) 오로지 이해가 잘 되느냐 잘 안 되느냐의 관점에서만 평가해 보는 것이다. 혹시 스토리텔링의 요소를 쓰면 더 생생하게 이해하지 않을까 생각해 본다. 이런 종류의 연습을 제7장에서 좀 더 해볼 것이다.

II. 설교를 위한 설계도

이야기는 설교 구성의 중요한 요소이다. 어떤 의미에서는 설교의 결정체라고 할 수도 있다. 그 밖의 다른 요소에는 뭐가 있을까? 객관적인 내용, 배경 지식에 대한 정보 제공, 개념 설명 등이 있을 것이다. 이미 알고 있는 내용에 대한 암시, 어떤 이미지에 대한 설명, 짤막한 비유 등도 설교의 다양한 지점에서 나름의 역할을 하는 요소들이다.

지금부터 설명할 설교 설계(도)는 제3장에서 소개한 들음의 여러 유형 (삶의 의미 추구, 방향성 추구, 결정을 도와주는 것에 대한 추구)과 짝을 이룬다. 또 하나의 구성 틀은 학습심리학에서 끌어온 것이다. 이것은 앞서 진술한 모델의 요소를 받아들여 두 가지를 통합한다.

1. 목차 작성의 장점과 단점

설교의 목차는 설교를 더 깊이 있게 이해하고 설교의 내용을 더 깊이 사유하여 자신의 삶을 바꾸는 데 도움을 준다. 그런데 목차를 잘 갖춘 설교에는 장점 못지않게 단점도 있다. 목차는 살아 움직이는 사유의 과정을 하나의 틀에 우겨넣을 수도 있으며, 성경 본문 자체의 흐름과 안 맞을 수도 있다. 혹은 청중과 잘 안 맞는 경우도 있다. 너무나 정확하게 짜인 틀 때문에 편안함을 느끼지 못하고 답답해서 뛰쳐나가고 싶은 마음이 드는 것이다.

만일 설교자와 청중이 함께 설교 준비를 하게 된다면, 그들은 설교자가 대변할 사유와 잘 어울리는 틀을 선택하고 그것의 장점과 단점을 따져볼 수 있다. 혹은 설교 후의 대화 모임을 통해서 설교자가 자신의 작업을 체크해 볼 수 있다. 지금부터 제시할 목차(구성) 모델을 살펴보면서 어디가 부족한 부분인지를 알아낼 수 있다. 설교 본문과 청중의 상황을 고려할 때 다른 설계가 더 적당한 것 아닌지도 논의해볼 수 있다.

2. 목차의 규칙

각각의 모델을 가지고 목차를 잡는 일은 설교자마다 다른 모습으로 나타난다. 설교자는 각 모델의 장점과 한계를 숙지할 필요가 있다. 목차 모델을 가지고 설교 목차를 구성할 때 다음의 네 가지 현상이 나타난다.

(1) 설교 준비 초반부터 아주 자세하게 목차를 짜고 그 목차에 따라 준비를 하면 성공할 확률이 낮다.

(2) 각각의 모델은 설교의 대략적인 윤곽이 완성됐을 때 그것을 점검하는 표와 같다. 설교자는 먼저 초안을 만든 다음에 각각의 모델에 따라 그것을 어떻게 배치할지를 고민한다. 이로써 그는 자신의 초안을 점검해 보고 어디가 부족한지, 어떤 부분을 더 자세하게 작업할지 판단을 내릴 수 있다.

(3) 설교자는 그 모델을 기초로 자신의 설교를 개선할 수 있다.

- 설교자는 자신의 주제를 더 자세하게 정리하고 전개한다.
- 설교자는 각각의 부분이 어떻게 연결되는지를 더욱 분명하게 인식할 수 있다.
- 설교자는 목차의 도움을 받아 결론부에서 자신의 메시지를 요약함으로써, 설교자가 청중과 (설교를 전하고 들으면서) 함께 걸어온 길을 다시 한 번 일목요연하게 보여줄 수 있다.

(4) 설교자는 목차 모델의 도움을 받아 설교 초안을 점검하면서, 혹시 그 내용이 청중에게 너무나 어려운 내용인지 아닌지를 잘 알 수 있다. 예컨대 설교 전개의 서클을 세 개 이상 가지고 있는 설교는 청중에게 큰 부담이 될 위험이 있다.

요컨대 설교의 설계도(목차)는 설교의 목적에 부합해야 한다. 설교자에게도 그 목표가 분명하지 않으면 청중은 그런 설교를 따라가기가 버겁다. 설교자는 예를 들어 청중이 성경 본문과 친숙해지는 데 얼마나 많은 시간을 할애할 것인지를 알고 있어야 한다. 모델 1~3은 본문을 차근

설교의 설계도는 설교의 목적에 부합해야 한다

차근 설명하고 주석하는 데 적합한 모델이다. 이제 각각의 모델을 하나씩 살펴보자.

3. 설교 구성을 위한 모델

모델 1. 점점 확장되는 서클

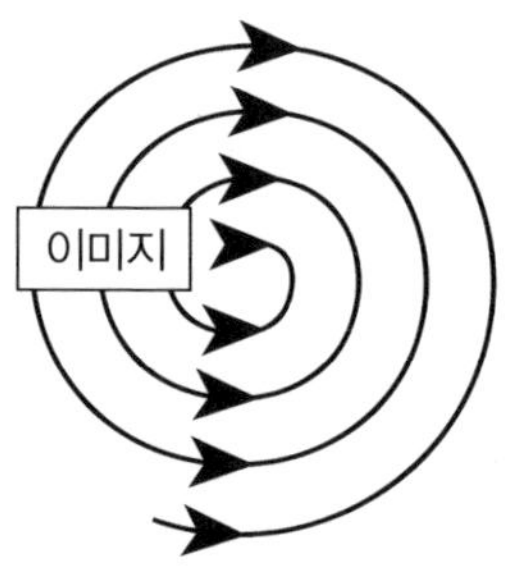

중앙에 하나의 그림(이미지)이 있다. 예를 들어 바벨탑, 선한 목자, 들판의 백합화, 어느 여인의 거울 등이다.(제3장 참조) 이런 이미지의 상징은 감정의 심층을 자극한다. 이것을 고요히 관찰하고 자기 안에 받아들이고 묵상한다. 설교는 이 이미지 주변을 맴돌면서 해석은 거의 하지 않는다. 청중은 설교를 통해 그 이미지와 마주한다. 설교는 논리적 흐름보다는 연상적 흐름을 타고 앞으로 나아간다. 설교의 각 부분이 똑같이 길거나 똑같이 중요하지는 않다. 각 부분은 완결된 구조가 아니라 서로서로 맞물리면서 자유로운 상상의 공간을 만들어낸다. 설교자는 청중을 계속해서 그 이미지로 데려간다. 그래서 청중은 그 이미지를 다시 한 번 볼 수 있게 되고 거기서 새로운 것을 발견한다.

모델 2. 관점

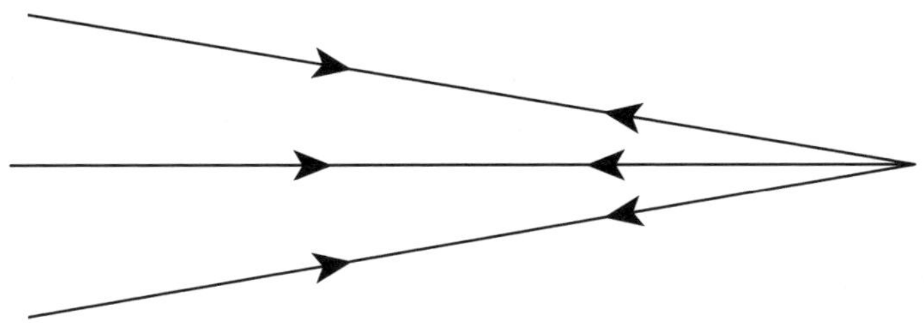

모델 1과 마찬가지로 모델 2도 확신과 감동을 주는 연설 유형에 맞는다. 모델 2는 몇 가지 사유의 흐름을 분명하게 구분하는 것에서 시작한다. 하나의 이미지를 놓고 다양한 방면으로 묵상을 한다. 각각의 흐름은 그 길이가 서로 다를 수도 있는데 어쨌든 다시 그 이미지로 돌아온다. 성경 이야기를 재구성하는 데는 이런 방식, 즉 여러 가지 관점을 펼쳐 보는 작업이 선행되는 것이 좋다.

모델 3. 전개

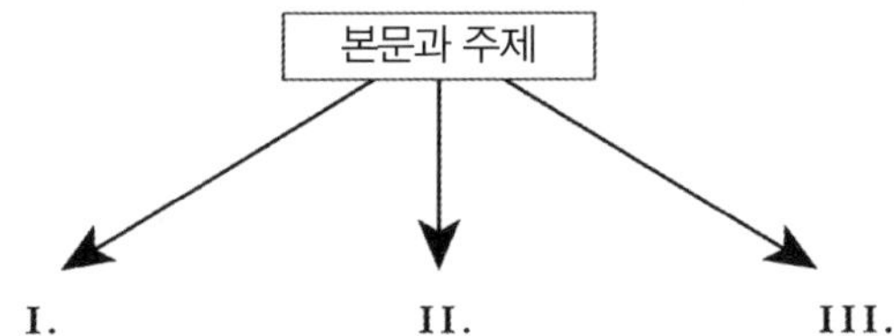

이 모델은 가장 잘 알려진, 가장 많이 사용되는 목차 형식이다. 이 모델은 합리적인 연설, 정보를 제공하는 연설 유형에 적합한 모델로서 주로 이성에 호소하며, 청중에게 어떤 문제에 대한 방향을 제시한다. 이 모델에서 중시하는 것은 가르침이다. 배치(개요)는 그 가르침의 논리적 전개에 이바지한다.

주제가 되는 핵심 명제(예컨대: "그러므로 그리스도께서 우리를 받아 하나님께 영광을 돌리심과 같이 너희도 서로 받으라." 롬 15:7)를 가지고 두 가지 혹은 세 가지 측면으로 설교를 전개해 나간다. 각각의 부분은 수준과 비중이 똑같다. 가능하면 길이도 비슷해야 한다. 결론부에서는 각각의 부분에서 다룬 내용을 요약하면서 결론을 도출한다. 각 부분과 핵심 가르침을 OHP, PPT 등으로 보여줄 수도 있다.

이런 도식은 청중이 설교자의 의도를 파악하게 하는 데는 도움이 된다. 청중은 각 부분의 길이가 거의 비슷할 거라고, 마지막 부분이 조금 엉성하다고 해서 제일 길지는 않을 거라고 예상할 수 있다. 그러면 주의 깊은 청중의 인내심을 지나치게 자극하는 일은 없을 것이다.

전개 모델도 단점을 가지고 있다. 많은 설교자들이 이 모델을 이용해서 연역적인 설교를 한다. 다시 말해 차분한 근거 설명 없이 주장만 나열하는 식의 설교가 된다.("이건 이러니까 믿어라!") 설교자는 청중과의 대화 없이 그저 자기의 주제를 선포한다. 비판적인 성찰의 시간은 거의 없다. 게다가 이 전개 모델을 자주 사용하게 되면 청중이 타성에 젖거나 지루해할 위험이 크다. 특히 2부, 3부로 갈수록 설교의 질이 떨어지면 더 더욱 그런 문제가 생긴다.

다음은 마태복음 15장 21~28절(가나안 여인과 예수의 만남)을 본문으로 한 설교의 목차이다.

주제: 믿음의 세 단계 모험
I. 그리스도의 인격과의 만남으로서 믿음
II. 하나님의 자유와의 만남으로서 믿음
III. 이 세상의 미래와의 만남으로서 믿음

모델 4. 변증법

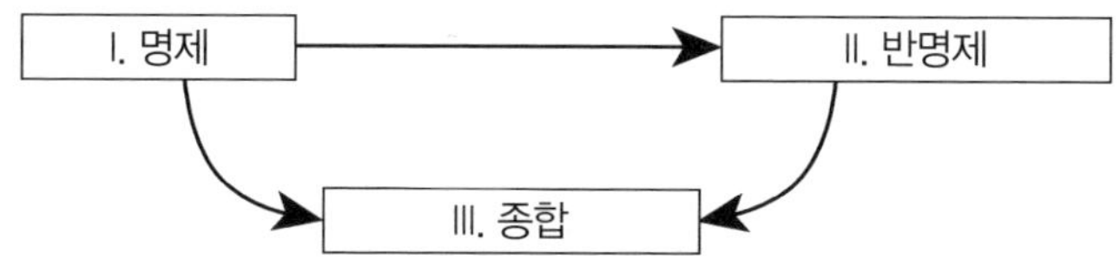

설교자는 먼저 하나의 명제를 제시하고 그것을 설명한다.(예: "기독교인이라고 해서 더 나은 사람인 것은 아니지만 더 행복하다!") 여기에 반명제를 제시한다.(정말 기독교인이라고 더 행복한가?) 마지막으로는 그 명제와 반명제를 건설적인 방향으로 상호 결합해서 종합을 만들어낸다. 이 모델은 특별히 어떤 명제 혹은 성경 본문에 대한 반론이 있을 때, 예컨대 '안티 설교'(제2장 참조)와 같은 형태의 반론이 있을 때 유용하다. 혹은 그런 반론을 제기하는 어떤 특정한 사람(단체)들을 염두에 둔 것일 수도 있다.("최근에 직장 동료가 이런 말을 했다. '하나님 같은 것은 없어!' 그런데 나는 침묵하고 있었다.") 그러나 이 모델을 가지고 어떤 적대자 이미지를 만들어내려는 것은 아니다. 이런 반명제는 청중에게도 그렇지만, 설교자의 내면에서도 신앙에 대한 심각한 도전으로 다가올 때가 많지 않은가! 이제 설교자는 복음에 입각하여 그 반명제에 대한 대답을 시도한다. 그 설교를 통하여 청중은 일상 속에서 만나는 안티 설교나 신앙의 시험에 맞서 훌륭한 주장으로 방어할 수 있게 된다. 설교가 할 수 있는 일이 '현실에 맞서는 과감한 믿음'을 독려하는 것 외에는 아무것도 없는 경우도 종종 있다. 청중의 신앙이 굳게 서야 한다. 설교자는 **변증법** 모델의 틀 안에서 청중이 온갖 시련과 시험에 맞서 자신의 신앙을 변증할 수 있도록 도와준다.

마태복음 15장 21~28절 설교를 위한 목차

주제: 하나님의 침묵과 그리스도의 약속

명제: 하나님에 대한 일반적인 기대 –"값싼 은혜"(디트리히 본회퍼)의 안전함

반명제: 하나님의 침묵 – 우리의 안전함에 대한 하나님의 저항

종합: 간구의 능력 – 예수님은 도움을 간구하는 사람을 결코 내버려두지 않으신다.

모델 5. 심화

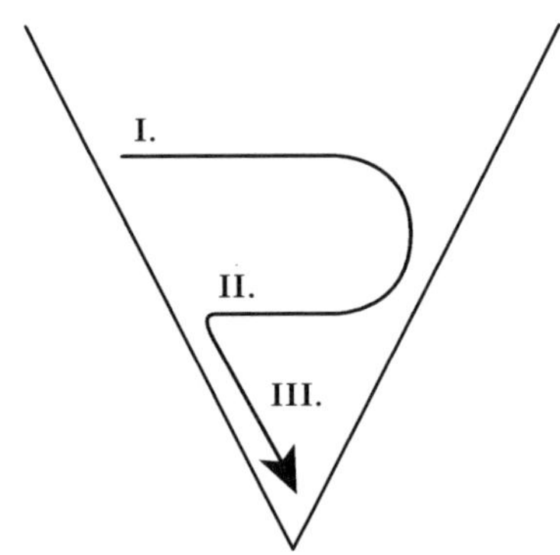

이 모델은 이성적으로 정보를 제공하는 연설 방식과 결정을 촉구하는 연설 방식에 어울리는 설교 구성이다. 이 모델도 주로 이성에 호소하는 설교인데 도입 부분은 일단 열린 분위기에서 넓게 시작한다. 많은 청중에게 호감을 주는 설교이다. 청중은 설교의 주제에 흥미를 느끼며 그 주제에 관해 기꺼이 생각해보고 싶어 한다. 설교는 그 주제를 본론부와 결론부에서 심화한다. 본론은 도입부를 받치면서 배경 지식을 제공한다. 결론부에서는 핵심적인 메시지를 향해 치고 나간다. 도입부의 넓은 스케일은 점점 좁아지면서 메시지를 점점 정밀하게 압축시켜 마지막에는 모든 것을 힘차게 마무리하는 결단에 이른다. 청중은 그 결단에 동의하지 않을 수 없다. "아멘, 진실로 그렇습니다!"

마태복음 15장 21~28절 설교를 위한 목차

주제: 믿음의 시험

I. 여인의 외적인 곤경과 예수님의 냉정한 거절

II. 한계 경험과 구제불능의 상황

III. 뜻을 돌이키시는 하나님, 깊은 곳에서 솟아나오는 찬양

심화 모델은 결단을 촉구하는 설교의 토대가 될 때가 많다. 예를 들어 이런 설교의 도입부에서는 여러 가지 삶의 계획(롬 2:1 이하)이 그릇된 방향('율법')으로 나아가는 것을 보여준다. 본론 부분에서는 오직 그리스도 예수를 통해서만 구원을 얻을 수 있음('복음'-행 4:12)을 증언한다. 결론 부분에서는 청중이 직접 그 메시지와 대면하도록 해준다.(고후 5:20) 그들은 그리스도를 선택해야 한다. 죽음이 아니라 생명을 선택해야 한다. 그러나 그것이 구체적으로는 무엇을 의미하는가? 심화 모델을 사용하는 설교자에게는 바로 이것을 말해 주는 것이 어려운 문제이다. 그냥 "예수가 대답이다!"라고 말하는 것으로는 충분하지 않다. 그리스도와 함께 생명을 선택하면 그 후의 길은 어느 방향으로 가게 되는지를 보여줄 수 있어야 한다. 좁은 곳으로 몰아간 뒤에는 드넓은 곳을 보여주어야 한다. 그리스도와 연합하는 삶으로의 초대는 "하나님의 자녀들의 영광의 자유"(롬 8:21)를 제시해 주기 때문이다.

심화 모델을 쓰는 설교자는 하나의 문제의식을 명료하게 부각시키고, 몇 가지 상이한 대안을 소개한 다음, 결국에는 청중이 스스로 결단을 내릴 수 있도록 안내하는 역할을 한다. 다만 설교자는 여기서 '마이너스-플러스-신학'에 빠지지 않도록 주의해야 한다. 그런 극단적인 신학은 비판적인 청중에게 거부감을 줄 수 있다.

모델 6. 학습심리학의 도식

이 목차의 모델에 대해서는 가장 상세한 설명이 필요하다. 이 모델은 설교를 '학습 과정'으로 접근하려는 사람들 사이에서 많이 논의되었다.[131] 이 모델 도식은 모델 1~5의 요소를 받아들이고 그것을 좀 더 확장시킨다. 모델 6은 학습심리학의 연구 결과에 기대어 발전해 왔다.[132] 이 도식은 청중이 설교의 흐름을 기꺼이 따라가면서도 비판적으로 함께 사유하고 때때로 멈춰서 호흡을 가다듬으면서 끝까지 집중할 수 있도록 도와준다. 경청은 어렵고 힘든 일이 아니라 쉽게 할 수 있는 일이 된다.

학습심리학 모델은 다음 다섯 단계를 거친다.

동기 부여

(1) 동기 부여: 첫 번째 단계는 청중의 관심을 끌어 자연스럽게 경청하게 만드는 것이다. 설교자는 청중이 설교를 끝까지 경청하고, 그 설교의 메시지를 받아들이게끔 동기 부여를 해야 한다. 이야기, 대화, 그림, 최근 사건에 대한 암시 등이 그런 동기 부여의 수단이 될 수 있다. 설교는 곧장 문제에 대한 진술로 시작되지 않는다. 처음부터 뭔가를 가르쳐 주려고만 하지 않는다. 설교는 청중으로 하여금 한걸음씩 메시지에 접근하게 해야 한다. 설교는 문제의 자리를 청중의 삶 속에서 찾는다. 그때 설교자는 조심스럽게 청중을 대한다. 설교자는 청중에게 인간적으로 다가가서 신뢰의 토대를 만들어낸다. 만일 설교자가 청중과 좋은 관계를 만들면 설교자의 메시지가 청중에게 훨씬 편안하게 다가올 수 있다. 이것은 동기 부여 단계의 중요한 과제이다.

제3장에서 소개된 설교 가운데 하나(142쪽)는 학습심리 모델이 잘 적

---

131) 참조: H. Arens, Predigt als Lernprozeß, München 1972, P. Bukowski, Predigt wahrnehmen, Neukirchen–Vluyn 1991, 31 이하, F. T. Brinkmann, Praktische Homiletik, Stuttgart/Berlin/Köln 2000, 144 이하.

132) 학습심리학에 대한 최근 논의: N. M. Seel, Psychologie des Lernens, München/Basel 2000.

용된 사례이다. 호르스트 히르슐러의 방송 설교는 동기 부여에 꽤 많은 시간을 할애했다.(142~143쪽 4줄) 그의 설교는 성탄절을 축하하는 의미에 대해서 한 번 깊이 생각해 볼 수 있게끔 자극을 주고자 한다. 그러기 위해서 청소년 모임에서 이루어진 대화를 소개한다. 크리스마스이브와 관련된 불편함과 막막함을 토로한 그 대화 말이다. 그의 설교는 이 문제를 아주 구체적인 상황과 결부시킨다. 노년 세대의 대변자만이 아니라 젊은 사람들도 크리스마스이브는 그 이름에 걸맞게 경축하며 보내야 한다는 것을 알고 있다.(142쪽 17줄~143쪽 4줄)

(2) **문제 진술**: 첫 번째 단계는 서서히 그 설교의 주요 문제로 다가간다. "다른 학생들에게도 물어보았지만 성탄 전야에 대한 좋은 기억을 가진 친구는 한 사람도 없었지요."(143쪽 2~4줄) 히르슐러는 청중이 느끼는 크나큰 불만을 예측하고 있다. 그래서 위의 경우에 한정하여 문제를 짚어 보고 있다.

동기 부여의 단계가 원만하게 진행되면 문제 진술의 단계는 별로 힘들일 것이 없다. 이미 청중이 거기에 대한 준비를 갖춘 상태이기 때문이다. 설교자는 청중이 진지하게 고민해 봄직한 질문을 하나 던지거나, 현재 중요한 이슈로 떠오른 문제와 청중이 대면할 수 있게 한다. 이것은 최대한 정밀하게 이루어져야 한다. 질문의 윤곽도 뚜렷해야 한다. 이런저런 성격의 문제들이 뒤섞이면 계속해서 설교에 방해가 될 것이다. 그 질문이 설교자에게도 중대한 질문이라는 사실을 청중도 느낄 수 있어야 한다. 설교자는 자기가 청중보다 월등한 존재라는 의식 없이 청중과 함께 해답을 찾아나가려는 마음을 갖는다. 그런 마음가짐이 설교자와 청중의 유대감을 강화한다. 그럴 때 청중은 설교의 메시지와 씨름하면서 주체적으로 함께 사유하기가 쉬워진다.

이 단계에서 활용할 수 있는 방법으로는 청중의 동기 부여를 위해 사용된 경험이나 사건, 이야기 등을 설교의 핵심 내용 혹은 핵심 지평의 관점에서 고찰해 보는 것이다. 동기 부여의 단계에서는 간접적으로 소개된 문제를 이제는 직접적으로 다루면서 그 문제의 정확한 범위를 설정한다. 바로 이 지점에서 성경 본문이 목소리를 낼 수도 있다. 바로 거기서 본문을 읽어도 좋고, 설교에 앞서 본문이 낭독되었다면 다시 한 번 그 분문에 주의를 환기시키도록 한다. 이제 설교자는 자신의 설교에서 그 본문이 무엇을 말하려고 하는지를 명확하게 드러낸다.

히르슐러의 방송 설교에서는 성경 본문과의 관련성이 약하다. "성탄 전야에 대한 좋은 기억을 가진 친구는 한 사람도 없었지요."라고 말한 다음에 이렇게 덧붙였다면 좋았을 것 같다. "그것은 모든 친구들이, 예수님의 탄생을 제대로 축하하려면 뭔가 특별한 일이 일어나야 한다고 생각했기 때문입니다. 그런데 그 옛날, 베들레헴에서는 정말 몇 가지 중요한 일이 일어났습니다.[…]"

시행착오

(3) **시행착오**: 설교자들은 문제를 진술하고 나서 곧장 해답을 주고 마무리하려는 경향이 있다. 그러면 청중이 거기에 충분히 동의하지 못할 때가 많다. 청중은 아직 그 문제와 씨름하고 있으며 거기에 대해 좀 더 심사숙고하기를 원한다. 문제를 풀어가는 데는 단 하나의 유일한 정답만 있는 것이 아니다. 청중 가운데 일부는 의미 있는 답을 찾아나가는 과정에 직접 뛰어들고자 한다. 이때 설교자는 그런 이들이 여러 가지 해결의 가능성을 나름 추구하고 그 가능성을 실험해 볼 수 있도록 도와줄 수 있다. 그런 시도가 결국은 막다른 골목에 이르게 된다고 생각한다면 그 확신을 분명하게 보여준다. 설교자가 직접 그 오류를 밝혀주는 것이다. 혹은 그 시도가 잘못된 것인지 아닌지를 청중이 직접 판단할 수 있도록 선택권을 줄 수도 있다.

'시행착오'(trial and error)의 단계는 청중이 자신의 확신과 씨름하고 또 다른 이의 확신을 들어볼 수 있도록 도와주는 단계이다. 그 확신이 진지하면 할수록 이런 일은 쉬울 것이다. 청중은 친구, 친척, 이웃, 동료들과의 대화에도 투입될 수 있는 나름의 논리가 필요하다. 그래서 만일 설교자가 여러 가지 사례나 이야기를 통해서 그런 논리를 선명하게 제시해 준다면 청중의 입장에서는 대단히 유익할 것이다. 그러면 가끔 추상적인 문제 진술이 나온다고 하더라도 그 설교를 집중해서 듣기가 쉬워진다. 우리의 맥락에서 결정적으로 중요한 것은 이렇듯 설교에서 소개되는 '시도'를 그저 엑스트라의 역할로 생각하지 않고 그것 자체를 진지하게 여기는 것이다. 이것이 공정한 논박인지 아닌지를 확인할 수 있는 기준이 있다. 그것은 설교자가 (복음의 입장에서) 어떤 입장을 비판하되, 그 입장을 어느 정도는 존중하면서 비판적으로 다루느냐, 그렇지 않느냐.

히르슐러의 설교는 이 단계의 관점에서 볼 때 대단히 설득력이 있다.(143쪽 5~23줄) 설교자의 견해에 따르면 기독교의 성탄 축제와 관련하여 어떤 정해진 규범 같은 것은 없다. 히르슐러는 몇 가지 질문을 통해 그 점을 분명히 한다. 그러나 자기 나름의 의견도 명확하게 표현한다. 크리스마스이브에는 나이 든 세대와 젊은 세대가 서로에게 귀를 기울이고 서로가 함께 그 시간을 축하해야 한다는 의견이다. 히르슐러는 이것을 문제의 해법으로 제안한다.(144쪽 8~11줄)

(4) 해법 제시: 설교자가 '시행착오'의 단계를 거치면서 문제 제기의 진지함에 대해, 그 문제에 대처하려는 여러 가지 시도의 진지함에 대해 청중을 충분히 납득시켰다면, 청중의 입장에서는 설교자가 제시하는 해법을 존중하고 수용하기가 쉬워진다. 여기서 성경의 말씀이 제 목소리를 내야 한다. 그리고 그 말씀은 대답의 성격을 띤다. 신앙의 관점이 설득력 있게 제시된다. 물론 그것은 절대적인 해결책이 아니라는 사실, 오히려 새로운 질문과 난점을 내포하고 있다. 그러나 그것을 설교할 때마

다 상세하게 설명할 필요는 없다. 그러나 설교자는 그 사실을 인지하고 있어야 한다. 신앙의 대답은 물음을 해소해 주기도 하지만 더 많은 물음을 낳곤 한다. 그 엄연한 사실을 외면하지는 않되, 청중이 자신의 믿음 안에서 더욱 확신을 가질 수 있게 하는 것, 올바른 삶의 방향을 찾는 데 도움을 주는 것, 그래서 새로운 태도와 실천을 격려하는 것, 이것이 해법 제시 단계의 과제이다. 이 단계는 자연스럽게 마지막 단계, 곧 해법 강화의 단계로 연결된다.

히르슐러의 방송 설교는 해법 제시의 관점에서는 소극적이다. 그저 청중에게 말을 건네는 정도로 끝난다. 청중 가운데 일부는 그가 말하는 '예수님의 스타일'이란 도대체 어떤 것인지 충분히 이해할 수 없을 것이다. 만일 이 지점에서 성경 말씀을 통해 좀 더 확실한 방향 제시를 했다면 좋았을 것이다.

(5) 해법 강화: 설교자가 해당 문제와 관련하여 제시하는 해법(해결책)이 너무 일반적이거나("[…] 하지 않으면 […] 할 수 없습니다!") 너무 천편일률적인 호소("우리 모두는 […] 해야 합니다!")로 끝나서는 안 된다. 비슷한 문제를 느끼면서 나름의 해법을 모색하는 사람들에게 도움이 될 수 있는 구체적인 제안이 있어야 한다.

여기서 결정적으로 중요한 것은 설교자가 보여주는 해법이 청중의 구체적인 삶에 적용되고, 몇 가지 실현 가능한 삶의 모습으로 제시되는 것이다. 설교자는 자기가, 혹은 다른 사람이 삶 속에서 어떻게 그 해법을 살아낼 수 있는지 예를 들면서 이야기한다. 그와 관련된 자신의 경험을 들려줄 수도 있다.(히르슐러의 설교, 142~144쪽) 동기 부여 단계에서 언급한 사례를 다시 한 번 이야기하는 것도 괜찮다. 그 단계에서 던진 질문이 이제는 답을 찾았다. 지금 이 단계에서 또 새로운 정보를 들려주면 오히려 생각의 흐름이 방해를 받는다. 해법 강화의 단계에서는 설교자가 선포

해법 강화

한 핵심 메시지를 청중의 삶과 실천에 적용하는 것이 제일 중요하다. 그것
이 성공을 거둔다면, 그 설교는 청중의 삶 속에서 지속적으로 영향을 끼칠
것이고, 그가 그 메시지를 실천하도록 자극을 줄 것이다.

학습심리학 모델 요약

단계	진행	목표	방법
(1) 동기 부여	1	흥미와 관심을 일깨운다. 설교자와 청중 간의 관계 형성 주제(본문)로 이끌어간다.	생생한 예시와 경험 도발적인 질문 및 발언 일반적인 것에서 특수한 것으로 사유를 끌고감. (혹은 그 반대 방향으로)
(2) 문제 진술	2	청중과 주제(본문) 간의 관계 형성 이상적인 경우: - 설교자와 청중의 마음이 하나가 된다. - 설교자와 주제(본문)가 하나가 된다. - 청중과 주제(본문)가 하나가 된다.	주제에 대한, 성경 본문에 대한 안내 문제 설정의 범위를 제한하기 혹은 주제를 전개하기(일반화)
(3) 시행착오	3	질문의 다층성을 드러냄. 성경 본문 성찰 다양한 해결 가능성을 알게 된다. 청중이 그 주제(본문)와 비판적으로 씨름할 수 있도록 격려한다.	논증 묘사 여러 가지 텍스트 이미지 상징
(4) 해법 제시	4	중요한 통찰을 정리한다.(추상화) 설교자의 해법을 제시한다. 그 해법에 대한 청중의 인정과 동의를 얻는다.	성경의 메시지 부각시키기 (절대적인 해법은 피한다.) 핵심 문장을 구성한다.
(5) 해법 강화	5	해법을 일상 세계에 적용한다.(구체화) 메시지를 경험의 차원에서 심화한다.	현실적인 경험 진술 구체적은 적용의 사례

　　모델 6에 대한 설명을 마치면서 한 가지 짚고 넘어가야 할 것이 있다.
위의 모델을 가지고 설교를 준비하려는 사람은 먼저 그 설교 전체가 추
구하는 목표가 무엇인지를 심사숙고해야 한다. 청중이 가지고 있는 여
러 동기 가운데서 어떤 것에 기초하여 어떤 것을 달성하려고 하는가? 주
로 청중의 결핍에 집중하는 설교자는("제가 여러분에게 말하는 것은 아직 여
러분에게는 없는 것입니다!") 그런 설교가 결국은 두려움에 의해 움직이는

신앙을 낳는다는 사실을 의식해야 한다. 반대로 하나님의 약속에 집중하는 설교, 하나님의 은혜와 사랑을 통해 새롭게 선사받은 생명과 그로 인해 활짝 열린 미래에 집중하는 설교는("한 번 생각해 보십시오. 그리스도 안에 있는 새로운 생명은 […]을 의미합니다!") 성취를 바라보고 움직이는 신앙을 지향하고 있다.[133]

4. 믿음의 배움과 삶의 변화

성경 말씀을 설교하는 것은 단순히 청중을 재미있게 해주고 그들에게 어떤 지식과 가르침을 주려는 것이 아니다. 물론 기독교의 선포가 인간적인 문제 해결의 잠재력을 내포하고는 있지만(하나님의 친밀한 사랑은 '실질적인 삶'에도 해당되는 것!) 그것이 설교의 유일한 과제는 아니다. 설교는 인간의 말을 입고 선포되는 하나님의 말씀이며, 그러므로 그것의 궁극적인 목표는 믿음(롬 10:17)이며, 개인과 공동체의 변화(빌 2:12~13)이다. 만일 설교가 어떤 역사를 일으켰다면 그것은 하나님의 선물이며, 어떤 심리학이나 교육학의 기준으로 계산할 수 있는 성격의 것이 아니다. 설교자마다 설교에 접근하는 방식이 다르며 삶의 배경과 개인적인 가능성도 다르다. 말씀을 대하는 청중의 상황도 천차만별이다. 그렇기 때문에 설교를 준비하는 작업은 어떤 객관적인 학습 소재, 학습 과정, 학습 성과에 의존할 수 없다. 그러나 - 지금까지 우리가 살펴본 것처럼 - 복음이 선포되는 자리에서 일어나는 여러 가지 장애물을 최소화하는 것은 합당하고도 꼭 필요한 작업이다. 인간의 현실과 그 안에서 제기되는 문제를 올바르게 이해하고 또한 우리가 평생토록 배워야 하는 존재임을 의식하는 것도 그 작업의 일부이다. 그리고 이러한 의식은 실천을 통해 구체적

---

133) 참조: B. Grom, Religionspädagogische Psychologie, 5. Aufl., Düsseldorf 2000.

인 모습으로 드러나야 한다. 설교를 듣는 사람이 믿음을 배우고 삶을 변화시키는 것과 관련하여, 위에서 소개한 모델이 '성공'을 보장해 주는 것은 아니다. 그러나 거기에 도움을 줄 수는 있다. 특히 마지막 모델은 충분한 설득력을 지니고 있다. 학습심리학 모델의 다섯 단계는 고대의 수사학에서도 비슷한 방식으로 나타나며,[134] 광고나 문학이나 영화나 텔레비전에서도 많이 활용되고 있다.[135] 그리고 이 모델 도식에 토대한 설교도 많이 있는 것 같다. 비록 설교자가 의식적으로 그 도식을 따르지는 않았다고 할지라도 말이다!

실제 설교와 관련하여 한 가지 더 유념해야 할 것이 있다. 그것은 한 번의 설교를 통해 '학습 목표'가 달성되는 경우는 거의 없다는 사실이다. 설교자가 세운 목표는 원칙적으로 장기적인 과정을 통해서 달성된다. 그 기나긴 과정에서 몇 편의 설교가 청중에게 특별한 의미로 다가올 수 있다. 하나의 본문, 하나의 주제를 단 한 번의 설교로 완전히 다룰 수는 없다. 설교자는 몇 개의 핵심 주제에 따라 여러 편의 설교를 준비할 수 있다. 이런 훈련은 교회의 역사에서 아주 일찍부터 시행되어 왔다. 예컨대 그것은 교리문답 연속 설교의 형태로 이루어졌다. 설교자는 교리문답의 주제 하나하나(십계명, 사도신경, 주기도문, 세례, 성만찬, 고해성사)에 대해 매주 연달아 설교하기도 했다. 성경의 한 부분에 대한 연속 설교도 추천할 만하다. 연속 설교의 계획이 나오면, 설교자는 청중에게 빠지지 않고 출석할 것을 권유하면서, 그래야 그 내용을 제대로 배울 수 있다고 말한다. 그러면 청중은 이렇게 전체를 조망할 수 있는 연속 설교에 아마

---

134) 참조: A. Grözinger, Die Sprache des Menschen, München 1991, 81 이하, P. Bukowski, Predigt wahrnehmen, 3. Aufl., Neukirchen-Vluyn 1995, 30 이하.

135) F. T. Brinkmann, Praktische Homiletik, 147~148. 브링크만은 수많은 현대 **스토리**의 목차 도식을 설교학의 맥락에서 비교해 놓았다. 그 스토리들은 다음의 유형에 따라 '직조되어' 있다. 1. 영웅과 그의 과제/ 2. 적대자/ 3. 대결과 승리/ 4. 영웅의 귀환/ 5. 결말. 이러한 도식은 고전 드라마(예를 들어 프리드리히 실러의 마리아 슈투아르트 스타일)와 유사할 뿐 아니라 학습심리학 모델과도 유사함을 알 수 있다.

도 더 큰 관심을 보일 것이다. 설교자는 그 주제를 미리 공표함으로써 연속 설교에 대한 관심을 더 높일 수 있다. 게다가 그 주제 혹은 본문을 교회의 주간 행사(성경 모임, 청소년 모임 등)나 설교 후 대화에서 다시 한 번 논의할 수 있다면 더 좋을 것이다. 영적인 학습의 열매를 거두는 데도 시간이 필요하다. 반복만이 깊이를 만들고 변화를 이끌어낸다. 그러므로 하나의 주제를 다양한 관점에서 전개하는 것도 유익하다.

설교를 듣는 사람들을 상대로 벌인 설문조사의 결과가 잘 보여주듯이, 설교를 듣고 그것을 기억하는 정도는 천차만별이다. 상당히 많은 사람들이(80% 이상) 자기가 들은 설교와 설교자에게 동의한다고 밝혔다. 반면 비교적 적은 수의 사람들만이(대략 30%) 자기가 들은 설교의 내용을 올바르게, 혹은 부분적으로 올바르게 기억하고 있었다. 설교 청중에 대한 설문조사의 표본으로 간주되는 1967년의 설문조사는 오스문트 슈로이더(Osmund Schreuder)의 지휘 아래 개신교회와 가톨릭교회에서 각각 25개 교회를 대상으로 이루어졌고 각각 1,250명의 교인이 설문에 응했다. 거기에 다음의 두 질문도 있었다.[136]

"설교가 당신의 마음에 드는가?"

설교에 대한 전체적 인상	개신교	가톨릭
아주 좋다	25%	14%
좋다	57%	55%
그저 그렇다	6%	11%
별로 혹은 아주 안 좋다	8%	12%

136) O. Schreuder, Die schweigende Mehrheit. 이 연구 결과가 실린 가장 최근의 책: A. Beutel/ V. Drehsen/H. M. Müller(Hg.), Homiletisches Lesebuch, 2. Aufl., Tübingen 1989, 253~260. 최근에 예배와 관련하여 실시된 대규모 설문조사 결과: K.-F. Daiber/H. W. Dannowski u. a.(Hg.), Predigen und Hören, Bd. 2: Kommunikation zwischen Predigern und Hörern – sozialwissenschaftliche Untersuchung, München 1983.

그러나 그 설교를 어떻게 받아들여 간직하고 있는지에 대한 조사에서
는 사뭇 다른 통계가 나왔다.

"그 설교의 내용 가운데서 기억나는 것은 무엇인가?"

설교의 내용	개신교	가톨릭
맞는 대답	4%	6%
부분적으로 맞는 대답	27%	30%
틀린 대답	31%	22%
대답 없음	38%	42%

다른 조사 결과에 의하면, 청중에게 어떤 내용을 전달하고 그것을
각인시키는 것과 관련해서는 예배와 설교의 영향력이 현저히 떨어졌
다.[137] 그 외에도 여러 경로를 통해서 – 설교자에게는 그다지 격려가 되는
결과는 아니지만 – 이와 비슷한 결론이 나왔다. 물론 그 원인이 설교에만
있는 것은 아니다. 다층적인 사회적 조건과 개인적 기대도 결코 무시할
수 없는 중요한 요인이다.(제1장 참조) 독일개신교교회협의회의 설문조
사 "낯선 고향–교회"(Fremde Heimat Kirche)에서 발표된 것처럼, 독일
교인의 74%(서쪽) 혹은 82%(동쪽)는 "사람들의 마음에 와 닿을 수 있는"
예배가 절실하게 요구된다고 말했다.[138] 최근의 연구 "삶의 다양성과 교
회"(Kirche in der Vielfalt der Lebensbezüge)에 의하면 교인의 63%(서쪽)와
77%(동쪽)가 예배에는 "무엇보다 좋은 설교가 있어야 한다."고 응답했

---

137) 참조: V. Drehsen, Das öffentliche Schweigen christlicher Rede(1982). 이 연구 결과가 실린 가장
최근의 책: A. Beutel/V. Drehsen/H. M. Müller(Hg.), Homiletisches Lesebuch, 2. Aufl., Tübingen
1989, 261~286. 여기서 드레젠은 다음과 같이 말한다. 젊은 성인들을 대상으로 설문한 결과 (그들의
절반 이상은 그나마 가끔씩 예배에 참석한 경험이 있었는데) 응답자의 95.5%는 "신앙과 교회에 대
한 정보를 다른 어떤 곳에서 얻지, 예배에 나가서 얻어오는 경우는 거의 없다."(263)라고 반응했다.
138) K. Engelhardt/H. v. Loewenich/P. Steinacker(Hg.), Fremde Heimat Kirche. Die dritte EKD-
Erhebung über Kirchenmitgliederschaft. Hannover 1997, 391. 교인이 아닌 사람들도 57%(서쪽)와
66%(동쪽)가 거기에 상응하는 예배를 원한다고 응답했다.

다.139) 오늘날 많은 교회에서, 특별히 성장하는 교회에서는 설교에 대한 관심이 점점 높아지고 있다는 것을 알 수 있으며, 설교가 강렬한 힘으로 청중의 삶에 변화를 일으키고 있음도 알 수 있다.140) 우리는 이러한 기회를 잘 활용하여 교회 공동체를 일으켜 세우고 예배를 새롭게 해야 할 것이다.

마지막으로 한 번 더 기억하고 넘어가야 할 것이 있다. 설교란 (앞 장에서 언급한 것과 마찬가지로) 단순히 지식 전달에 그치는 것이 아니라 믿음을 든든히 세우고 삶의 중요한 결정에 도움을 주는 것이어야 한다는 사실이다. 성공적인 설교 구성은 그 세 가지 목표를 이루는 데 도움을 준다.

---

139) W. Huber/J. Friedrich/P. Steinacker(Hg.), Kirche in der Vielfalt der Lebensbezüge. Die vierte EKD–Erhebung über Kirchenmitgliedschaft, Gütersloh 2006, 454.

140) 참조: B. Krause, Auszug aus dem Schneckenhaus. Praxisentwürfe für einen verheißungsorientierten Gemeindeaufbau, Neukirchen–Vluyn 1996, 67~68, 214~215, K. Douglass, Gottes Liebe feiern. Aufbruch zum neuen Gottesdienst, 2. Aufl., Emmelsbüll 2000, 139 이하.

제5장

설교의 전달

설교자가 어떤 모습으로 말씀을 전하는 것이 좋겠느냐고 교인들에게 물으면 대개 이런 대답이 돌아온다.

- 설교는 자연스럽게 청중과 최대한 '시선을 마주치며' 전하는 것이 좋다.
- 목소리는 크게, 속도는 느리게, 이해하기는 쉽게 전달되어야 한다.
- 설교자는 활기찬 스피치와 잔잔한 감동을 적절히 조화시키기 위해 노력해야 한다.

그러나 이 질문에 대해서는 의견 차이가 심하다. 설교(자)에 대한 기대는 나이와 성격과 관점에 따라 천차만별이다.

성공적인 스피치는 여러 가지 요인에 의해 좌우된다. 그 가운데 몇 개만 꼽아 보자.

- 자신이 말하고자 하는 내용에 대한 철저한 준비

- 자신이 해야 할 일에 대한 적극적이고 긍정적인 태도
- 적절한 긴장감과 집중력. 그래야 설교가 지루하지 않고 흥미진진하게 전개된다.
- 친근하게 말을 건네고 소통할 줄 아는 스타일. 그래야 청중의 생각을 자극하고 사고의 지평을 넓혀 자연스럽게 대답을 유도해낸다.
- 또렷한 발음. 스피치의 내용과 상황에 알맞은 몸짓과 표정

이 가운데 많은 부분은 배울 수 있는 것이다. 아니, 배워야 하는 것이다. 그래야 설교가 장기적으로 기쁨이 될 수 있다. 이것은 타고난 재능과는 전혀 다른 영역이다. 설교자에게도 어떤 재능이 있다면, 그것을 잘 발견하는 것이 중요하다. 때로는 그것을 촉진하고 구체적인 능력으로 빚어내고, 때로는 거기에 제동을 걸 줄도 알아야 한다. 지금부터 우리는 위에서 잠깐 언급한 요인들 가운데서 특별히 설교 말씀을 성공적으로 전달하는 데 중요한 몇 가지 요인을 살펴보려고 한다.

1. 설교 원고

원고 없이 설교하는 것은 - 잘만 된다면 - 좋은 일이다. 시선이 자꾸만 원고에 쏠리거나 아예 고정되는 일 없이 청중에게 집중하며 말을 할 수 있기 때문이다. 그러나 원고 없는 설교의 위험성도 만만치 않다. 설교자는 약간의 시간만 지나면 자기가 제일 좋아하는 사유 패턴에 빠져든다. 논점을 벗어나기도 쉽고, 했던 말을 자꾸 반복하기도 쉽다. 밑도 끝도 없이 계속 이야기를 늘어놓는 바람에 듣는 사람이 전혀 맥락을 파악하지 못하는 경우도 많다. 원고 없이 설교하는 것을 탁월한 영적인 능력이나 신앙심의 징표처럼 생각하는 일이 있어서는 안 된다. "설교하는 사람은

자기가 '곁가지로' 준비를 했든, '집중적으로' 준비를 했든 자기가 무엇을 말하는지를 항상 알고 있어야 한다. 설교 원고를 사용하고 안 하고는 기억력과 관련된 문제일 뿐 영적인 권능과는 전혀 무관하다."[141]

원고 설교가 좋은 것은 다음 세 가지 이유 때문이다.

(1) 설교를 위해 원고를 작성하면 생각이 명료해지고 메시지의 구조도 견고해지게 마련이다. 그런 원고를 가지고 강단에 오르면 불필요한 반복과 잡담을 피할 수 있다. 더욱이 설교의 성과를 점검하고 평가하기가 더 좋다.   명료함

(2) 설교 원고가 눈앞에 있다는 사실이 설교자에게는 상당한 안정감을 준다. 너무나 긴장했을 때, 강단에 섰는데 갑자기 눈앞이 깜깜해지면서 무엇을 어떻게 해야 할지 모를 때, 그래도 설교 원고는 붙들고 서 있으니 어떻게든 설교를 끝마칠 수 있다.   안정감

(3) 설교 원고가 있으면 그 설교를 언제든 쉽게 반복할 수 있다. 특히 컴퓨터로 원고를 작성해 놓으면, 그 원고를 새로운 상황에 맞게 수정하여 다시 설교할 수 있다. 내용을 다시 한 번 꼼꼼하게 손본 원고라면 얼마든지 다시 선포될 수 있다.   반복 가능성

원고 설교의 문제는 무엇보다도 그 설교 원고를 토씨 하나 빠뜨리지 않고 그대로 읽는다거나 그 원고에서 눈을 떼지 못하는 상황이다. 설교 원고를 쓸 때는 말이 '문어체(文語體)'로 흐르는 경향이 있다는 사실도 조심해야 한다. 복잡한 문어체는 청중에게 부담이 되기 쉽다. 설교를 전

141) W. Klippert, Vom Text zur Predigt. Grundlagen und Praxis biblischer Verkündigung, Wuppertal/Zürich 1995, 136. 많은 설교학 교과서들은 이런 실질적인 문제에 대해 이렇다 할 정보를 주지 않는 데 반해, 클리페르트의 책은 반갑게도 설교의 프레젠테이션에 상당한 분량을 할애했다 (136~163). 우리의 책에서 설교 원고와 관련된 내용은 대부분 그의 책에서 발견한 것이다.

달할 때 원고에 집착하면 즉흥성이 크게 제약된다. 볼프강 클리페르트(Wolfgang Klippert)는 이렇게 말한다. "원고는 하인이지 주인이 아니다. 그것은 제 주인이 새로운 사건과 아이디어를 받아들일 자유를 빼앗아서는 안 된다. […] 자기 원고의 노예가 된 사람은 결정적인 순간에 카이로스, 즉 신성한 시점을 놓쳐 버린다. 원칙적으로 여러분은 설교 원고에 충실해야 한다. 설교를 하다가 머리에 떠오른 모든 생각을 죄다 언급하거나, 심지어 그런 생각을 성령의 인도하심으로 해석해서는 안 된다. 그러나 상황이 요구하면 그 원고를 기쁜 마음으로 벗어날 수도 있어야 한다."142)

히르슐러(H. Hirschler)도 설교 원고를 꼼꼼하게 작성할 것을 추천한다. 그리고 거기에 밑줄을 긋는다든지, 눈에 띄는 색으로 표시해 둔다든지 하면서 준비하라고 권한다. 설교자는 이렇게 원고를 준비하면서 그 내용을 다시 한 번 자기 안에 새길 수 있고, 강단 위에서는 각각의 문장을 새로운 방식으로 풀어서 말할 수도 있다. 히르슐러는 이것을 일컬어 "자유롭게 원고 너머로 이야기하기"라고 한다.143)

완전히 암기할
필요는 없다

설교를 완전히 암기하는 것은 꼭 필요한 일도 아니고 그다지 의미 있는 것도 아니다. 완전히 외워서 전달하는 설교도 생생한 의사소통 행위라고 말할 수 없다. 그것도 "자기 머릿속의 원고를 읽는 것"(Friso Melzer)일 뿐이다. 설교에는 순간적인 발견과 착상을 위한 여백, 즉흥적인 발언을 위한 여백, 청중을 배려할 수 있는 여백이 있어야 한다. 한쪽 발로 슛을 잘 때리기 위해서는 다른 쪽 디딤 발이 충분히 제 역할을 해주어야 한다. 그러므로 설교의 전체 구성과 핵심적인 사고의 흐름을 잘 새겨두는

---

142) W. Klippert, Vom Text zur Predigt, 138.
143) H. Hirschler, Biblisch predigen, 3. Aufl., Hannover 1992, 577.

것은 대단히 유용하다.[144]

여기서 한 걸음 더 나아가 의도적으로 자유로운 설교, 즉 원고 없는 프리 스피치를 하려는 사람에게는 알베르트 담블론(Albert Damblon)의 「자유롭게 설교하기(Frei Predigen)」라는 책을 추천해 주고 싶다.[145] 담블론은 설교자가 원고에 대한 의존에서 벗어나 자유로운 - 자유롭게 둥둥 떠다니는 것이 아니라! - 설교자가 되는 데 필요한 여러 가지 조언을 해준다. 물론 그는 설교 원고를 꼼꼼하게 작성하는 것에는 반대한다. 그 대신 몇 개의 키워드를 적어 놓고 설교의 내용을 기억나게 하는 데 도움이 될 만한 몇 가지를 적어 놓은 쪽지를 가지고 자유롭게 설교할 것을 권한다.

담블론은 원고 없는 설교를 지지하는 이유를 다음과 같이 밝힌다.[146]

(1) 자유로운 설교는 예수 그리스도께서 전하신 메시지의 공적인 증거 가운데 하나이다. 선포의 능력을 갖추기 위해서는 자유롭고 확신에 찬 모습으로 "너희 속에 있는 소망에 관한 이유를 묻는 자에게는 항상 대답할 것이 준비"(벧전 3:15)되어 있어야 한다.

(2) 자유로운 설교는 설교라는 것이 증언의 성격을 띠고 있음을 강조한다. 우리의 '궁극적 관심'(Paul Tillich)이 어떤 것인지를 '라이브'로 이야기하는 것이다. 성경의 언어로 말하자면 "마음에 가득한 것을 입으로 말함"(마 12:34)이다.

(3) 자유로운 설교는 '말하면서 생각하는 것'이다. 한 가지는 분명하   말하면서 생각하기

---

144) 참조: A. Pohl, Anleitung zum Predigen, 3. Aufl., Wuppertal/Kassel 1976, 76.
145) A. Damblon, Frei Predigen. Ein Lehr-und Arbeitsbuch, Düsseldorf 1991. 참조할 만한 다른 책: V. Lehnert, Kein Blatt vor'm Mund. Frei predigen lernen in sieben Schritten, Neukrichen-Vluyn 2006.
146) 위의 책, 25~46.

다. 설교자는 설교를 준비할 때만 생각을 하는 것이 아니라 설교를 하면서도 생각을 한다는 것이다. 여기서는 설교자의 발언 과정과 청중의 사유 과정이 강렬하게 오버랩된다. 설교자가 잠시 말을 멈추는 시간은 청중이 잠시 더 생각을 할 수 있는 시간이다.

⑷ 설교라는 의사소통 상황은 거기에 상응하는 언어 형태를 요구하는데, 그것은 글로 적힌 말이 아니라 입으로 나오는 말이다. 후자는 상황과 긴밀하게 연결되어 있으며, 간결한 스타일과 일회성과 역동성과 즉흥성을 그 특징으로 한다. 반면 전자는 어떤 정적인 것, 반복 가능한 것으로 기우는 경향을 내포하고 있다.

⑸ 자유로운 스피치는 접촉을 만들어낸다. 비록 설교가 독백의 성격을 가지고 있지만, 설교는 본질적으로 대화가 되어야 한다. 설교자는 자신의 청중과 내적인 대화를 하고 있는 것이다. 그래서 설교자는 자유롭게 말을 할 필요가 있고, 그래야 청중은 자유롭게 그 말을 듣게 된다.

자유로운 설교, 원고 없는 설교의 장점은 그 밖에도 많다. 물론 이런 설교는 높은 수준의 자질과 영적인 능력을 요구한다. 자유로운 설교를 가능하게 해주는 것은 - 모든 예술 행위와 마찬가지로 - 타고난 재능과 끈질긴 연습이다. 물론 자유로운 설교가 모든 것의 척도는 아니며 모든 사람의 과제도 아니다. 원고를 노련하게 활용하면서도 충분히 좋은 설교를 할 수 있다. 원고 설교를 하면서도 의식적으로 청중과의 교감을 추구하기 때문에 원활한 의사소통이 이루어지는 설교가 되는 것이다. 그러므로 처음부터 원고 설교를 포기하고 제대로 준비도 안 된 상태에서 자유롭게 설교하겠다고 호기를 부려서는 안 된다. 베르너 예터(Werner Jetter)는 이와 관련하여 아주 재치 있는 말을 남겼다. "설교자가 태만하여 까먹은 시간을 메우기 위해 성령께서 초과근무를 하지는 않으신다."147)

원고는 어떤 형태가 좋을까? 독일에서는 보통 A5 크기로 원고를 준비 원고
하는 것이 제일 적당하다고 알려져 있다. 어떤 강대상은 A4 크기의 원고
를 놓기에 너무 좁을 때가 있고, A5보다 작은 원고는 설교자가 원고지를
너무 자주 넘겨야 하는 불편함이 있다. 제대로 된 원고를 들고 서기가 난
감한 상황에서 몇 가지 메모를 가지고 설교를 해야 한다면 A6 크기의 카
드를 쓸 수 있다. 설교 원고에는 항상 쪽 번호를 매기고 단면 인쇄를 하
는 것이 좋다. 그래야 원하는 부분을 금방금방 찾을 수 있다. 너무 긴 문
장, 복잡한 문장을 피하는 것도 도움이 된다. 조명이 별로 좋지 않거나
설교단이 너무 낮은 경우에는 글자를 크게 해서 인쇄해 두는 것이 좋다.
목차를 만들어 놓으면 전체를 조망하는 데 용이하다. 설교 본문을 읽을
때는 가능하면 설교 원고에 인쇄된 것을 읽기보다는 성경을 펼쳐서 읽
는 것이 좋다. 그래야 거룩한 말씀을 인용하고 있음이 분명하게 가시화
된다. 설교자이든 청중이든 그 본문을 똑같은 방식으로 읽고 집에서도
다시 읽을 수 있다.

II. 회중과의 교감

앞에서도 살펴봤듯이 설교자는 늘 자신의 회중을 의식해야 한다. 자
신의 청중을 제대로 바라볼 수 있다면 설교자는 언제나 뭔가를 느끼게
된다. 청중이 자신의 설교를 잘 따라오고 있는지, 아니면 그들의 생각이
어디 다른 곳에 있는지를 예민하게 느끼고 볼 수 있다. 다른 생각을 하는
경우는 무조건 부정적으로 봐야 할 상황은 아니다. 그것은 청중이 설교

147) W. Jetter, Homiletische Akupunktur. Teilnahmsvolle Notizen – die Predigt betreffend,
    Göttingen 1976, 106.

를 통해 흥미로운 말이나 이미지를 접하고 자극을 받아 자기 나름의 생각을 펼쳐나가는 것일 수도 있는데, 그렇다면 그것은 오히려 환영할 만한 일이다.

히르슐러는 설교자가 한 번 설교를 할 때 "세 군데에서 다섯 군데까지 회중석의 어떤 지점들을 찾아내고 한 곳에서 다른 곳으로 시선을 고요하고 평온하게 움직여 볼 것"을 권한다.[148] 아마 지점이라는 표현보다는 얼굴이라는 표현이 더 맞지 않을까 싶다. 나의 시선에 누군가가 부드러운 시선으로 응답하면 용기가 생긴다. 청중도 이런 느낌을 받게 된다. '저 사람이 내가 있으나마나 상관없이 하고 싶은 말을 하는 것이 아니라 지금 나와 함께 이야기를 하고 있구나!' 반면 아주 난감한 경우도 있다. 그것은 설교자의 시선이 청중 위쪽의 어느 지점에, 혹은 청중석의 한 지점에 고정되어 있을 때이다. 그러면 청중은 설교자가 불안한 상태라는 것을 금방 눈치 챈다. 설교자와 청중 사이에 친밀한 관계가 이루어지지 않는 것이다. 설교자의 자연스러운 눈빛 교환은 "편안한 분위기와 인간적인 친밀함"을 만들어내며, 설교자가 "믿을 만하고 자기 확신이 있는 사람이라는 인상을 준다."[149]

청중이 '완전히 신경을 꺼 버렸음'을 알려주는 신호도 있다. 자꾸 시계를 쳐다본다든지, 찬송가나 성경을 뒤적인다든지, 사탕 껍데기를 벗기느라 바스락 소리를 낸다든지, 멍하니 딴생각을 하고 있다든지, 심지어는 아예 그 자리에서 잠이 들어 버리는 것이다. 그러면 설교자는 당황하기 십상이다. 어린이가 소리를 지르는 것도 설교자와 청중의 주의를 산만하게 한다. 부모가 어린아이를 데려오는 것은 정말 좋은 일이지만, 또한 어린이가 예배 중에 함께한다는 것도 정말 좋은 일이지만, 그런 상

148) H. Hirschler, Biblisch predigen, 579.
149) W. Klippert, Vom Text zur Predigt, 160.

황이 곤란한 것만은 사실이다. 그럴 때는 설교자가 침착하게 한 문장, 혹은 한 구절을 반복해 주는 것이 좋다. 설교 중에 어떤 사람이 일어나서 밖으로 나가는 경우에도 마찬가지다. 그런 행동이 정말 인격적인 도발이거나 설교에 대한 도발인 경우는 아주 드물다. 대개의 경우는 충분히 이해할 만한 다른 이유 때문이다.

유머에 대해서는 뒤에서 다시 한 번 다룰 것이다.(제8장) 다만 여기서 짚어두고 싶은 것은, 설교자가 설교 중에 회중을 한 번쯤 미소 짓게 하거나 한바탕 웃게 할 수 있다면 그것이 여러 가지 면에서 긍정적이라는 사실이다. 그것은 긴장감을 누그러뜨리고 분위기를 새롭게 하고 정신을 깨워 주는 효과가 있다. 물론 그것은 그 설교의 상황이나 본문과도 잘 어울려야 한다. 예배 때마다 최소한 한 번은 모두가 활짝 웃을 만한 일을 찾아내고자 노력한다면 그것도 아주 바람직한 습관이 될 것이다.

회중을 웃게 만들기

III. 목소리의 효과에 대하여

"여러분, 이제 여러분 자신의 목소리를 받아들이십시오! […] 여러분이 자기 자신을 - 그리고 자신의 목소리를 - 정하고 받아들였다는 사실 하나만으로도 여러분의 분위기가 아주 긍정적으로 바뀌고, 여러분은 짧은 시간 안에 여러 가지를 보완할 수 있게 됩니다."[150] 가수들 사이에서는 비교적 널리 알려진 통념이 있다. 그것은 가수가 자기 자신과 화해했을 때, 다시 말해 자기 안에서 내적인 밸런스를 찾았을 때, 그제야 최고의 목소리가 나온다는 생각이다. 불확실함과 불안함은 좋은 목소리가 나오지 못하도록 방해하고, 그래서 확신에 찬 스피치를 방해한다. 물론 자기

자신의 목소리 받아들이기

---

150) E. Wagner, Rhetorik in der christlichen Gemeinde, Stuttgart 1992, 314.

자신을 받아들이는 것은 간단한 일이 아니다. 자기 목소리가 마음에 들지 않는데 그것을 인정하고 받아들이는 것도 쉬운 일이 아니다. 그래서 자기를 받아들이라는 구호가 별로 소용이 없다. 그렇다면 차라리 다음과 같은 생각을 해보는 것이 좋다. 하나님의 사랑에 관한 복음을 선포하는 설교자, 그 역시 하나님의 사랑에 감싸인 존재이다. 하나님의 자비하심이 다른 모든 사람에게 임하듯이 설교자에게도 임한다. 그러므로 설교자는 자기 자신에 대해서, 그리고 자신의 목소리에 대해서도 자비로울 수 있다.

중요한 것은 설교자의 언어가 가능한 한 진실하고 진정성 있게 들리는 것이다. 지나치게 고조된 강단 파토스(열정)라든지 거드름을 피우는 듯한 언어는 오히려 신뢰성을 떨어뜨리고 장기적으로는 부끄러운 모습이 된다. 그런데 정작 설교자 자신은 그런 자기의 모습을 전혀 모르고 있는 경우가 많다. 그래서 교인 가운데 누군가가 설교자에게 그때그때 (애정 어린!) 피드백을 해주는 것이 좋다. 설교자가 설교를 하면서 내내 자신의 목소리에 신경을 쓰는 것도 결코 바람직한 것이 아니리라. 그러다 지나친 자기관찰 증세를 보일 것이고 그것은 다시 불안감을 가중시킬 뿐이기 때문이다. 언어의 문제가 설교에 분명한 방해가 된다면 작심하고 언어 교정 훈련을 받는 것이 필요하다. 자신의 설교를 녹음하거나 녹화해서 분석해 보는 것도 좋다.

목소리의 크기와 발음   적절한 크기, 깔끔한 발음, 적당한 속도는 어떤 면에서 이웃 사랑의 계명에 해당한다. 특히 듣는 데 어려움이 있는 사람에게는 더 더욱 그렇다. 하지만 목소리의 크기가 적절해야 한다고 해서 크기에 변화를 주는 것을 아예 금지하거나 절대로 작게 말하지 못하게 하자는 것은 아니다. 어떤 구절은 그 내용에 맞춰 나지막하게 혹은 약간 신비스럽게 말해야 한다. 잘 이해가 되는 설교는 목소리의 크기하고만 관련된 것이 아니라 언어의 정확함, 발음의 또렷함과도 연관되어 있다. 입을 크게 벌리지 못하고 웅얼거리거나 말끝을 얼버무리는 사람은 아무리 크게 말해도 소용이 없다. 그 두 가지 경우, 즉 목소리가 너무 작거나 발음이 너무 부정확한 경우에는 청중이 설교를 듣는 데 상당히 고생을 하게 된다. 그래서 금방 지치고 "정신을 꺼 버린다."

설교할 때는 적당한 속도도 아주 중요하다. 빠른 것보다 차라리 조금 느린 편이 낫다. 청중은 자신이 금방 들은 것을 이해하고 정리하는 데 시간이 필요하다. 그래서 적절한 시점에서 잠깐 호흡을 고르는 것이 중요하다. 그런 멈춤은 방금 말한 것을 강조해 주는 효과도 있다. 그러나 지나치게 뜸을 들이거나 지나치게 천천히 말하는 것도 경청을 힘들게 만든다.

마지막으로 한 가지 잊지 말아야 할 것이 있다. 그것은 청중에게도 설교의 전달과 관련하여 나름의 책임이 있으며, 그들도 설교를 잘 듣고 그 내용을 잘 이해하기 위해서 자기가 할 수 있는 역할을 감당해야 한다는 사실이다. 청중은 자신에게 설교가 제일 잘 들리는 곳을 찾아 거기 앉을 수도 있고, 귀가 잘 안 들리는 사람의 경우는 보청기 등의 도움을 받을 수도 있다. 무엇보다도 예배와 설교에 대한 기대를 가지고 그 자리에 나아와야 한다.

우리는 평상시 우리의 호흡에 대해서는 별로 신경을 쓰지 않는다. 숨을 들이마시고 내쉬는 일은 무의식적이고 자연스러운 과정이다. 그러나 만일 우리가 설교 중에 너무 긴장하거나 당황하게 되면 "호흡이 가빠지거나 불규칙해질 수도 있다. 호흡이 너무 빨라지면 […] 혈액순환이 원활하지 않아 어지럼증이 찾아올 수도 있고 눈앞이 캄캄해질 수도 있다."151) 그래서 의식적으로 천천히 호흡을 하는 것이 중요하다. 호흡은

151) W. Klippert, Vom Text zur Predigt, 141.

흉부에만 한정하는 것이 아니라 복부까지 깊게 들이마시고 충분히 내쉰다.[152] 수십 년간 언어와 말하기의 문제를 연구해 온 멜처(F. Melzer)의 책을 보면, 제대로 숨을 쉬기만 해도 우리 안에 공기 및 산소의 체적 용량이 거의 두 배까지 확장될 수 있고, 그런 훈련이 잘 되어 있는 설교자는 설교를 할 때도 편안한 호흡을 유지할 수 있다.[153] 호흡은 문장을 결정하고, 문장 구성에 관여한다. 설교자는 문장과 호흡의 부조화를 느끼지 못할지라도 청중은 그것을 예민하게 알아차린다.

마이크　　교회의 마이크나 그 밖의 다른 음향기기가 제대로 작동하지 못하는 경우도 종종 있다. 만약에 그렇다면 이 문제를 해결하는 데 결코 인색해서는 안 된다고 말하고 싶다. 설교자의 목소리가 제대로 전달되지 못해서 청중이 그 내용을 충분히 이해할 수 없다거나, 스피커를 통과해서 나오는 설교자의 목소리가 차갑고 기계적인 소리라면 그 말씀의 치유 효과는 급격히 떨어진다. 마이크를 비롯한 음향기기, 그리고 각 교회의 음향 환경은 천차만별이기 때문에, 다른 교회에 설교자로 갈 때는 미리미리 그곳의 상황을 알아놓는 것이 좋다. 마이크 대는 예배 전에 제자리에서 있어야 한다. 어떤 공간에서는 마이크의 사용이 반드시 필요한지 아닌지를 잘 생각해 볼 필요가 있다. 어떤 설교자들은 자신의 목소리와 분위기보다 기계의 도움을 더 의지함으로써 자신의 스피치 능력을 제한하는 경우도 있다. 기계의 지원은 적으면 적을수록 좋다.

Ⅳ. 몸짓과 표정

설교자가 강단에 섰다고 해서 설교가 시작되는 것은 아니다. 설교자

---

152) 참조: H. Lodes, Atme richtig!, München 2000.
153) F. Melzer, Evangelische Verkündigung und deutsche Sprache, Tübingen 1970, 6.

가 '아멘' 했다고 해서 설교가 끝난 것은 아니다. 예배 전, 예배 중, 예배 후 우리의 모든 모습은 설교의 일부이다. 예배가 시작되어 앞으로 나가는 것, 말씀을 읽는 것, 기도를 하고 설교를 하는 것, 이 모든 것은 목소리와 마찬가지로 최대한 자연스러워야 한다. 강대상 혹은 설교단으로 걸어갈 때 몸가짐은 꼿꼿하고 걸음의 속도는 평상시와 같아야 한다. 바쁜 몸놀림은 피해야 한다. 몸 전체가 따라 말한다.

몸짓과 표정은 메시지를 강조하고 그 메시지를 더욱 믿을 만한 것으로 만든다. 물론 설교 중에 어떤 몸짓을 쓰는 것은 아주 조심스러워야 한다. 청중은 '안절부절 못하는' 설교자를 오래 보고 있을 수 없다. 보는 것 자체가 부담스럽기 때문이다. 설교자의 몸 전체와 두 다리의 움직임은 고요해야 한다. 어떤 몸짓을 쓸 때는 회중을 직접 바라보면서 하는 것이 좋다. 시선은 원고를 뚫어져라 바라보면서 뭔가를 강조하는 몸짓을 한다면 대부분의 경우는 바보 같다는 인상을 준다. 특히 손의 움직임에는 신경을 많이 써야 한다. 손을 어떻게 두어야 할지 모르겠다 싶으면 강대상 위에 편안하게 놓고 설교를 하는 것이 좋다. 뭔가를 붙잡지 않으면 안 된다는 식으로 강대상의 양쪽을 꽉 쥐고 있는 것보다는 훨씬 자연스러운 인상을 준다. 내적으로 자유로움을 느끼고 자신의 입장에 대한 신념이 확고한 사람은 몸짓과 표정도 자연스럽고 조화롭다. 하지만 적절한 움직임이 사람의 내면에 자유를 주고 긴장감을 누그러뜨릴 수도 있다.

표정을 활용한다고 해서 괜히 얼굴을 찡그리자는 것이 아니다. 우리가 말하고자 하는 것은 설교의 내용과 감정적 형식에 상응하는 표정을 갖는 것이다. 아주 지루한 얼굴, 너무 거리를 두는 듯한 얼굴로 설교하는 사람은 청중의 호응을 얻기 어렵다. 자꾸만 눈을 끔벅인다거나 입술을 물어뜯는 사람은 자신의 긴장감을 회중에게 전염시키기 십상이다. 목소리의 경우와 마찬가지로 설교자는 자신만의 습관성 동작을 전혀 알아차리지 못하는 경우가 종종 있다. 설교자가 몇 번이나 헛기침을 하는지, 얼마나 자주 안경을 썼다 벗었다 하는지, 물을 몇 번이나 마시는지, 습관적인 허사(虛辭)를 얼마나 많이 쓰는지 일일이 세어 보는 사람도 있다.

목소리와 표정과 몸짓을 적절하게 사용하는 데 도움이 되는 방법이 하나 있다. 그것은 그 교회에서 설교자가 가장 친하게 생각하는 한 사람을 떠올리면서, 마치 그 사람을 향해서 친근하게 이야기하듯이 말하는 것이다. 그러면 설교자의 모습이 좀 더 자연스러워지고 편안해진다.

V. 설교에 대한 두려움을 극복하기

설교자의 두려움을 다룬 설교학 교재는 거의 없다. 루돌프 보렌은 하나님 앞에서 설교자가 느끼는 두려움에 관하여 쓰고 있다. "하나님을 두려워하는 설교자는 인간을 두려워할 필요가 없다."[154] 지극히 옳은 말이다. 그러나 그게 전부는 아닐 것이다.

이 문제를 제일 자세하게 다룬 책은 또다시 담블론의 책이다. 그는 이 주제에 한 장 전체를 할애했다. 그 책에서 발견한 중요한 깨달음은 다음과 같은 것이다.

(1) **설교에 대한 두려움은 지극히 정상이다.** 스피치 교사들의 조사에 의하면, 일반인 가운데서 어떤 공식적인 말을 하는 데 전혀 두려움을 느끼지 않는 사람은 8.8%에 불과하다. 스피치 전문 교사 발트라우트/디터 알호프(Waltraud & Dieter Allhoff)는 이렇게 말한다. "거의 모든 사람이 말을 하는 데 두려움을 느낀다. 많은 사람들 앞에서 뭔가 말을 해야 한

---

154) R. Bohren, Predigtlehre, 4. Aufl., München 1980, 262.

다거나 구술시험을 본다거나 불편한 상사와 이야기를 나눈다거나 할 때 그런 두려움을 갖는다. 어떤 사람은 '이상하게 배가 아프고' 어떤 사람은 '무릎이 후들거리고' 또 어떤 사람은 '목이 갑갑하고', 심장이 너무 세게 또한 너무 빨리 뛰고, 손에 땀이 차고, '호흡이 가빠진다.' 이 모든 것은 말을 하는 데 결코 좋은 증상이 아니다."[155]

(2) 우리는 설교에 대한 두려움을 직시하고 그것을 받아들여야 한다. 어떤 교회에는 설교단으로 올라가는 계단에 이런 경구가 적혀 있다고 한다. "두려움을 안고 이곳을 오르는 자, 영예를 안고 내려오리라!"(Qui ascendit cum timore, is descendit cum honore) 그렇다면 설교에 대한 두려움은 좋은 설교를 위한 건강한 조건이 될 수도 있다. 그 두려움이 (방금 전에 언급한 심신상관적 반응처럼) 지속적으로 문제를 일으키지만 않는다면, 오히려 자기 안에 있는 에너지를 자극해서 '죽기 아니면 살기'로(다시 말해, 최고의 성과를 거둘 수 있는 본능적인 자세로) 나설 수 있게 해준다. 스피치 전문교사 우도 닉스(Udo Nix)는 이렇게 말한다. "무대 공포증은 오히려 어떤 정신적인 힘을 통해 언제든지 상대방에 대한 열정, 그리고 핵심적인 문제 그 자체에 대한 열정으로 변화될 수 있다."[156]

(3) 설교는 깊이 숨을 내쉬는 것으로 시작된다. 연설이란 결국 소리를 내면서 숨을 내쉬는 것이다. 설교자는 자신의 호흡을 고르는 데 신경을 써야 한다. 스트레스를 받으면 어깨가 올라간 상태에서 가쁜 호흡을 하게 마련이다. 성 아우구스티누스는 이런 말을 했다고 한다. "성령이여, 내 안에서 호흡하소서! 그리하여 내가 거룩한 것을 생각하게 하소서." 오늘날 우리 설교자들도 이 말을 되뇌면서 평온함을 느낄 수 있다. 그러

---

155) W.u.D. Allhoff, Rhetorik und Kommunikation, 6. Aufl., Regensburg 1989, 60.
156) U. H. Nix, Überzeugend und lebendig reden, Landsberg a.L. 1985, Damblon, 앞의 책, 530에서 인용.

면서 우리의 호흡, 또 우리의 설교도 가만히 가라앉히고, 그 설교가 근본적으로 지향하는 것이 무엇인지를 투명하게 바라보고 또 보여줄 수 있을 것이다. 우리의 설교는 나와 청중을 거룩한 것으로 인도하기 위한 일이다.

(4) 회중은 전혀 그렇지 않다. 설교자가 회중을 어떻게 생각하느냐가 그의 설교에 영향을 끼친다. 설교자가 생각하는 교인은 언제라도 자기에게 달려들어 자기를 갈가리 찢어놓으려고 호시탐탐 기회만 노리는 굶주린 늑대인가? 아니면 늘 쓰다듬어 주고 늘 칭찬해 주어야 하는 얌전한 양인가? 담블론은 이렇게 묻는다. "청중석에 앉아 있는 저 사람들이 마르셀 라이히 라니츠키[157]라도 되는가? 마치 '설교의 교황'이라도 되는 것처럼 모든 설교를 해부하고 분석하는 아마추어 비평가라는 말인가?"[158] 우리는 그런 강박에 맞서 하나님의 은총을 기억해야 한다. 설교자가 강단에 오르기 전에 그 은총이 이미 회중에게 선사되었다. 회중을 은혜 받은 사람들의 공동체로 보면서, 만민에게 자유와 용기를 주는 복음의 메시지를 전하는 일에 투신하는 설교자는 자신의 내면 가장 깊은 곳에서 갈망하고 있는 것, 그것을 회중에게도 전해 주고자 한다. 그것은 무엇인가? 바로 하나님의 말씀이다. 오늘 이 시대를 향한 하나님의 말씀이다. 그런데 그 말씀은 그것을 듣고 그것에 따라 살아가려고 하는 한 사람에 의해 선포된다. 독일 감리교회의 발터 클라이버(Walter Klaiber) 감독은 어느 목사가 자꾸만 자기 교인에 대해 불평을 늘어놓자 그에게 이렇게 물었다. "당신은 당신의 교회를 사랑하십니까?" 설교자가 이 질문에 어떻게 대답하느냐가 그의 설교에도 영향을 끼치며, 그가 설교에 대

회중에 대한 사랑

---

157) 마르셀 라이히-라니츠키(Marcel Reich-Ranicki)는 전후 독일에서 가장 영향력 있는 문학비평가였다. 1920년 바르샤바에서 유대인으로 태어난 라이히-라니츠키는 1988년부터 2001년까지 독일 제2의 방송 ZDF에서 텔레비전 문학 프로그램 〈문학 사중주〉를 진행하면서 예리한 분석과 특유의 거침없는 언변으로 유명해져 '문학의 교황'이라는 별명까지 얻었다. – 옮긴이.

158) Damblon, 앞의 책, 62.

한 두려움에 대응하는 데도 영향을 끼친다.

(5) **철저한 준비.** 준비가 잘 되어 있는 사람은 자기가 이미 해놓은 일 철저한 준비
을 신뢰할 수 있다. 그러나 그때그때 근근이 설교를 해치우는 사람일수록 설교에 대한 두려움과 스트레스에서 헤어나오기가 힘들다. 수사학자 막시밀리안 벨러는 이렇게 말한다. "연설 장애를 극복하기 위한 모든 처방책 가운데서 으뜸은 다음과 같은 결정적이고 엄격한 요청이다. 젊은 연설가여, 연설에 대한 두려움과 무대공포증으로 괴로워하는 연설가여, 수많은 키워드를 확정한 상태에서는 당신의 주제를 최대한 철저하게 준비하라. 그 주제를 완전히 마스터했다는 느낌이 들 때까지 준비하고 또 준비하라. 그 주제와 관련된 것이라면 바로 앉은 자리에서라도 뭔가를 말할 수 있을 정도로 준비하라. 그래서 적어도 그 주제와 관련해서는 절대 흔들림이 없도록 하라."[159]

Ⅵ. 비상사태에 대한 대비

어떤 설교자는 토요일 밤에 이런 꿈을 꾸곤 한다. 설교를 하려고 강단에 올라섰는데 설교 원고가 없어진 꿈! 또 어떤 설교자는 막 설교를 시작하려는데 마이크가 나가 버리는 경험을 한다. 이제 강단에 나가려고 보니 양쪽 색깔이 완전히 다른 양말을 신고 있는 경우도 있다. 제단에 꽃장식이 없는 경우도 있다. 설교자의 말실수로 갑자기 우스꽝스러운 상황이 연출되는 경우도 있다. 그런 비상사태나 실수로 인해 완벽하게 계획 비상사태로 완벽함이
됐던 행사가 좀 더 인간적인 모습을 띠기도 한다. 예배도 마찬가지다. 갑 깨질 때 오히려 인간적인
작스러운 돌발 사태가 오히려 예배의 감동을 높일 수도 있다. 그러므로 모습이 드러난다

159) M. Weller, Das Buch der Redekunst, München 1989, 67.

무조건 부정적으로 볼 필요는 없다. 물론 얼마나 자주, 얼마나 심각하게 일이 꼬이느냐가 문제이다. 그야말로 우발적인, 너무 불쾌하지 않은 실수는 오히려 청중에게 동정심과 보호본능을 일깨운다. 그 문제에 잘 대처하면 모든 사람이 한 번 숨을 고르고 함께 기뻐할 수 있다. 그러므로 그런 비상사태나 실수가 벌어졌을 때 그것을 너무 큰 문제로 만들지 않는 것이 중요하다. 대개의 경우, 사람들은 그런 일이 있었는지 기억을 못할 정도로 금방 잊는다. 재치 있는 농담이나 편안하게 감싸는 말은 청중에게 친근감을 주고 그 상황의 긴장감을 풀어 준다.

VII. "나쁜 연설가를 위한 조언"

유대계 독일 작가 쿠르트 투홀스키(1890~1935)는 "나쁜 연설가를 위한 조언"이라는 유명한 글을 썼다. 그의 유머러스하고 역설적인 글을 읽다 보면, 대부분의 설교자는 – 적어도 몇몇 부분에서는 – 꼭 자기의 모습 같다고 느껴지는 부분을 만나게 될 것이다.[160]

절대로 처음부터 시작하지 말고 장황하게 다른 말을 늘어놓아라! 예를 들어 이렇게!

"신사 숙녀 여러분! 오늘 이 저녁, 저는 주제에 대해 말하기 전에 여러분께 잠깐 이런 말씀을 드리고 싶습니다만…."

여기서 당신은 멋진 시작에 필요한 모든 요소를 완벽하게 갖추는 셈이다. 어색하게 말 건네기, 시작 전의 시작, 당신이 말을 할 것이고 무슨 말을 할 것인지 미리 알리기, 거기다 또 한 마디 하기! 그렇게 하면 당신은 순식

---

160) K. Tucholsky, Ratschläge für einen schlechten Redner. In: Gesammelte Werke, Bd. 8, Reinbeck 1975, 290~292.

간에 청중의 귀와 가슴을 얻게 된다. 당신이 그 연설을 힘든 학교 숙제처럼 여기는 것, 당신이 말하려는 것과 말하고 있는 것과 이미 말한 것을 가지고 위협하듯 말하는 것 – 이런 것이야말로 청중이 좋아하는 것이다. 항상 쓸데 없는 하나하나까지 신경을 써라.

절대로 자연스럽게, 원고를 안 보고 말하지 마라! 그러면 불안하다는 인 상을 준다.

최고의 연설은 당신이 원고를 그대로 읽는 것이다. 그래야 신뢰감을 준 다. 그렇게 읽되, 한 문장을 읽을 때 네 번 정도 고개를 들고 의심에 찬 시선 으로 청중석을 보면서, 사람들이 다 있는지 없는지를 살피면 모두가 좋아 할 터….

당신이 쓴 것처럼 읽어라. 당신이 어떻게 쓰는지 알고 있다. 아주 길고 긴 문장을 그대로 읽어라. 이런 문장 말인데, 당신이 그러니까 당신이 집에 있으면서, 그러니까 당신이 휴식, 그러니까 당신이 그렇게도 원하는 휴식 을, 당신의 자녀들 신경 쓰지 않고 누리는 그 휴식을 취할 수 있는 집에 있 으면서 준비한 그 문장을 읽는데, 당신은 끝이 어떻게 날지 알고 있는데, 문장을 꼬고 꽈서 하나의 긴 문장으로 만들어서, 청중이 자기 좌석에서 초 조하게 이리저리 몸을 움직이며 꿈을 꾸다가, 전에는 기꺼이 단잠을 자고 있을 강의에서 잘못된 생각을 하고 있는데, 그 청중이 그런 시기의 마지막 을 가르치도록…. 뭐 이렇게. 이렇게 내가 당신에게 하나의 예를 보여주었 다. 당신은 이런 식으로 말을 해야 한다.

항상 그 옛날 로마인 이야기부터 시작하고, 무슨 이야기를 하든지 역사 적인 배경을 죽 늘어놓아라. 조금 배운 사람이라면 이런 식으로 해야 하느 니….

당신이 청중을 향해 내보내는 파장이 되돌아오는지 안 오는지는 전혀 신경 쓰지 마라. 그건 죄다 쓸데없는 짓이다. 그런 영향을 신경 쓰지 말고 말하라. 사람이든 분위기이든 신경 쓸 것 없다. 그냥 말하라, 친구여. 하나님께서 네게 보상하시리라.

간단한 문장을 쓰지 말고 항상 복잡한 문장을 만들어라. "세금이 너무 높습니다." 이런 식으로 말하지 마라. 그건 너무 단순하다. 이런 식으로 말하라. "제가 방금 말했던 것에 덧붙여서 짧게 말하고자 하는 것은 세금이 월등하게…." 바로 이것이다.

사람들이 보는 앞에서 물을 자꾸 마셔라. 한 잔은 마셔야 한다. 사람들은 그런 모습 보기를 좋아한다.

유머를 쓸 때는 네가 먼저 웃어라. 그래야 사람들이 뭐가 웃긴 건지 알 것이다.

아무리 여러 가지 노력을 해봐도 연설은 결국 독백이다. 말하는 건 오직 한 사람이다. 당신이 향후 14년 정도 공식 연설가로 일하고 난 뒤에도 결코 알 필요가 없는 사실이 있다. 그것은 연설이 대화일 뿐 아니라 오케스트라 연주와 같다는 사실, 말 없는 대중도 끊임없이 함께 말을 하고 있다는 사실이다. 당신은 그 소리 없는 말을 들어야 한다. 아니, 그걸 들을 필요가 없다. 그냥 말해라. 그냥 읽어라. 천둥처럼 소리쳐라. 옛날 얘기나 늘어놓아라.

연설의 테크닉과 관련해서, 내가 방금 말한 것에 덧붙여서 짧게 말하려는 것은, 통계를 많이 쓰면 연설이 언제나 돋보인다는 것이다. 그것은 사람을 끔찍하게 안정시킨다. 열 개 정도의 수치야 누구라도 쉽게 기억할 수 있으니까, 그런 연설은 아주 재미가 있다.

연설이 끝나기 한참 전부터 당신의 연설이 곧 끝날 거라고 말해 줘라. 그래야 청중이 기쁨에 겨워 뇌졸중에 걸리지 않을 것이다. (파울 린다우는 공포의 결혼식 축사를 이런 말로 시작했다. "제 말은 곧 끝납니다!") 사람들에게 곧 끝난다고 알리고는 당신의 연설을 처음부터 다시 시작해서 30분 정도만 더 이야기하라. 이런 모습을 여러 번 반복하라.

당신이 준비한 원고가 있으면 그것을 사람들에게도 읽어 주어야 한다. 그래야 연설의 맛이 난다.

절대로 1시간 30분 전에 끝내면 안 된다. 안 그러면 시작한 보람이 없다.

한 사람이 말하면 다른 사람은 무조건 들어야 한다. 이것이 당신에게 주어진 기회! 그것을 악용하라….

제6장

설교의 점검

Ⅰ. 설교 점검의 필요성

설교 입문서에서 설교 점검과 관련된 내용을 별도의 장으로 뽑아서 소개하는 것은 두 가지 측면에서 중요하다. 하나는 설교의 수공업적인 측면 때문이다. 수공업 공정을 거쳐 생산되는 제품이 모두 그러하듯이 설교에도 일종의 최종 점검 과정이 있어야 한다. 설교자가 그 설교를 마지막으로 꼼꼼하게 살피고 그것의 질을 점검하는 것이다. 이번 장은 그 작업을 위한 몇 가지 기준과 실질적인 조언을 제공하고자 한다. 또 하나의 이유는 신학적인 것이다. 설교의 점검 가능성에 대해 심사숙고하는 것은 신학적인 이유에서 반드시 필요하다. 제1장에서 살펴본 것처럼, 설교를 하게끔 동기를 부여하고 합법성을 부여하는 데에는 두 가지 요인이 필요하며 그 두 가지는 서로를 보완하는 역할을 한다. 첫째 요인은 선포의 사역에 대한 자기 자신의 개인적 확신이며, 둘째 요인은 교회가 설교자를 그 직무에 임명하는 것이다. 교회의 지명은 설교가 단순히 설교자 개인의 책임이 아님을, 교회 공동체 전체가 선포의 책임을 나누어 져야 함을 나타낸다. 그러므로 교회 공동체는 설교에 대해 말하고 평가할 수 있는 권리를 가진다. 그것이 어떻게 가능한지를 이번 장에서 다루어 보고자 한다. 지금부터 이야기할 것은 크게 두 가지이다. 하나는 준비 과정의 마지막에 설교를 스스로 점검하고 개선하는 것이고, 다른 하나는 청중의 피드백을 대하는 문제와 그것을 설교 과정 속에 받아들이는 것이다. 우리는 두 번째 것부터 시작하려고 한다.

II. 설교 후 대화와 설교 분석

루돌프 보렌은 자신의 「설교학」에서, 설교비평은 단순히 설교의 부록이나 부속물이 아니라 설교 자체의 본질적인 요소라고 말한다. 설교비평은 "설교에 아멘을 새겨 넣는 것과 같아서, 그것이 없다면 설교가 마무리되지 않는다."[161] 그래서 보렌은 예배에 참석한 사람들의 모든 반응을 설교비평에 포함시킨다.

벌써 오래 전부터 설교 후 대화와 설교 분석은 설교 교육의 중요한 일부가 되었다. 설교비평을 그저 우연에 맡겨 버리지 않으려는 노력의 일환이다. 그 두 가지는 설교의 수준을 향상시키는 데 좋은 역할을 하는 것으로 알려져 있다. 이렇듯 설교 이후에 대화를 나누는 것이 일반적으로 인정을 받고 있지만, 여전히 불확실하고 불안한 부분이 있는 것은 사실이다. 그래서 우리는 설교비평의 실제에 들어가기에 앞서 그런 문제들을 짚어보려는 것이다.

불확실하고 불안한 부분

161) R. Bohren, Predigtlehre, 4. Aufl., München 1980, 544~545.

설교에 대한 대화가 어려운 이유 가운데 하나는 설교의 중요성이다. 개신교의 영역에서 설교는 예배의 중심으로, 예배는 신앙생활의 중심으로 간주된다. 설교는 높은 기대가 집중되는 지점이다. 회중도, 설교자도 설교에 큰 기대를 건다. 이런 상황에서 비판적인 언급은 상당한 파장을 불러일으킨다.

설교 후 대화에서 또 하나의 민감한 부분은 그 설교가 언제나 설교자의 신앙적인 입장 표명이며 신앙고백이라는 사실이다. 설교는 인간의 깊은 곳에 영향을 끼치는 것이고, 그래서 자신의 설교에 대한 다른 사람의 논평도 상당한 영향을 줄 수 있다. 게다가 설교 분석은 설교자의 심리적 강점과 약점을 드러낼 수도 있다. 설교 후 대화가 이런 가능성을 가지고 있기 때문에, 예컨대 병원 목회자 교육 프로그램에서는 목회자 인격 훈련의 일환으로 이런 대화의 시간을 도입하기도 한다.[162] 병원 목회자 지망생은 그 시간에 자기 자신과 다른 사람을 더욱 깊이 이해하는 법을 배운다. 이로써 인간적인 능력과 의사소통의 능력이 계발된다. 물론 이런 발전은 대개 고통스러운 자기인식을 동반한다.

설교에 대해 논의하는 자리에서, 특히 회중 쪽에서 그런 시도를 하는 자리에서 언제나 표출되는 불확실함이 있다. 그것은 다음과 같은 질문으로 대변된다. 설교는 하나님의 말씀이 아닌가? 최소한 그 말씀을 담고는 있지 않은가? 그렇다면 우리가 어떻게 거기에 비판을 가할 수 있는가? 그러다가 하나님의 말씀이 상대화될 수도 있지 않은가? 그런 질문에 대해 우리는 이렇게 말할 수 있다. 설교 후 대화가 지향하는 것은 오히려 정반대이다. 설교에서 하나님의 말씀은 언제나 인간의 말을 통해, 그 말

---

162) 참조: H.–C. Piper, Die Predigtanalyse, in: W. Becher(Hg.), Seelsorgeausbildung. Theorien – Methoden – Modelle, Göttingen 1976, 91~105, M. Klessmann, Pastoralpsychologie. Ein Lehrbuch, 2. Aufl., Neukirchen–Vluyn 2004, 404~406.

의 형식을 통해 사건이 된다. 온갖 부족함과 한계가 있는 인간의 언어 말이다. 바로 그것, 즉 인간의 말을 자세히 하나하나 살펴보자는 것이다. 그로써 메시지가 더욱 명료하게 드러날 수 있도록 하자는 것이다. 그러므로 설교 후 대화는 하나님의 말씀을 비판하는 것이 아니다. 오히려 정반대이다. 하나님의 말씀을 최대한 분명하게 듣고자 함이다. 물론 자칫 잘못하면 설교에 대해 ─ 특히 애정 없는 비판만 이어진다면 ─ 함부로 이러쿵저러쿵 흠만 잡는 자리가 될 위험성도 있음을 의식해야 한다. 바로 그렇기 때문에 설교 후 대화의 기능과 방법에 대해 뭔가를 배워두는 것이 중요하다.

설교비평을 할 때는 원칙적으로 세 개의 영역을 구분할 필요가 있다. 물론 그 세 가지는 서로 긴밀하게 연결되어 있다.

(1) 첫 번째는 신학적인 차원이다. "범사에 헤아려(점검하여) 좋은 것을 취하라."(살전 5:21) 기독교 공동체 안에서 하나님의 이름으로 하는 모든 말의 근원과 기준은 삼위일체 하나님의 사랑의 복음이며, 이 복음은 성경 말씀의 증언으로 우리에게 전승된 복음이다. 모든 설교는 바로 이 기준에 따라 평가되어야 한다. 신학적 차원

(2) 신학적 차원과 나란히 인간학적 차원이 있다. 우리의 설교는 그때그때의 청중, 그들의 삶의 현실, 그들의 사고구조, 그들의 문제 등에 관심을 두고 그들의 마음에 호소하려는 것이다. 그러므로 설교가 그와 관련된 요구에 부합하는지를 점검해 봐야 한다. 인간학적 차원

(3) 마지막으로는 수사학적 차원을 생각해야 한다. 설교가 최대한 적절한 수단을 활용하여 잘 전달되고 있는지, 설교의 형식이 설교의 원래 목적과 잘 부합되는지를 비판적으로 살펴보아야 한다. 그 과정에서 언어로 표출되는, 혹은 언어 이외의 것으로 표출되는 여러 가지 신호에 대 수사학적 차원

해 유의할 수도 있다.

설교비평이 설교자에게 주는 유익은 자명하다. 한 마디로 설교자는 설교를 더 잘하는 법을 배우게 된다. 위에서 언급한 세 가지 기준에 더 부응하는 설교를 할 수 있게 된다. 설교자는 설교 후 대화나 설교 분석을 통해 자신의 설교에 대한 반향을 체크할 기회를 얻는다. 그 반향을 잘 이해하고 활용하기 위해서는 긍정적인, 때로는 부정적인 피드백을 듣고 그것을 받아들일 자세가 되어 있어야 한다. 비판과 수정은 – 적절하기만 하다면 – 아예 피드백이 없는 것보다 백 배 낫다. 장기적으로 볼 때 설교자를 더 맥 빠지게, 더 무기력하게 만드는 상황은 그의 설교에 대해 아무런 반응이 없는 상황이다.

하지만 설교 후 대화는 설교자에게만 도움이 되는 것이 아니라 청중에게도 큰 도움이 된다. 나중에 설교에 대해서 뭔가를 말할 기회가 있다고 느끼는 청중은 더욱 집중해서, 더욱 기대감을 가지고 설교를 경청한다. 회중은 그런 대화와 분석을 통해서 말씀 선포의 책임을 함께 지고 나가게 되고, 설교자와 청중 사이의 소통이 더욱 좋아지는 데 일조하게 된다. 그런 공공연한 의견 교환의 기회가 주어진다면 음성적인 설교비평은 필요없을 것이다. 사실 음성적인 비평이 훨씬 더 파괴적이다. 설교 후 대화는 젊은 그룹과 나이 든 그룹, 보수적인 교인과 진보적인 교인의 소통을 위한 창조적인 자리가 된다. 설교에 관한 대화는 이런 방식으로 교회 공동체를 건강하게 세워 나가는 데 기여할 수 있다. 설교 후 대화를 할 때 중요한 것은 그 자리에 참가한 청중이 자기가 모종의 전문위원회에 속했다는 의식보다는 하나님의 구원 이야기를 겸허히 듣는 자라는

의식을 가지고 자기 의견을 말하는 것이다.[163]

마지막으로 설교 후 대화는 설교 자체를 위해서도 유용하다. 설교비평은 설교를 해석하고 이해하는 데도 도움을 주기 때문이다. "그것은 설교의 진술을 강조하고 설교의 언어를 확장한다."[164] 그러므로 이미 행한 설교를 다시 한 번 들여다보고, 그 설교에 대한 비판을 받아들여 보완하고 다시 완성하는 것은 아주 바람직한 일이다.

설교 후 대화와 결부된 여러 가지 어려움에 대해서는 앞에서도 조금 언급했지만, 우리가 본격적으로 그 대화를 다루기에 앞서 추가로 몇 가지 문제 영역을 짚어 보려고 한다.

대부분의 설교자는 자신의 설교에 대한 비판을 들으면 쉽게 상처를 받는다. 이것은 설교자가 자신을 설교와 긴밀하게 동일시하기 때문이다. 나아가 설교자는 그 설교에 자신을 온통 쏟아붓는다. '자기 안에 있는 무언가'를 쏟아놓는다. 그래서 자신의 설교가 공격을 당한다고 혹은 오해의 대상이 된다고 느끼면, 거기에 감정적으로 상처를 받지 않기 위해서 온갖 신학적인 주장을 내세워 자기를 방어하려고 하는 경우가 많다. 그 문제가 명료하게 풀리지 않으면 대화가 흐지부지되거나 비생산적이고 원칙적인 논의로 이어질 수 있다.

청중의 입장에서는 설교에 대한 자신의 느낌을 정확하게 말로 표현하는 것이 쉽지 않다. 특히 처음에는 더욱 그렇다. 그 자리에서 그 설교를 들었을 때 느낀 것이 있었고 얼마 후 대화의 자리에서 자기 생각을 말하

---

163) 신학적인 관점에서 볼 때 이것이 꼭 설교에 대한 어떤 무비판적인 태도로 이어지는 것은 아니다. 그러나 우리가 사용하는 언어에 변화가 일어난다. "우리가 하나님 사랑의 복음을 운운하면서 다른 사람에게 불쾌한 말을 할 수는 없다. 인간을 사랑하는 언어가 무조건 모든 것을 적당히 얼버무리는 언어인 것은 아니다. 그러나 그 언어는 실수를 찾아내고 책임을 추궁하는 것을 가장 높은 문화적 종교적 가치로 여기지 않는다."(H. Weder, Die Entdeckung des Glaubens im neuen Testament, in: Glauben heute. Christ werden – Christ bleiben, Synode der Evangelischen Kirche in Deutschland, hrsg. vom Kirchenamt der EKD, Gütersloh 1988, 63)

164) R. Bohren, Predigtlehre, 545.

는 시간이 있는데, 그 중간 시간에 몇 가지 이유에서 자신의 반응에 대한 '가공'이 슬며시 끼어든다.[165] 그러면 교인들이 설교자를 부정적인 의견으로부터 보호하려는 모습이 자주 나타난다. 그러면 찬성과 반대의 전선이 형성되어 의미 있는 대화가 힘들어질 수 있다. 설교 후 대화를 어렵게 만드는 요인은 한두 가지가 아니다. 적대감, 경쟁의식, 신학적 차이, 교회 내부의 문제에 대한 의견 대립…. 그와 관련된 발언도 다른 모임을 통해 공론화하고 해명하는 것이 좋다. 그 문제가 암암리에 계속 작용하고 있으면 설교 후 대화도 부담스러워진다.

교회에서 설교 후 대화를 하다 보면 '평신도'들이 신학 전공자들 앞에서 스스로 부족하다고 생각하는 경우가 많다. 그 결과 회중이 아예 침묵해 버리기도 하고, 한 번 말한 의견을 무조건 고집하기도 한다. 이렇게 밀고 당기는 힘의 관계를 정확하게 인식하는 것이 좋다.

예배에 참석하는 것 자체가 회중에게는 많은 집중력을 요구하는 일이므로, 예배가 끝난 다음에도 많은 사람들이 또 한 번 다른 일에 집중한다는 것은 결코 쉬운 일이 아니다. 어떤 교인들은 설교에 대해 이러쿵저러쿵 이야기하는 것에 두려움을 느끼기도 한다. 그런 말을 하다가 설교 중에 받은 긍정적인 자극이나 감동이 날아가 버릴까봐 두려워하기도 한다.

마지막으로 한 가지 원칙을 분명히 하고 싶다. 그것은 - 설교자의 부담을 누그러뜨리는 것이기도 한데 - 설교 후 대화라든가 설교 분석과 같은 방법은 설교의 여러 가지 측면 중에서 오직 그것의 작동 방식하고만 관계된 것이라는 사실이다. 사실상 설교자는 자기가 하는 말의 작동을 전혀 좌지우지할 수 없으며, 성경 본문 자체의 역동성도 마음대로 할 수 없

---

165) 여기서 '가공'이라는 말은 청중이 대화 모임에서 뭔가를 말하기에 앞서 자신의 느낌이나 즉흥적인 깨달음을 무의식적으로 한 번쯤 거르고 고치는 과정을 말한다. 참조: H. van der Geest, Du hast mich angesprochen. Die Wirkung von Gottesdienst und Predigt, Zürich 1978. 특히 24~30.

다. 설교자는 말씀의 역사하심을 보장할 수도 없고 방해할 수도 없다. 믿음의 신비는 명확하게 해독하는 것이 불가능하다. 이런 맥락에서 우리는 다음과 같이 말할 수 있다. 때때로 하나님의 말씀은 청중에게 거부감을 불러일으킬 수도 있는데, 이것은 복음의 말씀 자체에 내재된 거칠고 강력한 요구 때문이지 설교자의 무능력 때문에 그런 것은 아니라고 말이다.

설교 후 대화를 한다고 해서 위에서 언급된 모든 문제가 다 터져나오는 것은 물론 아니다. 그러나 그런 대화를 이끌어가는 사람들은 그런 가능성까지도 알고 있는 것이 좋다. 지금까지는 설교 후 대화(Predigt-nachgespräch)라는 개념과 설교 분석(Predigtanalyse)이라는 개념을 동의어처럼 사용했다. 지금부터는 그 두 가지를 따로 나누어서 설명하려고 한다.

1. 설교 후 대화

a) 과제

우리의 경험에 비추어보면, 설교에 대해 의견을 말하고자 한다면 이성적이고 인지적인 차원에서 대화를 시작하기보다 일단 감정의 차원에서 시작하는 것이 낫다. 대화 모임에 참여한 청중은 정서적 피드백의 방법을 통해서 자기가 들은 설교에 집중하면서 자신의 느낌을 정확하게 말하는 법을 배울 수 있다. 그러면서 불필요한 논쟁에도 휘말려들지 않는다. 이런 이유 때문에, 설교 후 대화의 자리에서는 신학을 전공한 사람과 이른바 평신도가 동등한 자격을 가지고 발언을 할 수 있어야 한다. 실제로 그 모임에서 중요한 것은 신학적이고 이론적인 토론이 아니다. 그런 모습을 통해서 만인사제설의 현실, 교회 공동체의 성숙도를 가늠해 볼 수 있다. 물론 설교에 대한 느낌만 확인하는 것으로는 충분하지 않다. 그런 인상이나 느낌을 일으킨 요인이 무엇이었는지가 분명하게 드러나

교회 공동체의 성숙

야 한다. 그렇게 대화하다 보면 대개는 신학적인 장단점, 더 나아가 언어적인 장단점의 문제에 맞닥뜨리게 된다. 설교 후 대화는 감정적인 성격이 강하다. 그래서 이 대화가 설교 분석을 완전히 대치할 수 없는 것이다. 설교 분석은 의식적으로 성경 본문의 주석에 관한 문제, 설교의 이론적 진술에 관한 문제, 설교가 대변하는 윤리에 관한 문제 등을 다루기 때문이다. 설교 후 대화와 설교비평은 서로 다른 차원을 다루기 때문에 각각의 결과도 상이하지만, 서로를 보완하고 수정하는 역할을 한다.[166]

b) 시행

예배가 끝나면 잠깐 쉬었다가 그 대화에 참석할 교인들이 따로 모인다. 좋은 대화를 위해서는 쾌적한 분위기가 조성되어야 한다. 그 인원수가 함께하기에 적당한 (겨울에는 난방이 되는!) 공간에서 모이되 가능한 한 좌석도 편안해야 한다.

설교 후 대화는 가능하면 설교자 말고 다른 사람이 인도하는 것이 좋다. 설교자가 그런 과제를 맡기에는 감정적으로 아직 예민한 상태이기 때문이다. 때로는 '활력이 넘치는 진행(Hans van der Geest)'이 필요할 텐데, 그런 일은 직접적인 당사자가 아닌 사람이 좀 더 쉽게 감당할 수 있다.[167]

---

166) 우리가 설교를 분석하는 자리에서 항상 확인하게 되는 사실이 하나 있다. 그것은 설교 자체는 신학적으로 아주 깔끔하게 준비되었는데, 정작 회중은 그 설교를 들으면서 그만큼의 감동을 느끼지 못하는 경우가 많다는 것이다. 반대로 신학적 분석 면에서는 그다지 좋은 평가를 받지 못하는 설교가 회중으로부터 아주 긍정적인 피드백을 받는 경우도 있다. 물론 방법상의 차이도 한몫을 하겠지만 또 다른 원인 하나를 꼽을 수 있다. 설교 후 대화를 할 때는 방금 전 경험한 예배가 그 대화에 큰 영향을 끼친다는 것이다. 설교 분석은 대개의 경우 나중에 이루어지기 때문에 그 예배 경험의 영향력이 훨씬 떨어진다.

167) 설교 후 대화를 인도하고 진행하기 위해서 어떤 특별한 훈련 과정을 수료해야 하는 것은 아니다. 다만 위에서 언급한 문제를 고려할 때 (예컨대 목회상담 실습 때처럼) 상대방의 말을 충분히 듣고 상대방의 반응을 잘 감지하는 훈련을 해두면 도움이 될 것이다.

처음 시작할 때는 설교 후 대화의 목표와 방법을 참가자 모두에게 간단명료하게 설명하는 것이 좋다. 그런 다음에는 몇 가지 질문을 던진다. 핵심 질문 참가자들은 그 질문의 도움으로 자신의 느낌을 드러낼 수 있다. 예컨대 다음과 같은 질문이 있다.

- 오늘 설교 중에 내가 아주 긍정적으로 느낀 것, 내가 감동한 부분은 어디인가? 설교를 들으면서 마음이 불편한 때가 있었다면 무엇 때문이었나? 오늘 설교의 목표는 뭐였다고 생각하는가?
- 설교자는 오늘 나에게 무슨 메시지를 전해 주었는가? 나는 오늘 설교자와 그의 설교를 어떻게 느꼈는가?
- 오늘 설교에서 나에게 제일 중요한 부분은 어디인가? 만일 설교자와 대화를 나눌 수 있다면 무엇에 대해 말하고 싶은가?

참가자들의 발언 모두를 칠판 같은 곳에 잘 써 놓는다. 여기서 중요한 피드백을 메모하기 것은 모든 사람이 1인칭 화법으로("나는…"/ "내 생각으로는…") 말하는 것이다. 그래야 설교자가 그것을 한 개인의 의견으로 받아들일 수 있다. 일괄적인 평가는 피해야 한다. 모든 의견은 대화의 흐름에 맞게 다듬어져서, 너무 개인적이거나 너무 신랄한 비판 때문에 설교자가 마음을 다치지 않도록 하는 것이 좋다. 한 번 이상, 여러 차례 언급되는 의견은 특별한 표시를 해두어(예를 들어 밑줄 긋기) 다수 의견과 소수 의견을 구분하는 것이 중요하다. 물론 일반적인 의견에서 벗어나는 의견도 조심스럽게 다루어야 한다. 소수의 의견도 존중되어야 한다. 이 단계에서는 다른 사람의 의견에 대한 입장 표명은 아직 내놓지 않는다. 다만 솔직한 자기 의견이 아니라 어떤 의도를 가진 계획적인 발언임이 분명하다든지, 말이 모호해서 확실하게 좀 더 설명이 필요한 경우가 아니라면, 모두의 의견을 일단 끝까지 듣는다. 여러 가지 질문에 대한 개개인의 대답을 다 들어본 후에, 설교자도 자신이 오늘의 설교를 어떻게 경험했는지 말한다.

　　이렇게 다양한 의견을 모으되 아직 평가는 하지 않는 단계는 20~30분을 넘지 않는 것이 좋다. 그래야 설교 평가에 참여하는 사람들이 서로서로, 나아가 설교자와 대화를 나눌 수 있다. 이런 과정을 통해서 회중과 설교자가 각각의 관점에서 설교의 메시지를 확장하고, 이로써 하나님의 말씀이 더 강력하게 현실화되고 심화될 수 있다면, 이것은 훌륭한 경험이 될 것이다.

　　설교 후 대화가 끝나갈 무렵, 인도자는 그 대화의 과정에서 나온 이야기를 다시 한 번 짧게 요약한다. 여기서 인도자는 대화의 자리에서 이따금 튀어나올 수 있는 거친 표현이라든가, 상처가 될 수 있는 말이라든가, 그런 것을 중화할 수 있다.

　　마지막에는 짧은 기도나 축복의 기도를 함으로써 전체 과정의 영적인 목표를 다시 한 번 환기하고, 이렇게 설교 후 대화를 나누는 것이 결국 더 나은 예배를 위한 노력이라는 사실을 재확인할 수 있도록 한다. 물론 닫는 기도를 거짓된 화합의 수단으로 사용하는 것은 바람직하지 않다.

2. 설교 분석

a) 과제

　　설교 분석에서는 앞서 언급한 세 가지 관점에서 설교를 평가한다. 다시 말해, 설교가 신학적으로 얼마나 완성도가 높은지, 회중의 삶과 얼마나 관련성이 있는지, 얼마나 의사소통의 효과를 내고 있는지를 논한다. 설교 분석을 할 때 유의해야 할 것은 신학적인 대화를 통해서 실질적인 문제를 다루기 위해 노력해야 한다는 점이다. 한 사람의 인격과 관련된 부분은 직접 다루지 않는다.

b) 시행

신학을 전공한 사람들과 그렇지 않은 사람들이 모여서, 그것도 주일 아침에 모여서 다분히 신학적인 성향이 강한 설교비평을 시도할 경우 앞서 언급한 여러 가지 갈등과 긴장이 유발될 수 있기 때문에, 설교 분석은 특별히 설교자 교육 프로그램에서 이루어지는 것이 적절하다. 혹은 설교를 꾸준히 들으면서 설교 분석을 하는 데 관심이 있는 사람들 모임에서 시행할 수 있다. 참가자들은 해당 설교의 원고를 보면서 설교 분석에 임한다.

(1) 설교 분석에 들어갈 때는 먼저 그 설교와 성경 본문의 관련성에 대하여 질문을 던지는 것이 좋다.

- 이 설교는 본문에서 어떤 것을 취하고, 어떤 것을 그냥 두었는가?
- 이 설교는 본문의 구조와 핵심 내용을 파악했는가?
- 오늘의 본문은 어떻게 오늘 여기의 문제에 적용되었는가?

여기서 중요한 것은 참가자들이 자신의 신학적 의견을 부각시키려고 그 설교를 아예 '묻어 버리는' 일이 없도록 하는 것이다.

한 걸음 더 나아가 그 설교에 담긴 조직신학적 성찰이나 결단에 대해 물을 수 있다.

- 이 설교자가 선포하는 하나님은 어떤 하나님인가?
- 이 설교자의 신학은 성경 전체와 그리고 교회 전통의 가르침과 어떤 관계에 있는가?
- 성경의 관점에서 인간이란 하나님의 약속을 받고 또 그 약속을 품

고 살아가는 존재이다. 이 설교는 인간을 그렇게 이해하며 진지하게 받아들였는가?

• 이 설교에서 확신을 주는 말과 요청하는 말은 어떤 관계에 있는가?

설교 분석의 방법론 중에서 이른바 '하이델베르크 방법'은 바로 이 맥락에서 설교 언어의 중요성을 강조한다. 접속법, 가정법을 많이 쓰거나 화법 조동사(할 수도 있다, 해야만 한다, 하려고 한다…)가 빈번하게 나오면, 이것은 – 비록 설교자가 제대로 의식하거나 의도하지 않은 것이지만 – 설교의 율법화를 암시한다. "언어가 잘 맞지 않으면, 대개는 신학도 잘 맞지 않는 것인데…"[168]

② 인간학적 관점에서 설교를 평가할 때는 청중의 정신세계, 사회적 환경, 구체적 삶의 상황에 관한 문제, 그리고 그것을 설교 속에서 다루는 문제가 중심이 된다. 다음과 같은 질문에 답을 하면서 대화를 이끌어갈 수 있다.

• 설교자는 청중에게 어떤 방식으로 다가가는가?
• 설교 내용이 청중에게 의미 있는 것인가? 다시 말해, 그 설교는 청중이 자신의 삶 속에서 느끼는 두려움, 희망, 절망을 건드려 주는가?
• "설교가 끝난 다음 청중은 뭔가 웃을 만한 것 혹은 두려워할 만한 것을 갖게 되는가?"(루돌프 보렌) 혹은 뭔가 믿을 수 있는 것을 갖게 되는가?
• 그 설교가 삶에 도움이 되는가?

---

168) G. Debus u. a., Thesen zur Predigtanalyse, in: Die Predigtanalyse als Weg zur Predigt, hrsg. von R. Bohren und K.–P. Jörns, Tübingen 1989, 55~61.

- 비판적이고 정치적인 의식을 촉진하는가?
- 청중에게 자유의 문, 미래의 문을 열어 주는 설교인가? 아니면 뭔가를 제한하고 제약하는 느낌을 주는 설교인가?
- 교회 공동체의 덕을 세우는 설교인가?
- 그 설교는 청중을 놀라움의 세계로 인도하는가? 아니면 구구절절 옳은 신학적 가르침이나 인용하여 청중을 지루하게 만드는가?
- 그 설교를 통해 청중의 삶 속에 뭔가가 일어나는가?

인간학적인 지평에서는 설교자의 사람됨에 관한 물음도 던질 수 있다. 설교자 자신은 어떤 모습으로 그 설교 사건에 몰입하는가? 그는 어떤 모험을 감행하는가? 그의 이런 모습은 진실하고 신뢰할 만한 것으로 보이는가?

(3) 설교의 의사소통 능력, 설교의 수사학적 차원을 고찰할 때는 설교자가 어떤 언어, 어떤 스타일로 텍스트와 설교학적 상황과 청중을 대하는지를 살피는 것이 중요하다. 이 영역에서는 다음과 같은 질문으로 시작할 수 있다.

- 이 설교는 이해하기 수월한가?
- 집중력이 있어 보이는가? 아니면 산만하다고 느껴지는가?
- 전체적인 구조가 느껴지는가?
- 설교자의 언어는 설교의 내용과 잘 어울리는가?
- 설교자가 너무 많은 개념과 지식을 쏟아 놓는 바람에 청중이 부담을 느끼지는 않는가? 설교의 내용이 너무 진부해서 청중이 따분해하지 않는가?

- 문장은 간단하고 함축적인가?

- 설교 중의 예화나 이미지나 상징은 전체적인 흐름과 잘 맞는가? 아니면 불필요한 다른 생각을 불러일으켜 청중을 혼란스럽게 하는가?

- 이 설교는 '글'이 아니라 '말'이라는 것이 제대로 드러나는가? 설교자는 원고를 그냥 읽어나가는가? 아니면 원고에 얽매이지 않고 자유롭게 말하는가?

- 표정과 몸짓과 음성이 설교의 내용, 설교자의 품성과 잘 어울리는가?

- 설교자는 다른 사람의 신앙관이나 의견을 어떻게 대하는가? 설교자는 청중과 연대의식을 가지고 있는가? 아니면 "나보다 더 많이 아는 사람 나와 봐."라는 투로 말하는가?

- 이 설교는 교회력과 잘 어울리는가? 예배의 다른 요소들과도 조화를 이루는가?

위의 질문에서도 잘 드러나듯이, 세 가지 차원은 서로 긴밀하게 맞물려 있기 때문에 설교 분석의 과정에서 다른 영역의 질문을 가지고 분석을 진행해 나갈 수도 있다. 분석을 할 때마다 위의 질문을 모두 늘어놓는 것은 결코 바람직한 일이 아니다. 오히려 그때그때 설교에 맞게 제일 중요한 질문을 추려 놓고 거기에 대화를 집중하는 편이 더 낫다.

III. 두세 사람이…

우리의 설교가 눈앞에 맞닥뜨린 수많은 질문과 평가 기준을 보고 있노라면 기가 꺾이기 십상이다. 게다가 집단으로 모여 설교 분석의 시간을 갖게 되면 그 누구도 모든 기준을 만족시킬 수 없다는 사실이 금방 드러난다. 똑같은 말인데도 어떤 사람은 그 말에서 용기를 얻고, 어떤 사람은 공허함만을 느낀다. 그러나 바로 그렇기 때문에 설교에 대한 대화가 중요하다. 그래야 설교자가 자신의 말이 어떤 자극과 변화를 일으키는지 경청할 수 있기 때문이다. 다른 한편, 그런 대화를 통해 모든 사람이 교회 공동체의 선포에 대한 책임을 함께 지고 나갈 수 있는 공간이 창출된다. 더 좋은 설교를 위해 노력하는 대화 모임, 하여 복음의 말씀을 제대로 이해하기 위해 노력하는 대화 모임은 하나님의 약속, 즉 우리와 함께하시겠다는 그분의 약속을 더욱 확실히 체험하게 될 것이다. "두세 사람이 내 이름으로 모인 곳에는 나도 그들 중에 있느니라"(마 18:20)는 말씀이 그들에게도 해당되기 때문이다.

Ⅳ. 설교자 자신의 점검

설교단에 오르기 전에 자신의 설교를 양심적으로 검토해 보는 것은 설교자의 의무이다. 앞에서 설교 분석을 위해 나열한 질문들은 대화 모임에서만 필요한 것이 아니라, 설교 원고를 앞에 놓고 자신과 대화를 할 때에도 활용될 수 있다. 그 물음 앞에서 좀 더 꼼꼼하게 설교문을 검토하고 개선책을 찾아보면서 자가 진단을 해볼 수 있다. 수많은 설교를 놓고 연구한 결과, 설교의 원활한 소통을 방해하는 문제들은 상당히 유사한 형태로 나타나는 것을 볼 수 있다.

1. 시작과 마지막

"모든 시작은 어렵다."는 격언처럼 설교할 때도 처음이 대단히 어렵다. 여러 설문조사에 의하면, 설교의 첫 문장은 청중이 관심을 가지고 설교를 듣는 데 결정적인 역할을 한다. 요주티스는 이런 중요한 공식을 제시하기도 한다. "모름지기 첫 문장은 짧아야 한다. 청중의 주의력을 사로잡는 것이야말로 제일 먼저 할 일이다. 청중은 설교의 앞부분에 철저하게 집중해야 한다. 그러면서 설교자의 스타일에 적응해야 한다. 설교자가 초반에 짧은 문장으로 이해하기 쉽도록 해주어야 청중도 그렇게 할 수 있다."169) 그는 또 이렇게 덧붙인다. "첫 문장은 가능한 한 내용 면에서도 개방적이어야 한다. 다시 말해, 설교의 첫 문장은 청중으로 하여금 더 듣고 싶은 마음을 불러일으켜야 한다. 첫 문장은 궁금증을 자아내고, 호기심을 불러일으키고, 뭔가를 한 번쯤 깊이 생각하게 만드는 것이어야 한다." 어떻게 그럴 수 있을까? 예컨대 설교자는 우리의 상식을 깨뜨리는 깜짝 놀랄 만한 한 문장, 혹은 성경의 한 구절, 혹은 흥미진진한 인용문, 시 한 구절, 재미있는 이야기 하나를 설교의 제일 앞부분에 배치할 수 있다. 설교를 시작하자마자 성경 본문의 핵심 주제를 이야기하게 되면 설교 전체가 무겁게 가라앉을 수도 있다. 처음부터 부정(否定)으로 시작하면 대개의 경우 긍정(肯定)을 말하기가 어려워진다. 도입이 그런 식으로 전개되면 회중은 성경 본문이나 설교로부터 큰 기대를 하지 않는 경우도 있다. 설교의 도입부는 흥미로우면서도 짜임새 있게 청중을 성경 본문 앞으로 데려가는 역할을 해야 한다. 그래야 청중은 그 말씀을 더 구체적으로, 더 집중해서 듣게 된다.

설교의 마무리   설교의 마무리에도 주의를 기울일 필요가 있다. 그 마지막 말이 청중의 귓가에 긴 여운으로 남을 수 있기 때문이다. 특히 설교 후에 (곧바로 기도를 하거나 찬양을 부르지 않고) 잠깐 동안 침묵의 시간을 가질 때는 더더욱 그렇다. 설교를 마무리할 때도 짧고 축약적인 말이나 짧은 인용문, 시 한 구절, 노래 가사 하나를 가지고 설교의 핵심 주제를 다시 한 번 강

---

169) M. Josuttis, Über den Predigtanfang, in: Ders., Rhetorik und Theologie in der Predigtarbeit. Homiletische Studien, München 1985, 166~186, 167.

조해 주는 것이 좋다. 설교의 마지막 말로 청중에게 지나친 부담을 주는 것을 피해야 한다. 예컨대 어떤 특정한 행동을 촉구하되 그것을 어떻게 해야 하는지는 그냥 청중에게 떠넘기는 식으로 마무리하는 경우가 많은 데, 그것은 추천할 만한 마무리가 아니다. 윤리적 요구는 설교의 중간쯤 에 논리적인 언어로 잘 풀어내고, 설교의 마지막엔 격려와 권고의 말로 써 자유의 공간을 열어 주고, 오히려 그럼으로써 뭔가를 실천하고픈 마 음을 일으켜야 한다. 또 하나 중요한 것은 설교자가 뭔가 중요한 것을 더 말하고 싶은 마음이 들더라도 다음 설교를 위해 그것을 남겨 두기로 하 고 설교를 제때 끝내는 것이다.

2. '말'과 '글'의 차이

우리는 학교에서 많은 문장과 문학작품을 읽으면서 우리의 느낌과 생 각을 글로 표현하는 법을 배운다. 대학에서 공부를 하면서는 학문적 글 쓰기의 원칙을 익힌다. 이렇게 나름 힘겹게 배워 익힌 글쓰기의 방법과 규칙을 우리는 - 의식하든 의식하지 못하든 - 설교를 집필하면서 활용한다. 설교 원고를 작성하는 것이다. 그러나 우리가 잊지 말아야 할 사실은 그 렇게 써서 만든 텍스트가 곧바로 설교가 되는 것은 아니라는 사실이다. 설교는 '말'이지 '글'이 아니기 때문이다. 번뜩이는 지성으로 예리하고 정교하게 다듬은 문장은 인쇄된 글로 읽어야지 말로 들으면 얼른 이해 가 되지 않는다. 이것을 설교와 관련시키면 어떻게 되는가?

일단은 앞에서 우리가 설교의 처음과 마지막과 관련하여 중요하게 생 각했던 것이 여기서도 그대로 적용된다. 한 마디로 긴 문장은 최대한 피 하라는 것이다. 긴 문장은 말하기도 어렵고 이해하기도 어렵다. 말을 하 다가 뭔가를 강조하는 것은 청중이 그 말을 잘 따라오게 하는 데 중요한 역할을 한다. 청중은 - 인쇄된 텍스트의 경우와는 달리 - 그 내용을 반복해

설교는 '말'이다

서 읽거나 천천히 곱씹으며 읽을 수 없기 때문에, 긴 문장이 여러 개 겹쳐서 나오면 기꺼이 들으려는 마음을 상실하기 쉽다. 아주 쉽게 설교하지 않으면 안 되는 방송 설교의 철칙 가운데 하나는 한 문장에 13개의 단어 이상을 쓰지 않는 것이다.

설교에는 적당한 분량의 잉여가 필요하다.(제4장 참조) 설교자는 성경 본문이나 설교 주제에 접근할 때, 여러 측면에서 접근을 시도하는 것이 좋다. 작문 시간이라면 나쁜 문장으로 평가받을 만한 것, 예컨대 똑같은 말이나 개념을 여러 번 사용하는 것이 설교에서는 설교의 이해도를 높인다는 측면에서 오히려 권장할 만한 것이 된다.

설교에서 좋은 구성이 얼마나 중요한가에 대해서는 제4장에서 충분히 논의했다. 최종적으로 원고를 점검할 때는 설교의 각 부분이 골고루 적절하게 배치되어 있는지, 한 대목에서 다음 대목으로 넘어가는 것이 논리적으로 자연스러운지를 다시 한 번 주의 깊게 살펴본다. 사고의 도약은 피하는 것이 좋다.

추상적인 언어보다는 스토리텔링의 언어가 이해하기 쉽다. 그러므로 설교자는 학술 논문에 주로 등장하는 명사적 표현, 동사의 명사화(인식하기, 행위하기 같은 말)를 최대한 피한다. 문법적으로는 지나치게 많은 분사 구분을 사용하는 것도 직접적이고 강렬한 언어 효과를 떨어뜨릴 수 있다. 수동태("관찰됩니다")나 가정법("만일 이 말을 가슴에 새긴다면, 그러면…")을 남발하는 것도 설교의 설득력과 신뢰성을 떨어뜨린다. 너무 많은 질문을 던져 놓고 이렇다 할 대답을 안 해주거나 아예 대답이 불가능한 질문을 늘어놓아도 비슷한 문제가 발생한다.

3. 언어와 내용에 관하여

설교자가 교회 사람들만 쓰는 용어 혹은 '가나안 언어'를 써서는 안 된다는 지적은 이미 자주 제기되었다. 우리의 예배가 공적인 예배, 나아가 모든 이를 위한 예배가 되어야 한다면(제1장 참조), 그리고 우리의 설교가 선교의 역할도 하고자 한다면, 우리는 교회의 경계 안에 있는 사람만이 아니라 그 바깥에 있는 사람들도 이해할 수 있는 말씀을 선포하기 위해 노력해야 한다. 다른 사람에게 이해를 받고 싶다면 그 사람의 언어를 알아야 한다. 어떻게 그 언어를 배울 수 있는가? 그것은 우리가 먼저 그들이 뭘 말하고 사는지, 또 그것을 어떻게 말하는지 귀 기울여 듣고 그들을 더 잘 이해하게 될 때 가능하다. "설교자는 일상의 언어에 주의를 기울여야 한다."[170] 그렇다고 해서 설교자가 오로지 일상생활에서 쓰는 말만 가지고 설교를 해야 한다는 것은 아니다. 복음은 일상적인 것도 아니고 당연한 것도 아니기 때문이다. 그러나 설교의 언어는 – 설교의 내용도 마찬가지거니와 – 청중의 구체적인 삶의 상황을 그냥 지나쳐서는 안 된다. 그 삶의 상황을 제대로 꿰뚫고 있어야 한다. 여기서 한 가지 짚고 넘어가야 할 것이 있다. 설교자에게만 가나안 언어가 있는 것이 아니라 청중 속에도 '가나안 사람의 귀'가 있다는 사실이다. 실천신학자 베르너 예터(Werner Jetter)는 이것을 다음과 같이 표현했다. "청중의 전(前)이해, 여러 세대를 이어 내려오는 청취 습관은 뭘 얘기해도 자기 식으로 바꿔 듣는 엄청난 능력을 발전시켰다. 그래서 우리는 여부스 족속의 말, 블레셋 족속의 말, 종말론적인 말, 실존주의의 말을 늘어놓을 수 있어야 한다. 많은 사람들의 귀로는 끊임없이 가나안의 말이 흘러들어간다. 그래서 영적인 몰이해의 소비 비율을 제거하고 나면 정확하게 전임 목사가 늘 말했던 것만 남는다."[171]

일상의 언어

---

170) H. Hirschler, Biblisch predigen, 3. Aufl., Hannover 1992, 531.

171) W. Jetter, Die Predigt als Gespräch mit dem Hörer, in: A. Beutel/V. Drehsen/H. M. Müller(Hg.), Homiletisches Lesebuch. Texte zur heutigen Predigtlehre, Tübingen 1989, 206~221, 214.

     설교를 점검할 때 또 하나 꼭 점검해야 할 것이 있다. 그것은 설교가 상투적인 표현을 쓰고 있지 않는지 점검하는 것이다. 상투적인 말이란 모든 사람에게 해당되는 모든 사람에 관한 말, 현대 사회의 모든 것과 모든 정치적 상황에 관한 말이다. 그런데 바로 그렇기 때문에 실제로는 아무에게도 와 닿지 않는 말이다. 우리의 현실은 그런 일반적인 상식보다 훨씬 복잡하다. "상투적인 말이 상스러운 것은 […] 누구나 그 말을 쓰지만 그 가운데 어떤 것도 확실하게 검증되지 않기 때문이다."[172] 구체적인 내용으로 들어가면 제대로 맞는 것이 하나도 없다.

신학적인 상투어도 있다. 교리적으로는 구구절절 옳은 말이라고 하더라도 너무 일반적인 말이라 전혀 구속력을 주지 못하는 말들이다. 설교자가 그런 말을 반복하면 청중은 아예 신경을 꺼 버린다. 아주 익숙한 내용이라 할지라도 그것을 비(非)인습적인 언어로 표현해낼 수 있어야 한다. 그렇지 않으면 설교는 아주 황량하고 지루한 것이 될 수 있다. 상투어 사용은 또 다른 문제와 관련되어 있다. 예컨대 "우리 모두가 잘 알다시피…"라는 표현은 청중에게 모종의 책임을 전가한다. 과연 우리 모두는 그것을 알고 있을까? 어떤 설교자는 그런 표현을 쓰면서 오히려 자기가 더 많이 아는 티를 내려고 한다. 하지만 어떤 것은 오히려 설교자보다 회중이 더 자세한 것까지 알고 있지 않을까?

     설교를 할 때 이미지·예화·상징 등을 사용하면 설교의 언어가 더욱 생생해지고 청중이 이해하는 데도 큰 도움이 된다. 이 책의 제7장과 제8장에서 좀 더 이야기할 테지만, 설교자가 자신의 설교를 스스로 점검하는 맥락에서 한 가지 주의해야 할 것이 있다면, 그런 이미지·예화·상징이 전체 내용과 어울리는지를 잘 살펴야 한다는 것이다. 혹여 그것이 원

---

172) R. Bohren, Predigtlehre, 408.

래 의도한 것과는 전혀 다른 연상 작용을 일으키지는 않을지 주의해야
한다.

설교 중에 어떤 글귀를 인용하는 것도 마찬가지다. 때로는 그 인용문
이 설교 본문보다 강렬한 인상을 줄 수도 있다. 굳이 저자의 이름을 밝
힐 필요는 없지만, 그것이 설교를 위해 실제로 어떤 의미가 있을 때는 밝
혀 준다. 잘 모르는 이름을 언급하는 것은 청중을 혼란스럽게 하며, 자신
들이 뭔가 마땅히 알아야 할 것을 모르고 있는 게 아닌가 하는 느낌을 준
다. 물론 디트리히 본회퍼라든지 마틴 루터 킹과 같은 유명한 이름을 언
급할 때는 상황이 조금 다르다. 그런 잘 알려진 이름이 나오면 청중의 입
장에서도 어떤 특정한 이미지를 떠올릴 수 있기 때문이다. 여기서 어떤
사람들은 '미란다'와 '안티 미란다'라는 말을 쓰기도 한다. "강렬한 자극   미란다 / 안티 미란다
을 주는 단어 중에서 긍정적인 느낌을 주는 말은 미란다, 부정적인 느낌
을 주는 말은 안티 미란다라고 부른다."173) 인명만 그런 것이 아니라 지
명이나 어떤 개념도 이처럼 강렬한 감정을 일으키는 말이 될 수 있다.(체
르노빌, 그린피스) 물론 그런 단어가 일으키는 반응은 각각의 수신자에게
달려 있다. 도시에 사는 젊은이들에게는 '미란다'인 것이 농촌에 사는 나
이 드신 분들에게는 '안티 미란다'일 수 있다. 반대로 농촌 노인들에게
'미란다'인 것이 도시 젊은이들에게 '안티 미란다'가 될 수 있다.

마지막으로 한 가지 꼭 짚고 넘어갈 것이 있다. 수많은 설교자들의 문
제는 한 편의 설교에 너무 많은 내용을 담으려고 한다는 사실이다. 과유   지나친 것은
불급(過猶不及)이다. 지나친 것은 모자란 것만 못하다. 이 말은 설교의 길   모자란 것만 못하다
이와 관계된 말이면서 동시에 그 설교가 포함하고 있는 사상과 자극의
수(數)와도 관계된다. 최소한의 핵심 사상에 집중하는 것이 그 설교를 더

---

173) P. Bukowski, Predigt wahrnehmen. Homiletische Perspektiven, 2. Aufl., Neukirchen–Vluyn
1992, 86.

잘 이해하고 간직하는 데 도움이 된다. 이것도 설교 원고를 최종적으로 검토할 때 유의할 부분이다.

곧이어 소개하는 "설교자의 미덕 리스트"는 설교자가 자신의 설교를 점검할 때 요긴하다. 이 리스트에는 약간 유머러스한 내용도 있으니, 그런 부분은 가볍게 웃으며 읽으면 될 것이다. 설교를 준비하면서 막중한 책임감을 느끼고 이런저런 고민을 하지 않을 수 없겠지만 설교에 대한 기쁨을 잃어버려서는 안 된다. 결국 이 땅 위에서는 그 어떤 것도 완전하지 않다. 설교비평도 마찬가지다.

V. 설교자의 미덕 리스트[174]

- 복잡하고 긴 문장을 피한다. 두 줄이 넘어가는 문장은 과감하게 줄인다.
- 내용적인 면에서도 두 개 내지 세 개의 핵심 명제에 한정하고 그것을 구체적이고 집중력 있게 다룬다.
- 설교의 내용을 예배 중의 찬양, 교독문, 기도와 조율한다.
- 가나안 언어를 없앤다.
- 불필요한 언어 표현("말하자면…", "그 밖에도 그러니까…")을 피한다. 그런 말은 부적절할 뿐 아니라 너무나 형식적인 말이라는 느낌이 들게 한다.
- 잘못된 열정에 사로잡히지 않도록 본문에 철저하게 귀를 기울이고 설교자로서 나의 역할을 깊이 묵상한다.
- 화법 조동사("해야 한다", "할 수 있다", "해도 된다")는 가려서 조심스

---

174) C. D. Hinnenberg, Tugendkatalog für Prediger, in: Deutsches Pfarrerblatt 75(1975), 297.

럽게 쓴다. 수동태 문장은 능동태로 고친다.

- 불필요한 분사구문이나 명사화를 피한다. 그 대신 동사를 최대한 활용하여 문장을 만든다.
- 규정적인 언어("이것 말고 다른 것은 절대로 안 됩니다!")는 최소한으로 줄인다.
- 접속법은 꼭 필요할 때에만 의도적으로 사용한다.
- 겹문장을 피한다. 핵심 명제는 언제나 한 문장으로 표현할 수 있다. 그러므로 짧은 문장으로 표현한다.
- 원고 없이 설교하는 것이 아직 안 된다면, 설교 원고를 가능한 한 '문어체'에서 '구어체'로 만든다.
- 판에 박힌 말은 꾹 참는다. 상투적인 표현은 알맹이 없는 껍데기와 같다.
- 불필요한 강조("참으로 진실한 대화")는 하지 않는다.
- 어떤 이미지나 그림을 쓸 때는 그것이 메시지의 내용과 맞는지, 기술적으로 충분히 사용 가능한지를 따져본다.
- '～적', '～성'이 들어가는 말은 최대한 풀어서 쓴다.
- 흑백논리를 버린다. 현실은 그보다 훨씬 복잡하다.
- 누군가에 대한 비방이나 어떤 일에 대한 혹평은 청중의 마음을 의기소침하게 만든다. 그런 건 아예 생각도 하지 않는다.
- 신학적인 시시비비에 집착하는 신학교 스타일은 나 혼자만을 위한 것으로 간직한다.
- 아무리 그럴싸해도 근거 없는 자기 주장보다는 근거가 분명한 주장을 편다.
- 추상적인 표현이 나오는 곳에서는 스스로에게 이런 질문을 던진다. 왜 그렇지? 그래서 어떻게 된다는 거지? 그러면 그 언어를 구체화

하는 데 도움이 된다.

- 의사소통과 관련해서는 다음을 명심한다. 누군가의 마음을 얻고자 한다면, 그를 대놓고 비판하는 일은 아무 도움이 되지 못한다.
- 수준 낮은 논박이나 단순화는 진지하고 적극적인 청중의 분노를 산다.
- 일반적인 교인의 이미지를 떠올려 본다. 그리고 그 이미지를 개선하려고 노력해 본다. 교회를 찾는 사람들에 대해 안 좋은 평판이 있긴 하지만 실제로 그렇게 나쁘지는 않다.
- 청중과의 연대감을 추구한다. 그러나 일부러 환심을 사려고 하지는 않는다. (예컨대 진정성이 없는 '우리'라는 표현)
- 아무런 대답을 주지 않고 질문만 늘어놓는 것은 청중을 절망스럽게 만든다. 그래서 일단은 그런 질문은 아예 던지지도 않는다.
- 설교의 길이 때문에, 설교가 담고 있는 내용의 밀도 때문에 청중이 지나친 부담을 느낀다든지 너무 시시해한다든지 하는 일이 없다.
- 본문을 해석하는 데 그치지 않고 회중을 향해 약속의 말씀을 전한다.
- 부정적인 말에 묶여 있지 않는다. 긍정적인 것, 복음의 실질적 가능성과 현실성을 선포한다.

제3부

심화: 복음의 소통으로서 설교

소통의 사건으로서 설교

소통하는 설교: 구체화와 사례

제 7 장

소통의 사건으로서 설교

I. 커뮤니케이션학의 관점에서 살펴본 설교 사건

"인간이 혀는 하나인데 귀는 두 개인 까닭은?"

"두 귀로 듣고 한 입으로 말하기 위해! 한 귀로 듣고 두 입으로 말하는 것이 아니라…."

동양에서 전해 내려오는 이 지혜의 말씀은 우리가 일상에서 경험하는 것을 잘 표현해 주고 있다. 듣고 이해하고, 말하고 알리는 일은 우리네 삶의 한 부분이다. 어떤 때는 잘 되고, 어떤 때는 잘 안 된다. 우리네 인간관계에서 자주 일어나는 일이 성경과 신앙에 관한 대화에서도 그대로 일어난다.

설교 연구의 역사를 보면 다른 학문 분야와의 다양한 '동맹'이 시도된 것을 볼 수 있다.(제1장, Ⅶ) 그런데 커뮤니케이션학과의 대화도 설교학에 많은 자극을 주었다. 이번 장에서는 그 부분을 집중적으로 다루려고 한다.

처음에는 '복음의 커뮤니케이션(소통)'이라는 개념에 대해 성찰한 뒤에 커뮤니케이션 연구의 몇 가지 결과를 살펴보고, 마지막으로는 그것을 예배와 설교를 통한 복음 선포에 적용하는 문제를 논할 것이다.

1. 모두가 말하는 '커뮤니케이션', 도대체 무슨 뜻인가

요즘은 모든 공공 영역에서 '커뮤니케이션(소통)'을 말한다. 대중 매체, 정치, 학문, 문화, 스포츠, 심지어 일상 속에서도 너나 할 것 없이 그 말을 쓴다. 이 말은 원래 '전달하다'라는 뜻의 라틴어 '코무니카레'(communicare)에서 왔다. 20세기 들어서야 이 개념이 일상 언어 속으로 들어왔다. 그러면서 분명하게 드러난 것은 커뮤니케이션이 인간 세계에서 가장 기본적인 현상이라는 사실이다. 독일의 철학자 칼 야스퍼스(Karl Jaspers)가 진단한 것처럼, 그것은 '인간됨의 보편적 조건'이다. 그래서 야스퍼스는 이렇게까지 말할 수 있었다. "우리의 모든 것, 우리의 존재는 커뮤니케이션 안에 있다."[175] 오늘날 우리가 많이 사용하는 커뮤니케이션 개념은 크게 두 가지를 지향하고 있다.

커뮤니케이션은 인간됨의 일부

- 커뮤니케이션은 한편으로 이해를 지향한다. (전달하는 것의 내용, 혹은 메시지의 내용, 그 핵심에 참여하는 것, 그것의 일부가 **되는 것**)
- 다른 한편으로는 뭔가를 다른 사람에게 이해시키는 것을 지향한다. (그 핵심, 예컨대 어떤 텍스트의 내용을 알려주는 것, 그것의 일부를 **주는 것**)

일부가 되는 것

일부를 주는 것

인간과 인간 사이의 커뮤니케이션은 이해하는 것과 이해시키는 것으

---

175) K. Jaspers, Philos ophische Logik, Bd. 1: Von der Wahrheit. München 1958, 378.

로 이루어져 있다. 우리는 우리를 향해 밀려오는 수많은 신호와 소식의 물결을 끊임없이 정리하고 해석한다. 우리는 '우리에게 와 닿은 것'을 해석한다. 또한 우리가 이해한 것, 우리가 중요하다고 생각하는 것을 다른 사람들에게 전달한다.

성경의 내용을 전달할 때에도 이해하는 것과 이해시키는 것이 반드시 필요하다. 성경은 그 옛날 하나님을 경험한 사람들의 증언이다. 우리에게 전승된 그 성경을 우리는 이해하고 또 누군가에게 이해시킨다.[176] 우리의 설교 준비도 끊임없이 계속되는 이해하기와 이해시키기의 과정이다. 이해하기(그 일부가 되기)의 측면에서 보면, 우리는 성경의 전승 및 기독교 전통과 씨름하며 다른 한편으로는 오늘날 청중과 설교자의 삶의 현실과 씨름한다. 우리 가운데 어느 누구도 '무'에서 설교를 창조하는 것은 아니다. 이해시키기(그 일부를 주기)의 측면에서 보면, 우리는 우리를 사로잡은 것, 우리가 이해한 것을 회중에게 전달하고 그들의 마음에 가 닿을 수 있는 방식으로 그것을 알리기 위해 노력한다.

커뮤니케이션은
과정이다

그러나 그것으로 커뮤니케이션이 완전히 끝난 것은 아니다. 이제는 그 설교의 청중이 자기가 받아들이고 이해한 것을 계속해서 전달해야 하기 때문이다. 그러므로 우리 설교자는 끊임없이 성경의 메시지를 이해하고 전달하는 과정의 일부이다. 제일 좋은 것은 교회 공동체 안에 말씀을 적극적으로 이해시키고 실천하는 모임이 만들어지는 것이다. 그 모임 안에서 설교자와 청중 모두가 성경의 메시지를 새롭게 듣고 그 메시지에 감동하게 되는 것이다.

---

176) 참조: A. Pohl, Anleitung zum Predigen, 3. Aufl., Wuppertal/Kassel 1976, 7 이하.

2. 커뮤니케이션 + 복음 = 복음의 커뮤니케이션?

우리가 보통 '복음의 커뮤니케이션'이라는 말을 쓸 때는 바로 위에 나오는 등식을 떠올리기 쉽다. 암묵적으로 우리는 '복음'이란 어떤 확실한 형체를 갖춘 실체로서 우리는 그것을 전달하기만 하면 되는 것으로 생각한다. 이 경우 커뮤니케이션은 "내가 그것을 어떻게 말할까?"라는 질문에 집중된다. 그러나 '복음의 커뮤니케이션'이라는 말은 문법적으로 두 가지 방향으로 해석될 수 있으며, 각각의 해석은 신학적인 면에서도 각각 다른 결론을 이끌어내게 된다.

첫 번째 해석은 위의 등식이 암시하는 것처럼 하나의 특정한 내용 혹은 대상으로서의 복음을 (문법적으로 말하면 '목적어 소유격[genetivus obiectivus]') 전달하는 것이다. 두 번째 해석은 복음이 커뮤니케이션의 행동 주체('주어 소유격[genetivus subiectivus]')로 파악되는 것이다. 복음이 직접 길을 열어가고 (성령으로) 사람들에게 말을 건네고 진리로 그들을 사로잡아서 그들 안에 이해를 일으키고 공동체를 만들어내는 것이다. 이 두 가지 측면은 구별되어야 한다. 그러나 그 둘은 서로 연결되어 있기도 하다. 첫 번째는 수공업적인 요소를 부각시킨다. 인간이 부지런히 익혀야 하는 영역, 꼼꼼히 점검해야 하는 영역이다. 말씀 선포에도 이론 요소가 있는 것은 분명하다. 이와 관련해서는 설교를 가르치는 사람이나 교회의 회중도 어떤 것이 '좋은 설교'이고 어떤 것이 그렇지 않은지를 나름 말할 수 있다. 그런데 두 번째 측면은 하나님의 역사하심이란 원칙적으로 인간이 좌지우지할 수 없는 것임을 부각시킨다. 우리는 – 혹시 뭐라도 할 수 있는 일이 있다면 – 예배와 설교를 통해 그 역사하심을 준비하고 그 길을 예비하는 것뿐이다.[177] 또한 이것은 하나님께서 '나쁜 설교' 혹

---

177) 참조: M. Josuttis, Die Einführung in das Leben, Gütersloh 1996, 특히 제6장.

은 '사랑 없는 예배'의 장벽마저도 뛰어넘어 역사하시고 우리에게 복을 주실 수 있음을 의미한다. 복음의 커뮤니케이션이라는 표현의 신학적 의미는 분명하다. 첫째, 하나님께서 인간에게 선포의 직무를 맡겨 주셨다.(사 6:8, 마 28:18~20) 둘째, 그러나 결국 은총의 주님, 이 세상과의 이야기를 이끌어가는 주님은 한 분 하나님이시다.(삼상 2:6~7, 고전 12:11) 이것은 우리에게 무엇을 의미하는가? 복음의 커뮤니케이션과 관련하여 우리 신앙인은 "우리에게 맡겨진 달란트를 불려야 하며"(마 25:14~30), 다른 한편으로는 우리가 하는 모든 일의 불가능한 가능성(칼 바르트)을 늘 기억해야 한다.(빌 2:12~13)

1960년대에 복음의 커뮤니케이션에 관한 논의를 설교 및 교회 이론의 영역으로 끌고 들어온 사람은 에른스트 랑에(Ernst Lange)였다.[178] 그의 글은 설교학의 새로운 지평을 열어 주었다. "이제 우리는 '선포' 혹은 '설교'라고 하지 않고 '복음의 커뮤니케이션'이라고 말한다. 이 개념은 대화의 원칙을 강조하고, 성경의 증언을 해석하는 데 집중하는 교회의 모든 기능을 강조한다. 우리는 설교, 목회상담, 기독교교육을 모두 하나의 동일한 과정의 여러 단계 혹은 측면이라고 간주한다."[179] 랑에가 중요하게 생각한 것은 "하나님 앞에서, 이 세상 안에서 인간이 처한 상황의 불확실성, 그것의 역사성, 가변성, 유한성을 최대한 진지하게 받아들이는 것"이다.[180] 랑에에게서 설교의 과제는 "청중과 함께 그의 인생에 대해 이야기하는 것"이다.[181] 랑에가 생각하는 설교는 그리스도의 약속

---

178) 참조: E. Lange, Predigen als Beruf, München 1987/ W. Gräb, Lebensgeschichten, Lebensentwürfe, Sinndeutungen. Eine praktische Theologie gelebter Religion, Gütersloh 1998, 151 이하.

179) E. Lange, Kirche für die Welt, Aufsätze zur Theorie kirchlichen Handelns, hg. von R. Scholz in Zusammenarbeit mit A. Buthenuth, München/Gelnhausen 1981, 101.

180) E. Lange, 위의 책, 102.

181) 요나서 설교집에 실린 랑에의 서문: Die verbesserliche Welt, Stuttgart/Berlin 1968. 재판(再版): F. Wintzer(Hg.), Predigt, München 1989, 192~207, 198~199.

에 기초하여 누군가를 이해시키려는 노력이다. "그 약속은 인간의 커뮤
니케이션 속으로 파고들어 온다. 공동체는 이미 예수님에게서 이런 '설
계도'를 받았다. 하나님은 인간을 '신앙의 경기'에 끌어들이시면서 자신
을 증명하시고 자신을 내어주시고 자신의 의지를 관철시키신다."[182]

설교 사건은 이 세상과 인간을 향한 하나님의 위대한 역사하심의 일
부로 이해될 수 있다. 인간을 '신앙의 경기' 안으로 끌어들이는 것, 이 얼
마나 매력적이고 보람 있는 과제인가! 랑에는 기독교인의 커뮤니케이션
과제가 대단히 포괄적이며 다차원적이라는 사실을 강조한다. 그리고 설
교자와 청중, 또는 설교자와 사회 사이에서 '대화의 원칙'을 고수할 것을
강조한다. 랑에의 이러한 주장은 오늘날까지도 성경과 청중의 삶을 잇
는 설교, 그런 목회를 추구하는 사람들에게 계속해서 영향을 끼치고 있
다. 설교를 가르치는 설교자 한스 요아힘 이반트(Hans Joachim Iwand)의
말도 우리의 인간적인 노력의 한계를 잘 지적하고 있다.

때때로 우리는 루터가 '폭우'라는 표현을 썼던 것을 생각해야 한다. 해가
뜨면 금방 그 물기가 가시는 폭우 말이다. 하나님 말씀의 사건은 우연적인
사건, 우리 인간이 쥐락펴락할 수 없는 사건, 최고의 신학으로도 그것을 보
장하거나 강요할 수 없는 사건이다. 하나님은 침묵하실 수도 있다. 어쨌거
나 그것도 중요한 것일 수 있다. 우리가 그 곤경을 진정으로 의식하게 된다
면 말이다. 모든 공적인 활동, 교회의 모든 대외 활동, 교회가 집중적으로
청소년들을 가르치는 일, 혹은 그보다 더한 일이라고 할지라도 교회 공동
체의 젖줄이 되는 샘이 마른다면 모두 공허하고 소용없는 일이 될 것이다.
그 샘이란 예나 지금이나 '살아 있는 말씀'이다. [183]

182) E. Lange, Chancen des Alltags, Überlegungen zur Funktion des christlichen Gottesdienstes
in der Gegenwart, Stuttgart/Gelnhausen 1965, 110.
183) H.-J. Iwand, Predigtmeditationen I, Göttingen 1984, 528.

그런데 이 '살아 있는 말씀' 곧 복음을 내용적으로는 어떻게 설명할 수 있는가? 신약성경에서는, 특히 바울 서신에서는 복음(euangelion)이라는 말이 절반 정도는 자세한 설명 없이 쓰이고 있다. 예컨대 로마서 2장 16절에서 바울 사도는 그리스도 사건에 대한 자신의 해석을 요약하면서 "그의 복음"이라는 말을 쓰고 있다. 어쩌면 그 당시 독자들은 그 복음이라는 말이 무슨 뜻인지를 알고 있어서 별도의 설명을 붙이는 것이 불필요했는지도 모른다. 그러나 오늘날에는 상황이 전혀 다르다. 성경이 말하는 복음이란 도대체 어떤 것인지 - 교회 밖에서든 안에서든 - 아는 사람이 얼마나 될까? 이제 우리는 그 문제에 대해 몇 가지 가이드라인을 설정해 보려고 한다.[184]

복음은 기쁘고 좋은 소식(사 52:7)이며, 끝내 이루어지는 공의(시 98:2)와 하나님의 통치(계 21:3~4)의 영향을 받는다. 성경이 말하는 복음은 창조와 하나님 백성의 역사와 예수 그리스도의 활동과 운명 - 그것의 최종적 성취는 아직 일어나지 않았는데(빌 2:10 이하) - 안에서 나타난 하나님의 말씀, 하나님의 자기 증언이다. 여기서 예수님은 그 하나님의 한없는 사랑의 복음을 선포하실 뿐 아니라 몸소 그 복음을 철두철미하게 실현하셨다. 세리와 죄인들에 대한 관심과 사랑이 그러했고, 생명을 억압하는 모든 세력에 맞서 하나님의 통치를 생생하게 보여주는 기적 행위들이 그러했고, 최종적으로는 십자가와 부활이 그러했다.

복음의 핵심을 지탱하고 있는 것은 인간을 향한 하나님의 사랑(창 9:21 이하, 딛 3:4)이다. 복음은 온전한 삶, 행복한 삶(히브리어 **샬롬**)을 지향한다. 그런데 바로 이것이 어떤 사람들에게 약속되었는가? 자기 힘으로는 그것을 얻을 수 없는 사람들에게 약속되었다.(사 61:1 이하, 마 5:3 이

---

184) W. Klaiber, Ruf und Antwort, Biblische Grundlagen einer Theologie der Evangelisation. Stuttgart/Neukirchen–Vluyn.

하) 그러므로 복음은 눈에 보이는 세계와 맞서는 말씀이다. 복음은 하나님의 영에 의해 역사하는 메시지이기 때문에 삶을 변화시키는 창조적인 힘을 품고 있다. 이것은 불의한 자가 의롭다 인정받는다는 말씀(롬 3:23~24),[185] 하나님과 새로운 언약 관계가 체결되는 말씀(렘 31:31~32, 롬 5:1~2)에서 가장 뚜렷하게 드러나고 있다. 그러므로 복음은 언제나 회개하고 믿으라는 외침(미 7:18, 막 1:15)이며, 다른 신앙인들과 함께 예수 그리스도를 책임 있게 따라가라는 외침(마 29:18~20)이다. 성경이 말하는 구원이란 결코 개인적인 소유물이 아니다. 그것은 다른 기독교인과 공동체를 이루어서 이 세상 속에서 책임 있는 섬김의 삶을 살아갈 때 비로소 실현되는 것이다.[186] 복음은 삶을 변화시키고 새롭게 빚어낸다.(빌 2:12~13) 하나님의 영을 통해 역사하는 자유의 말씀(갈 5:1)이며, 우리가 갈 길을 제시하는 메시지이다.(사 58:7, 갈 2:20)

이번 장의 맥락에서는 성경적 복음의 세 가지 측면이 중요하다.

⑴ 복음의 커뮤니케이션을 위해 일하고자 하는 사람이라면, 성경을 통해 우리에게 전승된 기쁨의 메시지가 모든 것의 처음과 나중, 구원과 인생, 정의와 미래에 대해 질문을 던지는 오늘의 인간들에게도 유의미한 답을 주고 있다는 사실을 확신해야 한다. 그 복음을 자기 스스로가 기쁨의 메시지로 받아들이고 자기 삶의 새로운 차원을 열어 주는 말씀으로 경험하지 못한 사람은 그것을 설득력 있게 전할 수 없다.

⑵ 그 복음을 듣고, 복음이 자신에게 말을 건네도록 하고, 삶의 모든

---

185) 참조: E. Jüngel, Das Evangelium von der Rechtfertigung des Gottlosen als Zentrum des christlichen Glaubens, Tübingen 1999; W. Klaiber, Gerechte vor Gott. Rechtfertigung in der Bibel und heute, Göttingen 2000.

186) 참조: W. Rebell, Zum neuen Leben berufen. Kommunikative Gemeindepraxis im frühen Christentum, München 1990; W. Härle, Dogmatik, Berlin/New York 1995, 493 이하.

영역에서 그 메시지를 점점 더 신뢰하고자 하는(성경이 말하는 성화란 바로 이런 것이다.[187]) 사람에게 복음은 예나 지금이나 변함없는 초대의 말씀이며, 책임감을 부여하는 말씀이다.

(3) 우리를 향한 변함없는 위임의 말씀은 하나님의 복음의 능력을 굳게 믿고(롬 1:16), 복음을 위해 우리 시대에 맞는 방식으로, 또 많은 사람을 초청하는 방식으로 말하고 행동하라는 것이다. 공적인 영역이든 사적인 영역이든 말이다.(고후 5:19~20) 여기서 우리는 한스 요아힘 이반트의 확신에 공감한다.

이제 곧 아주 명확하게 드러나겠지만 '현대인'은 우리가 생각하는 것처럼 그렇게 수용 능력이 없는 사람들이 결코 아니다. 오히려 그들은 어떤 지속적인 것, 견고한 것을 갈망하고 있다. 그들은 우리가 그들 뒤를 마냥 뒤쫓는 것을 결코 원하지 않는다. 현대인 스스로가 쫓기는 사람이다. 그래서 자신을 이끌어 주고 인도해 줄 손길을 찾고 있는 것이다….[188]

II. 커뮤니케이션학의 통찰

20세기에 출간된 커뮤니케이션학 관련 서적은 무수히 많지만 그 가운데서 두 가지 모델만 소개하고 그것을 우리의 주제에 어떻게 적용시킬 수 있는지 살펴보고자 한다.

---

187) 참조: W. 클라이버/M. 마르쿠바르트 지음, 조경철 옮김, 「감리교회 신학」, kmc 2007, 276쪽 이하.
188) H.–J. Iwand, Predigtmeditationen I, Göttingen 1984, 503~504, 베드로전서 5장 5b~11절에 대한 설교(1955).

1. 첫 번째 모델: 정보 전달로서의 커뮤니케이션

커뮤니케이션 모델 중에서 사이버네틱스(인공두뇌학) 모델은 가장 많이 알려진, 그리고 가장 쉽게 조망할 수 있는 모델이다. 이 모델은 발신자 – 통로/메시지 – 수신자, 이렇게 세 부분으로 구성되어 있다.[189] 세 개의 실체가 하나의 방향으로 움직여 나가는(그리스어 '퀴버네테스[kybernetes]는 '키잡이', '항해사'라는 뜻) 정보 전달의 과정에서 함께 작용한다.

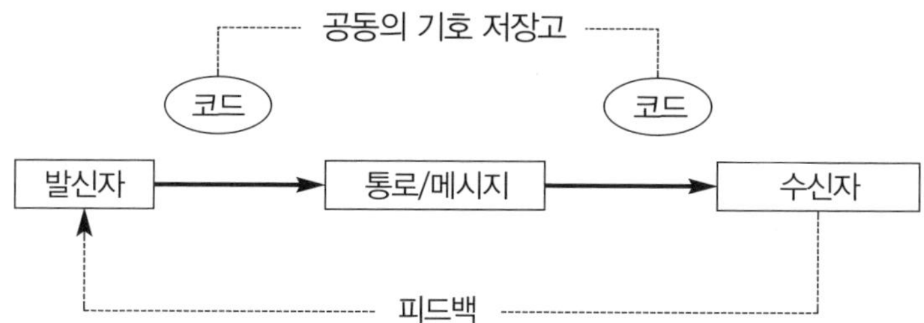

발신자–수신자 모델은 무엇보다 정보의 교환을 염두에 두고 있다. 발신자는 일단 자신의 정보를 어떤 단어나 몸짓이나 행동에 담아 코드화하고, 자신의 메시지를 보낸 다음에는 수신자의 지각 기관이 그 정보를 받고 그것을 제대로 해독하여 마침내 그 정보가 상대방의 의식에 도달하기를 바란다. 여기서 분명하게 드러나는 것이 있다. 첫째, 성공적인 정보 교환은 공동의 사회적·언어적 틀, 혹은 '공동의 기호 저장고'를 전제한다. 둘째, 이 모델은 커뮤니케이션의 과정에서 오류가 일어날 수도 있는 지점을 암시하고 있다. 곧 '통로'에는 메시지 외에도 '다른 소리'나 방해(소음, 잡음, 다른 생각, 감정적 대립 등)가 일어나서 그 정보를 왜곡시키고 커뮤니케이션의 흐름을 가로막을 수 있다. 긍정적인 요인(공동의 경

189) 참조: F. v. Cube, Was ist Kybernetik, Bremen 1967; H. Glaser, Kybernetikon. Neue Modelle der Information und Kommunikation, München 1971.

험, 비언어적 신호)이 정보 교환을 촉진할 수도 있다. 발신자와 수신자 간의 '피드백'도 원래 의도했던 정보가 제대로 도착했는지 안 했는지를 확인할 수 있게 해준다.

칼 빌헬름 담(Karl-Wilhelm Dahm)은 이 모델을 설교에 적용해 보았다.[190]

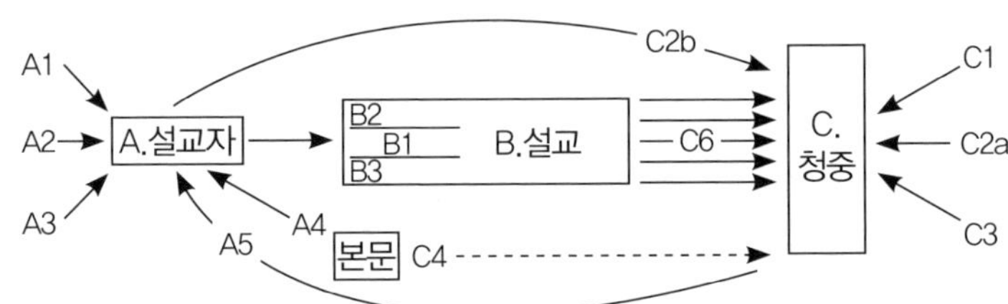

출처: Karl-Wilhelm Dahm, Hören und Verstehen, in: Homiletisches Lesebuch, 246.

담은 사이버네틱스 커뮤니케이션 모델의 도움을 받아 '설교 체계'를 세 요인으로 설명한다.

- A: 발신자 = 설교자
- B: 통로/메시지 = 설교
- C: 수신자 = 청중

'배경 변수'　　담의 주장에서 중요한 것은 그가 각각의 요인에 이른바 '배경 변수' 곧 '설교'라는 커뮤니케이션 과제의 다면성을 한층 분명하게 만드는 추가적 영향력을 연결시켜 놓았다는 점이다.

190) K.-W. Dahm, Hören und Verstehen. Kommunikationssoziologische Überlegungen zur gegenwärtigen Predigtnot. In: Predigtstudien IV/2, 1970. 재판(再版): A. Beutel/ V. Drehsen / H.M. Müller(Hg.), Homiletisches Lesebuch, Tübingen 1989, 242~252.

(A 1~5): 설교자는 어떤 불변의 실체가 아니라, 수많은 영향에 노출되어 있는 한 인간이다. 담은 다섯 가지를 언급한다.

1. 인품의 여러 가지 특성
2. 자신의 직업관
3. 특별한 그날의 사건
4. 성경 본문
5. 회중의 반응('피드백')에 대한 기대

(B 1~3): 설교는 그저 하나의 소식이 아니라, 다양한 개별적 요인에 의해 규정되는 '소식 꾸러미'이다. 담은 세 가지를 언급한다.

1. 핵심 내용
2. 수사학적 프레젠테이션
3. 예배 전체의 분위기

(C 1~6): 회중은 그런 다수의 청중으로 구성된다. 청중 한 사람 한 사람은 다양한 영향력의 교차로에 서 있다. 담은 다음과 같은 '배경 변수'를 열거한다.

1. 다양한 인격과 삶의 이력
2. 예배, 설교, 설교자에 대한 나름의 견해
3. 그날 일어난 사건
4. 본문(담의 견해에 따르면 일반적으로는 안 남아 있음!)
5. 피드백(없는 경우가 대부분!)

6. 설교 '꾸러미'

사이버네틱스 커뮤니케이션 모델의 장점은 그것이 정보 교환에 집중한다는 점이다. 그러나 커뮤니케이션은 단순한 정보 교환 이상이다. 이것은 설교에도 그대로 적용된다. 복음을 선포하는 모든 행위에도 적용된다. 설교 연구에서 담의 공헌은 커뮤니케이션학의 도움을 받아 '설교 체계'의 다층성을 제시한 것이다. 그는 설교를 '일방적 커뮤니케이션'이라고 분석해냄으로써 설교 연구에 경종을 울렸다. 또한 설교의 사건이 위에서 소개된 (쉽게 확대될 수도 있는!) 영향력의 작동 영역 안에서 언제나 경쟁 상황에 처해 있음을 정확하게 밝혀냈다.[191] 저자는 소모임 대화를 통해서 설교를 보완해야 한다고 주장한다. 오늘날 여러 교회에서 그런 시도를 하고 있다. 그러나 복음의 커뮤니케이션이라는 더 광범위한 맥락 안에서는 이것도 **하나의** 구성 요소에 불과하다.

설교는 설교자와 청중
사이에서 일어나는
사건이다

최근에는 설교도 – 대부분은 독백의 언어로 진행되기는 하지만 – 설교자와 청중의 쌍방적 커뮤니케이션으로 봐야 한다는 주장이 다시금 강력하게 제기되고 있다. 설교는 설교자가 회중과 나누는 포괄적인 대화의 한 대목이다. 설교자가 무조건 적극적 발신자의 역할을 맡는 것도 아니고, 청중이 소극적 수신자(설교의 대상)가 되는 것도 아니다. 그러므로 설교 사건과 관련하여 중요한 것은 설교자와 청중이 똑같이 성경 본문과 관련을 맺고 있다는 사실이다. 커뮤니케이션 모델을 너무 도식적으로 적용하게 되면 본문의 역할이 전혀 부각되지 않을 수도 있다. 설교자와 청중은 모두 하나님 앞에 서 있다. 우리가 성경의 말씀에 귀를 기울일 때 그분의 약속과 권면이 우리의 삶에 역사하신다.

---

191) 참조: 제1장의 자세한 설명.

2. 확대된 모델: '4중의' 사건으로서 인간의 커뮤니케이션

함부르크의 심리학자 프리데만 슐츠 폰 툰(Friedemann Schulz von Thun)의 책들은 최근 커뮤니케이션 심리학의 영역에서 중요한 저서로 꼽힌다. 그 가운데서도 3부작 「서로서로 이야기하기(Miteinander reden)」가 많이 언급된다.[192] 저자는 '정보-사각형'을 활용하여 일상적인 커뮤니케이션을 조명하고(제1부), 몇 가지 심리학 모델에 기초하여 여덟 개의 '커뮤니케이션 스타일'을 구별하고(제2부), 마지막으로는 '내면의 팀' 모델에 의거하여 각각의 사람과 상황에 맞는 커뮤니케이션의 길을 제시한다.(제3부)

a) '알림 사각형'

우리가 경험을 통해 아는 것처럼, 우리가 받거나 보내는 소식은 여러 가지 메시지를 담고 있으며 다양한 효과를 겨냥하고 있다. 그 과정에서 일어나는 오해 때문에 힘들어해본 적이 없는 사람은 아마 없을 것이다. '알림 사각형' 이론은 여러 가지 면에서 명확한 이해와 태도 변화에 이바지한다. 나중에 따로 살펴보겠지만, 설교와 관련해서도 그런 효과를 낼 수 있다.

파울 바츨라비크(Paul Watzlawick)를 비롯하여 몇 명의 학자들이 인간의 커뮤니케이션에 나타난 객관적 측면과 감정적 측면을 연구한 것이 단초가 되었다.[193] 그들의 핵심 명제는 다음과 같다. "모든 커뮤니케이션에는 내용적 측면과 관계적 측면이 있으며, 후자가 전자를 규정한다." 슐츠 폰 툰은 여기서 관계의 측면을 세분화하여 세 가지로 나누었고 이

192) F. Schulz von Thun, Miteinander reden. 3 Bde., Reinbek 1981, 1989, 1998(합본 Reinbek 2006).
193) P. Watzlawick/J. H. Beavin/D. D. Jackson, Menschliche Kommunikation. Formen, Störungen, Paradoxien, Bern 2000.

렇게 해서 '알림 사각형'(Nachrichten-Quadrat)을 만들어냈다.

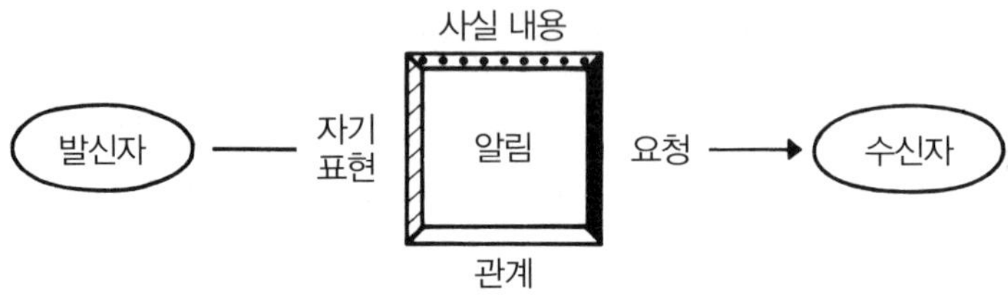

출처: Friedemann Schulz von Thun, Miteinander reden 1, 1981, 30.

일상 속에서 얼마든지 일어날 수 있는 사례 하나를 커뮤니케이션 심리학의 돋보기로 관찰해 보자.

출처: Friedemann Schulz von Thun, Miteinander reden 1, 1981, 25, 31.

사실적 측면

• **사실적 측면**은 그 메시지의 내용 혹은 객관적 진술을 의미한다. 객관적으로 무슨 말을 했는가? 우리는 위의 사례에서 신호등의 상태에 대한 정보를 얻게 된다. 신호등의 색깔이 녹색이다. 이 메시지의 객관적 내용이 중요하다. 그러나 실제로는 그 내용 이상의 것이 중요할 때가 많다.

• **자기를 알리는 측면**은 우리의 말 한 마디 한 마디가 결국은 우리 자신을 조금씩 드러내는 표라는 사실을 잘 보여준다. 우리가 우리 자신에 대한 이야기를 직접 하지는 않더라도 우리의 성격이나 상태가 나타날 수 있다. 다른 사람과 이야기를 나눌 때, 우리는 직접적으로나 간접적으로 상대방의 성격을 어느 정도 알게 된다. 말의 내용이나 그 사람의 몸가짐, 목소리, 몸짓, 표정과 같은 것을 통해서 말이다. 위의 사례에서는 다음과 같은 자기 정보가 드러났다. 나는 예민한 사람이다. 그리고 나는 지금 바쁘단 말이야!

대화 중에 이렇게 자기가 드러나는 것과 관련하여 두 가지의 근본 유형이 있다. 하나는 자기 과시(공격적인 유형: "자기 안에 있는 최고의 모습을 보여주는 것", 멋진 모습으로 남에게 깊은 인상을 남기는 것)이고, 다른 하나는 자기 은폐(방어적인 유형: "절대로 보여주지 않기", 의도적인 자기 축소)이다. 그런가 하면 의도하지 않은 발각("약점 노출")의 가능성도 있다. 그렇게 되면 대단히 수치스러운 상황에 빠지게 된다. 자기 공개의 측면과 더불어 진정성의 문제가 부각된다. 이 진정성은 성공적인 커뮤니케이션의 본질적인 기준이다.

• **관계의 측면**은 상대방에 대한 우리의 생각, 상대방과의 관계에 대한 우리의 느낌을 보여준다. 독일 속담에 "음이 모여서 음악을 만든다."[194]는 말이 있다. 여기서는 일단 발신자의 관점이 중요하다. 발신자의 말을 통해서 두 사람의 대화 파트너가 서로 어떤 관계인지도 어느 정도 알 수 있다. 수신자는 그 말을 듣고 상대방이 나를 잘 받아 주고 나의 존재를 충분히 인정한다고 느낄 수도 있고, 저 사람이 나를 무시하거나 일일이 간섭한다고 느낄 수도 있다. 앞의 사례를 보자. "야, 녹색 불이잖

---

194) "Der Ton macht die Musik." 무엇을 말하느냐도 중요하지만 어떻게 말하느냐가 중요하다는 뜻 – 옮긴이.

아!" 발신자는 수신자가 제대로 운전하지 못한다고 생각하고 있음을 그 대로 드러냈다. 두 사람 간의 커뮤니케이션에서 가장 많은 문제가 발생하는 지점이 바로 이 관계적 측면이다. 위의 사례에서도 그렇다. 그 여성은 (내용적인 면에서는 옆에 앉는 남성에게 동의하겠지만!) 관계의 차원에서 대답했다. "지금 네가 운전하는 거니, 내가 하는 거니?"

알림의 사각형 중에서 언어적 커뮤니케이션과 비언어적 커뮤니케이션의 구별이 가장 확연하게 두드러지는 것도 바로 관계의 측면이다. 언어적 커뮤니케이션에서는 언어적 신호의 도움을 받아서 정보를 전달하지만, 비언어적 자극은 우리의 다양한 감각 기관을 통해 의식된다. 비언어적 신호는 그림, 이미지, 소리, 냄새, 촉각, 온도 변화 등 다양한 것을 통해 일어날 수 있다.[195] 지금 언급된 요인들은 – 의식적으로든 무의식적으로든 – 대화의 분위기와 인간 간의 이해에 결정적인 영향을 미친다.

요청의 측면　•**요청의 측면**은 발신자가 수신자에게 구체적으로 무엇을 요구하는가에 집중한다. 뭔가를 '알림'은 아무런 의도 없이 그냥 하는 말이 아니라 특별한 '메시지' 혹은 기능을 가진다. 수신자는 그 전갈을 듣고 뭔가를 느끼거나 생각하거나, 뭔가를 하거나 그만 두어야 한다.[196] 위의 사례에서는 그 요청이 아주 분명하다. "얼른 출발해!"

우리의 말이 누군가를 위로하고 격려할 수도 있지만 또한 누군가를 아프게 하고 망가뜨릴 수도 있다는 것을 우리는 일상 경험을 통해 알고 있다. 존 오스틴(John Austin)과 존 셜(John Searle)의 언어 행위 연구가 잘 보여주듯이 우리의 말과 행동 사이에는 긴밀한 관계가 있다.[197] 인간

195) 참조: K. R. Scherer, Non-verbale Kommunikation, Hamburg 1970, 6 이하.
196) 라스웰(H. D. Lasswell)은 이미 1940년대에 "누가 무엇을 어떤 형태로 어떤 의도에서 말하는가?" 라는 공식을 통해서 커뮤니케이션의 **작용** 관련성을 암시한 바 있다.
197) J. L. Austin, Zur Theorie der Sprechakte, Stuttgart 1956; J. R. Searle, Sprechakte. Ein sprachphilosophischer Essay, 1971. 참조: A. Grözinger, Die Sprache des Menschen, München 1991, 197~209; P. Prechtl, Sprachphilosophie, Stuttgart 1998.

의 말과 행동과 의지는 다른 사람에게 어떤 식으로든 영향을 끼친다. 특히 요청의 맥락에서는 더욱 그러하다. 여기서 우리는 열린 요청과 닫힌 요청을 구분한다. 열린 요청은(예컨대 분명한 지시나 기대 표명의 경우처럼) 쉽게 그 의도를 파악하고 대처할 수 있다. 그러나 닫힌 요청은(예컨대 어떤 경탄이나 동정을 자아낼 때처럼) 어떤 대화의 '은밀한 현안'으로서 일종의 권력 행사와 유사하며, 이후로도 지속적인 영향력을 불러일으킬 수 있다. 그 둘 말고도 역설적 요청이라는 것이 있다. 이것은 그 요청을 따르는 것 자체가 그것을 따르지 않음이 되는 경우이다.(예컨대 "즉흥적으로 좀 해라!" 혹은 "자발적으로 해 봐라!" 같은 말) 여기서는 열린 요청만이 발신자와 수신자 사이의 인간적인 존중에 기초한 커뮤니케이션이라고 할 수 있다. 열린 요청은 두 사람 간의 관계에 불필요한 긴장을 제거해 주고 분명한 긍정 혹은 부정을 가능하게 해준다. 그러나 알림의 네 가지 측면 중에서 다른 세 가지가 오로지 요청의 측면을 위해 집중되고 있는데 상대방은 그것을 눈치 채지 못하게 하고 있다면, 그것은 교묘한 조작(manipulation)이라고 할 수 있다.

b) '네 개의 귀를 가진 수신자'

지금까지 우리는 주로 발신자의 관점에서 알림의 사각형을 살펴보았다. 여기서 우리가 분명하게 알게 된 것은 우리의 말이란 다양한 메시지를 담고 있는 알림의 꾸러미와 같아서 동시에 네 개의 통로로 전송될 수 있다는 사실이다. 그런데 여기에 상응하여, 그 메시지를 받는 쪽에는 '네 개의 귀를 가진 수신자'가 있다. 수신자는 그 귀를 통해서 메시지를 받아들이고 해석하고 평가한다.

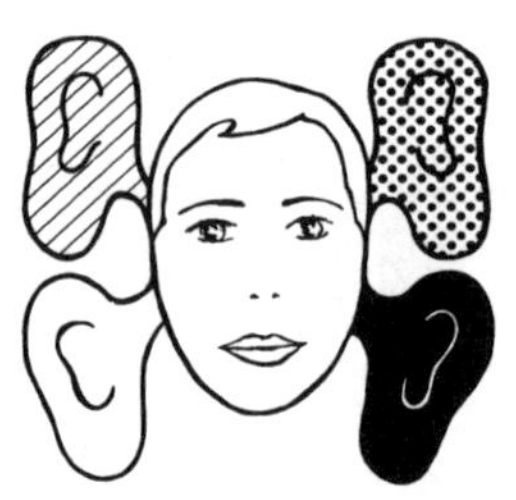

출처: Friedemann Schulz von Thun, Miteinander reden 1, 1981, 45.

슐츠 폰 툰이 강조하는 것처럼, 수신자는 어떤 귀로 듣느냐에 따라 원칙적으로 '자유로운 선택'을 한다. 어떤 귀는 열고 어떤 귀는 닫는다! 여기서 다시 한 번 오해의 가능성이 높아진다. 상대방이 내 말을 들으면서 '자기 듣고 싶은 대로 들을' 수 있기 때문이다. 다른 사람의 말을 자기만의 일방적인 방식으로 듣는 습관을 가진 사람에게는 (어떤 특정한 내용에만 관심을 갖는다든지, 어떤 역할에 대해 나름의 선입견을 가지고 있다든지, 원래 심리적으로 어떤 문제가 있다든지) 뭔가를 이해시키는 것이 대단히 어렵다. 많이 교육을 받아서 '사실 포착의 귀'를 가진 사람은 자기가 들은 내용을 냉정하게 따져본다. 어떤 사람은 아주 예민한 '자기 표현 포착의 귀'를 가지고 있어서, 예컨대 "저 위에 비행기 보이니?"와 같은 물음을 상대방의 내적인 상태에 대한 표현으로 듣는다. '관계성 포착의 귀'가 잘 발달한 사람은 항상 사람과 사람 사이의 '화학 작용'을 주시하며, 많은 것을 감정적 차원에서 받아들이는 경향이 있다. '요청 포착의 귀'가 아주 큰 사람은 자기 주변에서 들려오는 요구에 그야말로 '앞장서서' 대응하고 그러다 보니까 자기의 마음보다는 다른 사람의 기대에 더 많이 이끌리게 된다.

c) 발신자와 수신자 사이의 상호 작용

지금까지는 발신자와 수신자 쪽에서 일어나는 '정보 처리'에 대해 말했다. 이것은 그때그때의 커뮤니케이션 상황을 순간 포착 사진처럼 진술한 것이다. 그러나 실제로는 여기에 시간적 차원이 추가된다. 대화를 나누다 보면 발신자와 수신자가 계속해서 바뀐다. 대화가 계속되면 다른 세 가지 측면에서도 말한 내용과 이해된 내용 사이의 조정이 끊임없이 일어난다. 나의 대화 파트너가 '발언'하여 보낸 내용이 그 뒤에 있는 그 사람의 정신적 태도('내면화')와 완전히 일치할 수도 있고 사뭇 다를 수도 있다. 모든 발언은 수신자의 내면화를 지향한다. 발신자는 상대방의 뚜렷한 반응(이것도 발언이다!)을 기대한다. 다음의 그림은 이러한 맥락을 생생하게 보여준다.

시간적 차원

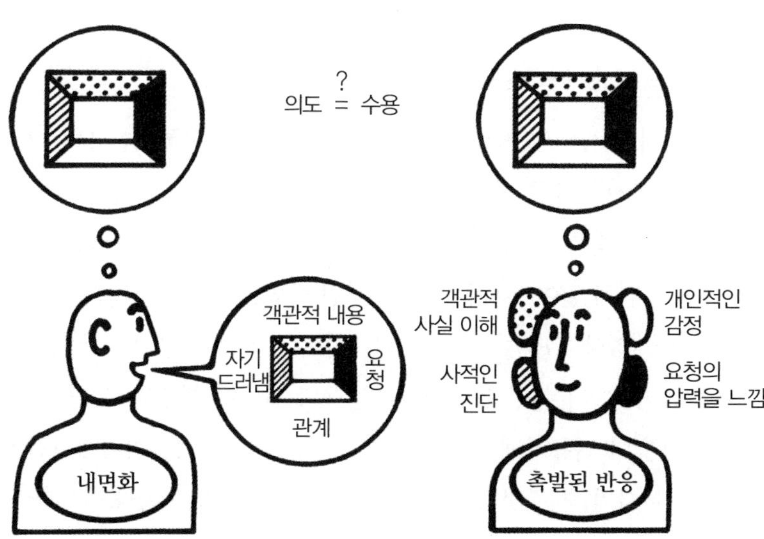

출처: Friedemann Schulz von Thun, Miteinander reden 2, 1989, 22.

　　모든 커뮤니케이션에는 내적인 역동성이 있다. 그 역동성은 상호 이해의 과정을 구조화하는 여러 가지 행동과 사건(인사의 형식, 몸짓, 예식)의 영향을 받는다. 일상적인 커뮤니케이션에서는 확실한 시작이나 끝이 있는 것이 아니라, 언제나 기존의 경험이 (그리고 이와 연관된 선입견이나 두려움이) '내면화'의 형태로 그 과정에 스며든다. 또한 각자가 이미 습득한, 그래서 자꾸 반복되는 행동 패턴 때문에 상호 이해와 관련하여 별도의 위험과 갈등의 가능성이 있다.[198] 처음과 마지막이 적절하다고 해도 그 나머지 시간에 상대방을 어떻게 대할 것인가 하는 과제가 남아 있다. 그러므로 커뮤니케이션 과정은 하나의 순환 고리와 비교할 수 있다. 방금 전에 말한 것까지 추가하면, 앞과 뒤가 트인 나선형 곡선의 이미지를 떠올릴 수 있다. 이로써 사람과 사람 사이의 커뮤니케이션에는 전진만 있는 것이 아니라 후퇴도 있다는 사실까지 담아낼 수 있다.

3. 함부르크 모델로 조망하는 복음의 커뮤니케이션

　　사람과 사람 사이의 커뮤니케이션을 해명하고 개선하려는 모든 지적인 노력과 마찬가지로 심리학적 지향을 가진 함부르크 모델도 다음의 전제 하에서 도움이 될 수 있다. 교회와 세상에서 복음을 선포하는 일은 신앙적인 차원의 일이기 때문에 세속적인 방법론으로 파악하는 데는 분명한 한계가 있다. 그러나 설교를 비롯하여 기독교 증언의 모든 형태가 커뮤니케이션의 기본 구조를 따른다는 사실만큼은 부정할 수 없다. 그러므로 '복음의 커뮤니케이션'을 넓은 의미에서건 좁은 의미에서건 이 모델과 결부시켜 보는 것도 긍정적인 효과를 낼 수 있으리라고 본다. 그

---

198) 관계 역동성 분석 이론에서는 이것을 '게임'이라고 부른다. 참조: E. Berne, Spiele der Erwach-senen, Reinbek 1967; 같은 저자, Was sagen Sie, nachdem Sie 'Guten Tag' gesagt haben?, Frankfurt/M.(1975) 1993.

커뮤니케이션의 특수 사례로서 설교를 고찰하기에 앞서 좀 더 포괄적인 과제를 이 모델의 관점에서 신학적으로 고찰해 보려고 한다.

한 가지 연습을 해보자.

아래의 만화를 보면서 어떤 느낌이 드는지 생각해 보자. 그리고 이 상 황을 앞서 언급한 커뮤니케이션 심리학 모델의 도움으로 해석해 보자.

연습

출처: AMD der Westfälischen Landeskirche, Dortmund.

발신자의 '발언'에는 예컨대 다음과 같은 '내면화'가 드러나고 있다.　발신자

- 사실적 측면: "모든 사람에게 그리스도가 필요하다. 당신도 마찬가 지요!"(요 3:16, 행 4:12)
- 자기를 알리는 측면: "예수 그리스도의 복음은 우리에게 너무나 중요한 것이어서 우리는 그 복음을 위해 이렇게 이 집 저 집을 방문하면서 생판 모르는 사람에게도 말을 건네고 있는 것!"
- 관계의 측면: "우리는 당신에게 필요한 것을 가지고 있다!"[199]
- 요청의 측면: "우리를 들여보내 주세요. 우리의 말을 잘 들어보세요. 그리고 회심하세요!"

수신자 쪽에서는 예컨대 다음과 같은 '발언'을 찾아낼 수 있으며, 그것으로부터 유사한 '내면화'를 도출해낼 수 있다.

- 사실적 측면: "너무 늦었소! 나는 이미 오래 전에 다른 길을 선택했소."
- 자기를 알리는 측면: "제발 귀찮게 하지 마시오. 날 좀 봐요! 그리스도? 난 그런 거 필요없소. 날 좀 그냥 놔두시고 신경 끄시오!"
- 관계의 측면: "그런 건 잊읍시다. 우리 세 사람 모두 서로한테 관심 없으니까!"
- 요청의 측면: "당신네 요청은 아무 쓸데없어요. 또 하나, 당신네가 하는 말을 한 번 잘 생각해 보시구려!"

복음의 커뮤니케이션이라는 과제를 위하여 내용의 측면과 관계의 측면을 근본적으로 구분하면 확연히 드러나는 사실이 있으니, 그것은 말

---

199) 진정한 접촉 없이도 이루어질 수 있는 보완적인 커뮤니케이션 상황. 즉 주고받음의 상황이나 앎과 모름의 상황이 있다.

씀의 증언과 행위의 증언은 구별되어야 하며 그와 동시에 서로 연결되어야 한다는 사실이다. 앞에서 소개된 이론을 적용할 때 신학적 측면, 즉 하나님께서 발람의 나귀를 통해서도 직접 말씀하실 수 있다(민 22:28 이하)는 측면을 제외한다면, 복음이 나머지 세 측면에서도 정말 믿을 만한 것으로 다가오지 않고서는 이 시대의 사람들에게 기쁨의 메시지로 다가갈 가능성은 거의 없는 것 같다. 복음의 커뮤니케이션에서 인간의 참여와 인간적인 상황이 결정적으로 중요하다는 사실을 인정한다고 해서 하나님의 주도적인 역사하심이 약화되는 것은 아니다.[200] 기독교인은 "그리스도를 대신하는 사신"(고후 5:20)으로서 '질그릇'에 속에 담긴 '보배', 즉 복음을 전하지 않고는 견딜 수 없는 사람들이다. 그래서 최근에는 오늘의 현실에서 그리스도를 신실하게 증언하기 위해 "그리스도의 몸의 몸 언어(the body language of the body of Christ)"의 의미에 주목하기도 한다.[201] 이 맥락에서 결정적으로 중요한 키워드는 '사랑'이다. 바울 사도는 데살로니가전서 2장 8절에서 이렇게 말한다. "우리가 이같이 너희를 사모하여 하나님의 복음뿐 아니라 우리의 목숨까지도 너희에게 주기를 기뻐함은 너희가 우리의 사랑하는 자 됨이라."

그리스도를 대신하는 사신

말씀 선포의 사실적 측면과 관련해서는 이런 질문을 던질 수 있다. 우리는 과연 무엇을 전하려고 하는지 확실히 알고 있는가? '복음'이 무엇인지 확실히 알고 있는가? 그 물음에 대한 답은 각 세대의 언어로 새롭게 정립될 수 있어야 한다. 여기서 우리는 다시 한 번 에른스트 랑에의 말을 떠올린다. "설교학적 실천은 이해시키기 위한 노력이다. 이 노력의 대상은 기독교 전승이며, 이 전승은 오늘의 청중에게도 유의미한 것이다. 이

사실적 측면

---

200) 유럽의 독일어권 국가에서 1,600명을 대상으로 이루어진 설문조사에 의하면, 그들 중 76%가 친구/친척과의 개인적인 관계를 통해서 교회를 알고 믿음을 갖게 되었다. C. A. Schwarz, Grundkurs Evangelisation, Emmelsbüll 1993, 17.

201) W. Abraham, The Logic of Evangelism, Grand Rapids/Michigan 1989, 13.

전승을 이해시키기 위한 노력의 약속은 교회의 신앙고백에 동의하고 그것을 받아들이는 것인데, 그 고백이란 예수 그리스도가 주님이라는 고백, 좀 더 정확하게 표현하면 그분이 나의 모든 상황에서 바로 **나의** 주님이라는 신앙고백이다."[202]

　　자기 알림과 관계의 측면과 관련해서는 다음과 같은 점을 유념할 필요가 있다. 복음의 커뮤니케이션은 어떤 메시지를 객관적이고 사실적으로 전달하는 데 그치지 않는다. 하나님은 인간의 모든 측면에 관심을 기울이신다. 그러므로 우리가 설교를 하거나, 성경 수업을 하거나, 봉사활동을 하거나, 신앙 상담을 하거나, 우리가 마주한 그 사람들은 ─ 우리 스스로도 마찬가지이지만 ─ 진정한 상대방으로 (다시 말해 나름의 사적인·직업적인·사회적인 문제를 안고 있는 인격체로) 존중받기를 원한다.(관계적 측면) 그들 입장에서도 진정한 대화 파트너라고 느껴지는 사람의 메시지를 듣고 싶지, 위의 만화에 나오는 두 남자 같은 사람의 메시지를 듣고 싶지는 않은 것이다. 예수 그리스도의 복음은 객관적 메시지라기보다는 인격적 메시지이다. 그러므로 우리는 신앙인으로서, 교회의 일을 함께 해나가는 사람으로서, 그리고 우리의 상대방과 똑같은 인격체로서 그 커뮤니케이션에 임한다.[203] 라틴어 '코무니카치오'(communicatio)에는 '코무니오'(communio, 공동체)라는 말이 들어 있다. 그러므로 복음의 커뮤니케이션도 발신자와 수신자가 똑같은 인격적 메시지를 통해 하나님 백성의 공동체 안에 있을 때 비로소 그 목적을 달성할 수 있다.

　　마지막으로는 요청의 측면이다. 우리 시대의 사람들이 어떤 요청을 듣고 나서 그 요청을 따르는 것은 그들 자신이 그 핵심 내용을 확신하고,

---

202) E. Lange, Predigt als Beruf, München 1987, 9~51, 20.
203) 인격(인격체)이라는 말의 라틴어 어원 페르─소나(per-sona: 통과하여 울리는 소리를 내다라는 뜻. 예컨대 연극을 할 때 얼굴 위에 쓴 가면을 통과하여 소리를 내다.)는 앞에서 우리가 '내면화'와 '발언'을 구별하면서 살펴본 것을 유사한 방식으로 표현하고 있다.

또한 그 요청을 하는 사람을 신뢰하고 있을 때 비로소 가능한 일이다. 이런 신뢰가 있는 곳에서는 점잖게 뒤로 뺄 필요 없이[204] 용기를 가지고 성경 메시지에 담긴 요청의 측면을 부각시킬 수 있다.[205] 그러면서도 아는 척한다는 인상을 주지 않는다. 우리가 누군가에게 요청을 할 때는 그 요청의 절박함과 청중의 자유 사이에서 균형을 잃지 않는 것이 중요하다. 우리가 청중의 마음을 조작하려는 것이 아니라면 우리는 청중의 자유를 존중해 주어야 한다.

복음의 커뮤니케이션이 성공을 거두기 위해서 제일 중요한 것, 그러면서 기독교인에게 가장 큰 도전이 되는 것은 신앙인들 자신이 하나님의 역사하심의 실재와 능력을 언제나 받아들여야 한다는 것, 한 걸음 더 나아가 그것을 철저하게 신뢰해야 한다는 것이다. 덴마크의 철학자이자 신학자였던 쇠렌 키르케고르가 들려주는 우화가 이 점을 잘 보여준다.

기독교인들이 살아가는 모습은 마치 어느 농장의 거위들과 같다. 그 거위들은 7일마다 한 번씩 모여서 일종의 퍼레이드를 한다. 제일 말을 잘하는 수컷 거위 한 마리가 목책 위에 올라가 거위들의 기적에 대해 꽥꽥거린다. 한때 하늘을 나는 모험을 감행했던 선조들의 이야기를 들려준다. 또 거위에게 날개를 주시고 비행의 본능을 주신 창조주의 자비로우심을 찬양한다. 거위들은 깊은 감명을 받는다. 감격에 겨워 고개를 숙이면서 달변의 설교자 수컷 거위를 칭송한다. 그런데 그걸로 끝이다. 그 거위들이 하지 않는 것이 딱 하나 있다. 나는 것이다! 거위들은 날 생각도 하지 않고 점심식사를 하러 간다. 날지 않는다. 모이가 좋고 농장은 안전하기 때문이다….[206]

---

204) 브로게만(H. Wrogemann)은 기독교인들에게서 '진작부터 나타나는 자기 철회'의 모습이 있다고 말한다. 그들은 '선교적인' 삶을 살고자 하지만 처음부터 일체의 대결/논쟁을 피하려고 한다 (Evangelische Theologie 6/1998, 425).
205) 하나님 사랑의 선언('복음')은 우리의 삶을 향한 요구('율법')의 뿌리이다. 이 요구는 회개하고 (개인적 차원에서나 사회적 차원에서) 성화된 삶을 살라는 외침 속에서 분명하게 나타난다.
206) W. Hoffsümmer, Kurzgeschichten 3, Mainz 1990, 59에서 인용.

4. 함부르크 커뮤니케이션 모델의 관점에서 고찰하는 설교 작업

(1) 우리는 (미래의) 설교자를 교육하면서 위의 커뮤니케이션 모델을 직접 적용해 보았는데, 그 첫걸음으로 알림 사각형의 네 가지 측면에 따라 자신의 설교를 검토하는 작업이 큰 효과를 봤다. 거기서 우리는 그 네 개의 측면을 네 개의 색깔로 표현해 보자고 제안했다.

> ▶ **파랑** : 내 설교에서 객관적 내용은 무엇인가? 내가 마땅히 전해야 할 '복음'과 '율법'은 무엇인가? 무엇이 삶에 기쁨을 주는 '복음'이며, 무엇이 인간에게 질문을 안겨 주는 '율법'인가?
>
> ▶ **노랑** : 내 설교의 어느 부분에서 회중은 나의 개인적인 면모, 나의 신앙, 나의 물음, 희망, 두려움을 보게 될까?
>
> ▶ **빨강** : 내 설교에서 내가 회중에 대해 어떻게 생각하는지, 설교자와 회중의 관계를 어떻게 생각하는지가 드러난다면 그것은 어느 부분인가?
>
> ▶ **초록** : 내가 청중의 이성, 감정, 의지, 행위에 (열린 혹은 닫힌) 요청을 하는 대목은 어디인가?
>
> 마지막 질문 : 나의 설교에서 각각의 측면은 어떤 비중을 가지고 있나? 나는 이것을 신학적으로 (성경 본문의 관점에서) 어떻게 책임 있게 설명할 수 있는가?

이 책의 독자도 위의 연습을 한 번 해볼 수 있다. 자신의 설교 원고를 보면서 위의 질문을 따라가며 꼼꼼하게 검토해 보는 것이다. 모든 메시지가 네 가지 측면을 지니고 있기는 하지만, 거기서 가장 강조되고 있는 측면을 알아내어 표시하는 것이다.

• 나의 설교 원고에는 네 가지 색깔이 모두 있는가?

- 한 가지 색깔이 주도적인가? 만약 그렇다면 그 이유는 무엇인가?
- 한 가지 이상의 색깔로 표시된 것은 어떤 문장인가?
- 나에게 가장 눈에 띄는 것은 무엇인가?

나의 설교 메시지에서 어떤 색깔들이 어떻게 어우러지느냐에 따라 설교의 얼굴이 결정된다. 이렇게 설교 전체를 조망해 볼 때, 나의 설교가 내용적인 면에서 어떤 핵심 메시지를 내세우고 있는지, 그 밖의 다른 차원에서 어떤 부수적인 발언을 하고 있는지를 분명하게 살필 수 있다. 특별히 여러 가지 색깔로 표시된 부분에 주의를 기울일 필요가 있다. 그런 부분이 오해의 발단이 되는 경우가 많기 때문이다. 이 훈련은 설교의 의도를 최대한 명확하게 만드는 데 도움이 된다. 설교자가 자신의 의도라고 생각해서 표시한 부분과 청중 혹은 독자가 표시한 부분을 비교하면서 대화를 나누면 더 더욱 도움이 된다.

전체적으로 볼 때 여기서 중요시하는 것은 우리의 설교가 – 제1장에서 설교학의 삼각형이라고 소개한 – 성경 본문/주제, 설교자, 회중과 관련하여 적절한 연설인지를 따져 보는 것이다.

(2) 두 번째 단계에서는 소통적 설교의 몇 가지 측면을 고민해 본다. 여기서도 알림의 사각형이 기준점이 된다.[207]

슐츠 폰 툰은 한 번의 대화가 성공하느냐 실패하느냐를 좌우하는 일련의 요인들이 있다고 주장한다. 우리가 보기에 그 요인들은 설교를 통한 복음의 커뮤니케이션에도 그대로 적용할 수 있다. 일방적인 대화도 그렇고, 설교도 그렇고, 커뮤니케이션의 목표는 '사중의 명료함'이다. 우

핵심 요소를 명료하게 전달하기

---

207) 이후의 내용이 주로 참조한 문헌: F. Schulz von Thun, Miteinander reden 1, 116~117, 129~130, 158~159, 252~253; G. Theißen, Zeichensprache des Glaubens, Gütersloh 1994, 134~162.

리가 무엇을 말하려고 하는지와 관련하여 각각의 핵심 측면을 정확하고 직접적으로 표현하는 것은 근본적으로 추천할 만한 일이다. 사실적 정보를 전달할 때나 자기를 드러내는 진술을 할 때는 두말할 나위도 없는 사실이다. 그러나 겉보기에는 순수하게 객관적인 진술을 할 때에도 관계의 측면이나 요청의 측면이 배경 음악처럼 '함께 울릴' 때가 있어서 그것이 간혹 오해의 원인이 되는 경우가 있다. 그러므로 그 두 가지 측면을 다룰 때는 특별한 주의와 용기와 명료함이 필요하다.

객관성과 명확성　내용적인 차원에서는 논증의 객관성과 논리적 명확성이 요구되며, 자기표현의 영역에서는 개인적 진정성과 상황 파악이 요구된다. 관계의 측면에서 상호 존중에 기초한 상호 수용이라는 기본적인 태도가 갖춰지지 않은 경우에는 내용 이해나 요청이 어려워지게 마련이다. 요청의 메시지가 열매를 맺기 위해서는, 그 메시지의 발신자가 먼저 그 메시지를 스스로 귀 기울여 듣고 있다는 사실이 분명해야 한다. 그 메시지를 말하는 사람 스스로가 자기가 말하는 것에 책임을 질 수 있는 사람이라는 사실이 분명해야 한다. 이러한 고민을 좀 더 자세히 풀어가 보도록 하자.

a) 설교의 내용적인 면

인간은 살아가면서 어느 분야의 전문가에게 기회를 주어 그의 생각을 잘 정돈하여 꽤 긴 분량의 연설을 하도록 할 때가 있다. 연설과 반박 연설 없는 민주주의의 정치 문화는 생각할 수 없다. 회중이 성경의 이야기나 신앙의 주제에 대한 진지한 성찰의 결과물을 접할 수 있는 기회가 설교 말고 또 어디에 있겠는가? 회중은 객관적인 지식에 대한 목마름을 가지고 있다. 수사학적으로나 교수학적으로 잘 준비된 신학 지식에 대한 목마름이다. 그런데 일부 설교자는 회중의 그런 갈급함을 과소평가한다. 일반적으로 회중은 성경에 견고하게 기초를 두면서도 우리의 일상과 사회적 현안을 잘 끌어안은 설교를 높이 평가한다. 신학을 전공한 목사들의 설교와 평신도의 설교는 여기서 조금 다른 강조점을 가질 수 있고, 또 그래야 한다. 모름지기 설교자는 신학적으로 올바른 지식을 추구하면서 그 신학적 지식이 청중에게 의미 있는 것으로 다가갈 수 있도록 주의를 기울여야 한다.

본문 설교의 경우 이중의 과제가 부각된다. 설교의 적절한 내용적 구성은 본문의 신학적 형체(본문의 핵심 메시지와 독특한 의미)만 생각하는 것이 아니라 그 본문의 언어적 특성도 수용해야 한다. 이때 그 본문이 전승되고 있는 형식을 간파하는 것이 도움이 된다. 설교의 내용과 설교의 형식 사이에 확연한 유사성이 나타나는 경우가 많이 있다. 설교자는 그 유사성을 고려하는 것이 좋다. 예컨대 교훈적 경향이 강한 바울의 텍스트를 가지고는 (여기서는 파란색 표시가 많을 것이다.) 교훈 설교의 형식을 취해 설교하는 것이 적절하고, 시편을 주석할 때는 (여기서는 노란색과 빨간색 표시가 없어서는 안 된다!) 설교자와 회중이 자연스럽게 기도의 세계로 인도되어야 한다. 물론 모든 설교는 근본적으로 하나님과의 만남으로 인도하기 위한 것이며, 키르케고르의 우화를 빌려 말하자면 인간이 하나님의 실재와 약속을 신뢰하도록 만들기 위한 것이다.

설교의 구성과 관련하여 가장 중요한 단어는 명료성이다. 명료성은 객관적 내용을 전달하는 데 기여하며, 청중은 그 명료성을 높이 평가한다. 프리데만 슐츠 폰 툰은 그 명료성을 높여 주는 네 가지 요인을 언급하는데, 그것은 좋은 설교를 만드는 데도 도움이 된다.

• 언어 선별과 문장 구성의 **단순성**(반대: 복잡성): 분명한 언어, 짧은 문장, 쉬운 단어를 쓴다. 전문적인 개념은 쉽게 풀어 설명한다. 물론 단순성은 단순무식과 혼동해서는 안 된다.

• 사유를 구성하고 표현할 때의 **체계와 질서**(반대: 혼란스러움, 맥락 없음)는 청중이 설교의 흐름을 잘 따라오는 데 도움을 준다. 이것이 잘 갖춰져 있으면 청중은 그 설교의 클라이맥스와 핵심 문장에 제대로 주의를 기울이고, 그 말씀을 가슴에 품고 집으로 돌아간다.

• **간결함과 함축성**(반대: 장황하고 번다함): 설교자는 청중이 어느 정도까지 집중할 수 있는지, 그 한계를 유의해야 한다. 설교자는 한편으로는 전보처럼 짧게 끊어지는 문체도 피해야 하지만, 다른 한편으로는 서사시처럼 늘어지는 문체도 조심해야 한다.

• **추가적인 자극**(반대: 추가 자극 없음): 우리의 언어에는 그야말로 다양한 가능성이 있어, 그 가능성을 가지고 우리의 연설에 맛을 더할 수 있다. 재치 있는 언어유희, 속담, 그림, 상징 등은 청중의 관심과 집중력을 고조시켜 주고 핵심 메시지의 의미를 심화해 주는 추가적인 자극을 제공한다. 독일의 저명한 신약학자 게르트 타이센(Gerd Theißen)은 바로 이런 맥락에서 "적당한 분량의 이탈(dosierte Abweichungen)"이라는 표현을 쓴다.[208] 이 말이 의미하는 바는 예컨대 "일상 언어를 살짝 낯설게 하여, 우리에게 친숙했던 단어를 새로운 빛에서 보게 해주는 것, 전통적인 성경의 언어를 새로운 맥락에서 낯선 방식으로 사용해 보는 것, 누구나 다 아는 속어나 은어를 유머러스하게 끌고 들어오는 것…"이다. 설교의 구성이나 이야기, 이미지, 그림, 물체 등을 사용할 때도 이런 '적당한 분량의 이탈'을 시도할 수 있다. 이런 추가적 자극을 잘 찾아내서 (예를 들어) 마지막 부분에 깜짝 활용하면, 예배가 끝난 뒤에도 해당 본문을 더 오래도록 더 깊이 이해하는 데 도움이 된다.

---

208) G. Theißen, Zeichensprache, 144 이하.

지금껏 우리가 말한 것을 통해 이제 더욱 분명해졌다. 명료함, 동기 부여, 생생한 표현, 집중력의 한계 유의 등은 청중 때문에 설교자가 어쩔 수 없이 익혀야 하는 무엇이 아니다. 그것은 선포의 기본 조건이다. 선포는 그 자체로 이미 누군가에게 수용되는 것을 전제로 하기 때문이다.

b) 설교에서 자기를 나타냄

설교자는 설교를 통해 얼마만큼 자기를 나타내는 것이 적절한가? 우리는 이 물음에 쉽게 대답할 수 없다.[209] 설교자의 자기표현은 어떤 때는 직접적으로("제가 여러분에게 말합니다!"), 어떤 때는 '설교의 스타일을 통해' 간접적으로(목회상담의 방식으로, 요구하는 방식으로, 가르치는 방식으로) 나타난다.

직접적 자기표현: 경직된 겉치레도 문제이지만 지나친 자기성찰도 적절하지 않다. 청중은 살과 피로 이루어진 한 인간을 느끼기 원한다. 설교를 통해서도 열린 태도로 '나'를 말할 수 있는 한 인간을 느끼기 원한다. 그러나 동시에 그 설교자가 세속적인 삶과는 다른 신앙의 삶을 살고자 노력하는 사람이라는 것을 느끼기 원한다. 설교자는 자기의 생각을 공적으로 표현하면서도 배려와 분별력을 잃지 말아야 한다. 설교자는 언어로 자기를 표현하기도 하지만 자기를 은닉하기도 한다. "우리는…", "사람들은…" 같은 말을 쓰면서 자기를 감춘다. 이러한 "외형 꾸미기 기술은 […] 자신의 인격 중에서 부정적으로 느껴지는 부분을 감추고 위장하기 위한 것이다."[210] "여러분"이라는 표현 뒤에 실제로는 (의도적으로 피하고 있는) 1인칭 메시지가 숨어 있는 경우도 있다.

설교 중 설교자의 자기표현과 관련해서도 명료함은 큰 도움이 되는

덕목이다. (장기적으로) 청중과 설교자의 관계에 대한 부분은 더 더욱 그러하다. 설교자가 용기를 내어 자기를 표현할 때, 청중은 설교자의 지향에 대해 쓸데없는 추측을 하지 않아도 된다. 자기 모습을 드러내는 사람은 일단 갈등에 휩싸일 위험이 더 큰 것은 사실이다. 그러나 장기적으로는 자신의 회중이 근본적인 문제를 더욱 깊이 있게 생각할 수 있도록 안내해 줄 수 있다. 자신의 입장을 드러내지 않고 그냥 모든 사람에게 옳다, 옳다 하는 사람은 그러기가 어렵다.

간접적 자기표현: 모든 설교자는 자기만의 설교 스타일이 있다. 그건 누구도 뭐라고 할 수 없다. 설교 스타일은 그 설교자의 인품, 또한 그 설교자의 라이프스토리와 불가분의 관계에 있다. 프리데만 슐츠 폰 툰은 여덟 개의 '커뮤니케이션 스타일'을 구분하는데, 우리는 그것을 설교의 스타일에도 적용할 수 있다.[211]

도움이 필요하고
의존적인 스타일

도와주는 스타일

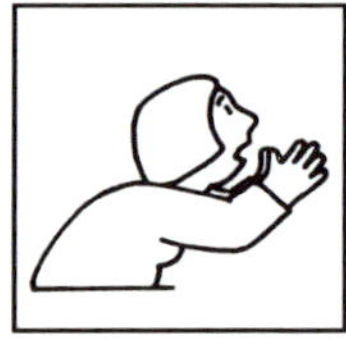

자기가 없는
스타일

공격적이고
무시하는 스타일

자기를 증명하는
스타일

모든 것을 규정하고
좌지우지하려는
스타일

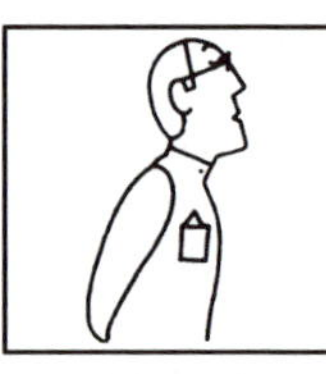

거리를 두는
스타일

말하는 것을
기뻐하고 극적으로
말하는 스타일

211) 참조: F. Schulz v. Thun, Miteinander reden 2, 61~241.

자기의 스타일을 알고, 자기를 비판적으로 성찰하며 발전시키는 태도는 두고두고 도움이 된다. 정기적으로 설교를 해야 하는 사람이라면 자기가 선호하는 스타일에 묶이기보다는 시간을 두고 자기의 영역을 확장시키기 위해 노력하는 것이 좋다. 그러나 그때그때 마음이 이끄는 대로 자기의 단점을 훌쩍 뛰어넘어 버리는 것이 아니라 자신의 진실성과 진정성을 최대한 유지하려고 노력해야 한다.

마지막으로 설교자의 인격적인 진정성에 관한 문제는 훨씬 더 근본적인 물음, 즉 설교자의 신뢰성에 관한 물음과 연결된다. 설교자의 말은 설교자의 삶과 일치하는가? 바울 사도는 고린도 교회 교인들에게 이렇게 썼다. "너희는 우리의 편지라 […] 뭇 사람이 알고 읽는 바라."(고후 3:2~3) 그러면서 복음의 커뮤니케이션을 위해 삶과의 관련성이 얼마나 중요한지를 지적해 준다. 그러나 다른 면도 생각해야 한다. "이는 우리가 믿음으로 행하고 보는 것으로 행하지 아니함이로라."(고후 5:7) 우리가 삶 속에서 실현할 수 있는 것만을 설교한다면, 우리는 더 중요한 것을 완전히 놓치게 된다. 하나님의 약속은 "개선 가능한 세상"(에른스트 랑에)을 향한 것이다.

설교자의 진정성은 메시지와 수신자 사이에 이해의 다리를 놓는 데 도움을 준다. 설교자는 양쪽 모두와 연결되어 있고 양쪽 모두에게 책임을 다해야 하는 존재이기 때문이다. 설교자가 '절제된 주관성'을 유지하기 위해 애쓰면, 그 설교는 회중에게 훨씬 호소력 있고 신뢰할 만한 설교가 된다. 상처의 경험과 성공의 경험이 이러한 방식으로 똑같이 설교 안에 자리를 잡을 수 있다.

c) 설교의 관계적 측면

일상생활에서 그런 것처럼 설교에서도 관계적 측면에 특별한 관심을 기울이는 것이 필요하다. 이 관계적 측면이 복음의 커뮤니케이션을 위한 계기가 되기도 하지만 걸림돌이 될 수도 있기 때문이다. 설교는 말 건넴의 성격을 띠고 있다. 그러므로 설교자와 회중 사이에 이미 어떤 관계가 있음을 전제하고 있는 것이다. 그리고 그 관계는 설교 안에서 구체적으로 드러난다. 어떤 설교자는 비교적 친근한 어투로 회중에게 말을 건네고, 어떤 설교자는 비교적 격식 있는 어투로 다가간다. 어떤 것이 더 적당한 것이냐는 사람에 따라, 상황에 따라 다르다. 설교의 관계적 측면과 관련하여 핵심적인 질문은 이것이다. 우리는 청중에 대해 어떤 이미지를 가지고 설교하는가? 회중에 대해서는 어떤 견해를 가지고 있는가?

연습 이 질문을 가지고 당신의 설교 원고를 다시 한 번 살펴보라. 어떤 '여러분'-메시지("나는 여러분에 대해 이렇게 생각한다.")와 어떤 '우리'-메시지("우리는 서로 이런 관계이다.")를 발견했는가? 우리는 그런 표현을 씀으로써 어떤 것을 말하고자 했는가?

설교를 듣는 사람들도 설교자가 자신을 이해하고, 진지하게 생각하고, 존중하고, 받아 주기를 원한다. 반면 회중을 못미더워하여 일일이 간섭하고 회중을 무시하는 태도는 개신교 설교의 정신과 상충한다. 개신교의 설교는 언제나 청중의 "직립 보행"(헬무트 골비처)을 지향하기 때문이다. 설교자가 청중에게 말을 건넬 때는 청중을 성숙한 대화상대로 받아들이고 그들의 자유를 존중하며 그들과 동등한 파트너로서 그들의 마음을 끄는 방식을 취하는 것이 결정적으로 중요하다. 베르터 예터는 이렇게 말했다. "설교자는 자신의 청중을 완전히 성숙한 인간으로 대하면

청중을 성숙한 대화 파트너로 대하기

서, 그들의 귀를 가지고 자신의 말을 듣는 법을 배워야 한다."212)

설교의 관계적 측면을 고려한다는 것은 청중으로부터 얄팍한 동정을 사려고 하거나, 어떤 수단과 방법을 동원해서라도 그들의 호응을 얻으려는 시도와는 거리가 멀다. 비판적인 청중은 그러한 환심 사기, 다시 말해 관계의 메시지를 도구화하려는 시도를 금방 눈치 채고는 무관심이나 적대감으로 반응할 것이다. 그러나 설교자가 서로를 존중하는 분위기, (하나님 앞에서) 함께 배우는 분위기를 만들어낼 수 있다면 사람들은 그의 설교를 열린 귀와 열린 마음으로 듣게 될 것이다. 그러기 위해서는 설교자가 설교 중에 청중에게 가까이 다가서려는 노력이 필요하다. 물론 너무 가까이 간다거나, 심지어 그들의 '무릎 위에 앉으려고' 해서는 안 된다. 설교자가 복음의 관점에서 회중을 향해 뭔가 비판적인 말을 해야 할 때일수록 이런 친밀한 관계가 중요하다. 그러나 친밀함 속에서도 약간은 회중에게 거리를 둘 때 그런 비판적인 언급이 효과를 낼 수가 있다. 또한 그런 말을 할 때도 기본적인 예의, 그리고 청중을 수용하려는 기본적인 태도가 느껴져야 한다. 모든 설교는 항상 이 두 가지 축, 즉 친밀함과 거리두기 사이에서 조심스레 균형을 잡아가는 것이다. 칼 바르트는 (고린도전서 13장에 기초하여) 이러한 균형 잡기에서 결정적으로 중요한 요점을 지적한 바 있다. 그 요점이란 친밀함과 거리두기 안에서 적절하게 표현된 사랑이다.

"설교자는 자신의 회중을 **사랑**해야 한다. 회중 없이는 설교자도 있을 수 없다. 설교자는 이 점을 알아야 한다. '나는 이 사람들과 하나이고, 내가 하나님께 받은 것을 이 사람들과 나누고자 한다.' 이러한 사랑이 없다면, 사람의 말과 천사의 말로 설교를 해도 아무런 소용이 없다."213)

212) W. Jetter, Wem predigen wir? Notwendige Fragen an Prediger und Hörer, Stuttgart 1964, 46.
213) K. Barth, Homiletik, Zürich(1966) 1985, 67.

청중의 상황을 잘 이해하고 그것을 언어로 표현하는 일은 사실 100% 가능한 일은 아니다. 그러기에는 청중 내에서도 개개인의 삶의 정황이 너무 다르고, 하나님과 세계를 바라보는 관점도 천차만별이다. 우리 설교자는 보편적이고 인간적인 견해와 근본적인 진술에 의존할 때가 많다. 어떤 내용은 그저 추측의 수준을 넘어서지 못할 때도 있다. 많은 대화나 심방을 통해 청중을 잘 알고 있는 설교자는 좀 더 구체적인 설교를 할 수 있다. 설교를 통해 회중과 더불어 기쁨과 슬픔을 나눌 수 있다.[214] 물론 개인의 사적인 영역은 침범하지 않도록 유의해야 한다.

다음의 설교 사례는 일상에 대한 세심한 관찰에서 우러나온 일반적인 진술이 어떻게 청중과의 관계성을 창출해낼 수 있는지를 잘 보여준다. "아, 설교자가 우리의 마음을 이해하고 있구나!" 만일 청중이 이런 느낌을 가지고, 설교자에게 심정적으로 공감을 하게 된다고 생각해 보자. 그런 청중은 그 설교의 사실적 측면과 요청의 측면까지도 받아들일 수 있게 된다. 이 설교는 산상수훈의 마지막 부분(마 7:24~27)을 본문으로 삼았다.

2000년 7월, 한 달 내내 비가 많이 내렸고 그날 주일에도 비가 내렸다. 설교자는[215] 이런 말로 설교를 시작했다. 그 말에서 진심이 느껴졌다.

사랑하는 교우 여러분, 모든 사람이 요즘 날씨 이야기를 하고 있습니다. 우리는 어떤가요? 우리도 마찬가집니다. 예수님이 들려주시는 비유의 말씀에서도 날씨가 아주 중요한 역할을 하니까 우리가 날씨 이야기를 한다고 해서 하나도 이상할 거 없습니다. 사람들이 만나면 언제나 날씨 이야기를 합니다. 서로 머쓱하거나 할 말이 없어서 그런 걸까요? 꼭 그런 것 같지만은 않습니다. 날씨에 관한 이야기 뒤에는 뭔가가 있는 것 같습니다. 사람

---

214) 참조: U. Nembach, Predigen heute – ein Handbuch, Stuttgart u. a. 1996, 특히 135 이하.
215) 2007년 7월 23일 로이트링겐(Reutlingen)의 에어뢰저(Erlöser = 구원자)교회에서 마태복음 7장 24~27절을 본문으로 행한 니함머(H.–M. Niehammer)의 설교.

들이 뉴스를 볼 때 제일 열심히 보는 것이 일기예보라고 합니다. 왜 그럴까요? 당연합니다. 날씨는 우리에게 큰 영향을 미칩니다. 많은 것이 그 날씨에 의해 좌우됩니다.

지난 한 주간 우리는 얼마나 걱정을 많이 했습니까? 중고등부 야외 행사를 치를 수 있을까? 결국 그 행사는 비 때문에 취소되고 말았습니다. 여름휴가 때도 날씨가 이러면 안 되는데, 그러면 정말 끝이야 끝! 이렇게 우리의 많은 계획은 날씨에 달려 있습니다. 우리의 감정도 마찬가지입니다. 어떤 분은 아주 날씨에 예민합니다. 건강상태가 날씨에 따라 달라집니다. 우리의 기분도 날씨의 영향을 많이 받지요. 햇빛이 쨍 하고 나면 언제 그랬냐는 듯이 기분이 훨씬 좋아집니다. 이렇게 우리는 대단히 날씨 의존적인 존재입니다.

특히 날씨가 엄청난 재앙을 몰고 올 때를 생각해 보십시오. 무슨무슨 태풍이 몰려와서 어느 지역을 초토화시킨다든지, 장마 때문에 수확이 큰 피해를 입는다든지, 홍수가 나서 마을이 물에 잠긴다든지…. 이런 일을 겪을 때마다 우리는 소스라쳐 놀라고 불안해합니다. 게다가 오늘날에는 이런 자연재앙이 아주 빈번해지고 있다는 사실 때문에 걱정이 아주 많습니다. 혹시 이것이 기후 재앙의 신호는 아닐까? 겨울인데 전혀 춥지 않다든지, 7월에 이렇게 비가 많이 내린다든지 하면 우리는 그런 질문을 던지게 되는 것입니다.

그래서 저는 이렇게 생각합니다. 날씨라는 주제야말로 우리의 의존성을 가장 잘 보여주는 주제라고 말입니다. 모든 것을 인간의 마음대로 할 수 있는 세상에서, 날씨는 우리에게 거듭거듭 인간의 한계를 보여줍니다. 예측 가능성의 한계를 보여줍니다.

우리는 날씨 이야기를 하면서 우리의 삶을 이야기하기도 합니다. '내 삶에 폭풍이 몰려왔다. 그야말로 청천벽력 같은 소리이다. 삶에 햇살이 비추기 시작했다. 쥐구멍에도 볕들 날이 오겠지. 바람 맞았다. 혼자 비 맞고 서 있는 꼴이었다. 홍수 같은 시련의 운명이 나를 뒤덮었다.' 우리의 삶은 날씨처럼 변덕스럽고 예측하기 어려운 것 같습니다. 또 그래서 위험하기도 합니다. 우리의 삶의 그런 변화의 흐름에 속절없이 내맡겨져 있는 것 같습니다.

그러나 다행스럽게도 완전 무방비상태인 것은 아닙니다. 그나마 우리는 지혜로운 사람이기 때문이죠. 날씨만 탓하고 있는 어리석은 인간이 아닙니다. 우리도 뭔가를 할 수 있지요. 또 그렇게 해야 합니다. 인류는 역사의 흐름 속에서 모든 지혜를 동원하여 날씨의 횡포와 그로 인한 피해를 막으려고 노력해 왔습니다. 미리 많은 것을 계획하고 예비해 둠으로써 위험 요소를 줄이고 비교적 안전하게 살게 되었습니다. 대표적인 예가 집을 짓는 것입니다. 집이야말로 우리의 모든 노력, 모든 기술과 지혜의 상징입니다. 옛날과는 많이 다르긴 합니다만, 그래도 우리는 집 짓는 것에 대해서 어느 정도는 알고 있습니다.

우리는 먼저 개인적 차원에서 우리의 삶을 안전하게 만들려고 바쁘게 일을 합니다. 좀 더 넓은 차원에서는 우리 사회를 편안하고 살 만한 곳으로 만들기 위해 노력을 합니다. 내 인생의 집이든, 국가라는 집이든, 우리는 나름의 방식으로 우리 자신과 다른 사람을 위한 집을 짓고 있는 것입니다. 이것은 좋은 일이고 또한 중요한 일입니다. 위험을 막아내고 생명을 살리고, 여러 가지 악천후와 운명과 죽음에 맞서는 것입니다. 그렇지만 우리는 알고 있습니다. 그럼에도 불구하고 여전히 인생은 불안하다는 것 말입니다. 정말 우리는 날씨의 모든 공격에 맞설 수 있는 충분한 대비가 된 것일까요? 우리가 세워 놓은 벽은 충분히 튼튼한가요? 우리의 모든 노력, 개인적이고 사회적인 노력, 복지와 학문의 구조는 충분히 튼튼한가요? 아니면, 그럼에도 우리의 인생은 조금씩 파멸을 향해 다가가고 있는 것일까요?

이러한 물음 속에서 오늘 우리는 비유의 말씀을 듣습니다. 예수께서 들려주시는 말씀입니다. 지금 우리 눈앞에는 두 개의 가능성이 있습니다. 무너지느냐, 아니면 든든히 서느냐! 이 비유는 우리에게 말합니다. 이 두 가지 가능성을 한 번 근본적으로 생각해 보라고 말입니다. 예수께서 원하시는 것은, 우리가 근본을 보는 것입니다. 그분의 말씀은 단순히 피상적인 문제를 건드리는 말씀이 아니기 때문입니다.

이 설교자는 상당히 관계성이 풍성한 두 가지 개념, 곧 날씨와 집이라는 개념과 관련하여 누구나 한 번쯤은 가만히 생각해 볼 수 있는 내용으로 설교의 앞부분을 장식한다. 그러면서 청중이 쉽게 공감할 수 있는 소재들을 많이 제공하고 있어서, 비록 다양한 사람들이 모여 있다 하더라도 어느 한 부분에는 공감을 하면서 자연스럽게 설교 안으로 들어올 수 있도록 하고 있다. 그는 언뜻 보기에 피상적인 것 같은 일상적인 일들, 일상적인 관찰 너머 더 깊은 차원을 예감하면서 우리 모두의 중요한 인생 주제로 접근해 가고 있다. 그러면서 두 마리 토끼를 한꺼번에 잡는다. 하나는 관계의 차원에서 청중과의 교감을 만들어내는 것이고, 다른 하나는 내용의 차원에서 청중의 관심을 일깨우는 것이다. 이제 청중은 이야기가 어디로 흘러갈지, 특히 성경 본문과 관련하여 설교가 어떻게 전개될지 궁금해하기 시작한다.

우리는 너무나 쉽게 피상적인 것에 매달립니다. 자잘한 것에 이리저리 신경이 분산되거나 너무 많은 과제에 치여서 살아갑니다. 그러나 바로 그렇기 때문에, 무턱대고 우리의 행동만 생각해서는 안 됩니다. 우리의 행동, 우리의 염려로는 우리 인생의 문제가 풀리지 않기 때문입니다. 예수님은 우리에게 근본에 관한 질문을 던지십니다. 그리고 그 질문에 대한 답도 알고 계십니다. 우리 인생의 근본? 그것은 바로 하나님입니다. 그분이야말로 우리의 바탕이요 터전입니다. 하나님은 우리가 인생의 집의 기초를 놓고 그 위에 집을 지어야 하는 반석이십니다. 그분의 신실하심이야말로 우리가 마음 놓고 집을 지을 수 있는 토대가 됩니다. 이로써 예수님은 우리에게 결정적으로 중요한 방향을 가리켜 보여주십니다.

(예수님의 말씀입니다.) 만일 네가 – 인생의 중요한 상황 속에서 – 하나님을 찾는다면, 위를 올려다보지 말고 아래를 바라보아라! 날씨가 이랬다저랬다 변덕을 부리는 하늘을 올려다보지 마라! 거기서 그분을 찾아서는 안 된다. 왜? 하나님은 '저 위에' 계시지 않기 때문이다. 거기서 그때그때 마음 가는 대로 우리를 다스리는 분, 예측이 불가능하고 변덕스러운 날씨 같은 분이 아니다. 하나님은 날씨처럼 오락가락하는 분이 아니다. 그렇다! 우리 하나님은 그런 분이 아니다. 날씨의 하나님? 화창한 날씨를 주관하는 하나님? 그런 하나님이 아니다. 우리 인생에 천둥과 번개를 내리시는 하나님? 그런 하나님이 아니다. 폭풍이 너의 집을 휩쓸어 갈 때, 그 폭풍 속에서 하나님을 찾지 마라. 태양이 너에게 미소를 지을 때, 거기에 하나님이 계시는 것도 아니다. 모든 사람이 무슨 날씨 이야기하듯 하나님에 관해 말할 때, 너는 기억하라. 하나님은 저 위에 계시는 것이 아니라 저 아래 깊은 곳에 계신다. 네 삶의 근본 바탕이시다. 변덕스러운 날씨 속에서도 네 인생의 집을 든든히 지탱해 주시는 분, 그 반석, 바탕, 저 깊은 곳에서 변하지 않는 분. 그분이 하나님이다. 모든 것에는 기초가 있다. 그 기초가 바로 하나님이다. 저 아래 계시는 하나님, 깊은 곳에 계시는 하나님, 우리가 어려움에 처해 있거나 그 어려움에서 벗어나기 위해 애를 쓸 때, 그 한복판에 우리와 함께 계시는 하나님이 있다.

여러분, 그 하나님이 바로 예수 그리스도이십니다. 그는 우리가 짓는 집의 토대가 되십니다. 그분 안에서는 말과 행동이 오롯이 하나가 됩니다. 그분은 말씀한 대로 행동하십니다. 말씀이 곧 행동입니다. 자신의 말씀과 약속에 대한 하나님의 신실하심이 그분을 통해 손에 잡힐 듯 가까이 다가왔습니다. 바로 저 깊은 곳, 심지어 죽음에 이르기까지 깊은 그곳에서 말입니다. 그러므로 그분은 자신의 말씀이 우리 삶의 바탕이라고 선언하십니다.

바로 그 토대 위에 집을 지어야 합니다. 그래야 우리는 지혜로운 사람이라고 말할 수 있습니다. "그러므로 누구든지 나의 이 말을 듣고 행하는 자는 그 집을 반석 위에 지은 지혜로운 사람 같으리니!" 무엇이 우리를 지혜로운 사람이 되게 합니까? 지혜로운 자는 듣는 자입니다.

d) 설교 안에서 나타나는 요청의 측면

요청(호소)은 삶의 변화를 촉구하는 것이다. 이러한 변화를 외치는 설교자는 청중의 상당수가 태만함에 길들여져 있다는 사실을 감안해야 하는데, 그들이 여태껏 살아온 삶의 패턴이 이러한 태만의 주된 원인이다.216) 설교 연구가 밝혀낸 것처럼, 대부분의 청중은 자신의 생각 및 삶의 지평과 일단 큰 무리 없이 어울리는 내용만을 받아들인다. 그것을 넘어서는 메시지나 요청은 "내적인 가정의 평화"217)를 침해한다. 그런 불편함을 감수할 수 있는 태도를 가진 사람들만이 ("하나님께서, 설교자가 나에게 하는 말을 들어야 한다!") 그런 메시지를 곰곰이 새겨 보려고 한다.218) 물론 설교자가 청중으로 하여금 이런 태도를 갖게 만드는 것도 결코 쉬운 일이 아니다. 또한 우리가 일상 경험을 통해서 알고 있듯이, 변화된 태도에서 변화된 행동에 이르는 길도 대단히 먼 길이다. 우리의 설교가 청중에게 얼마만큼 영향을 미치고 있는가, 곰곰 생각하면 낙심하기 십상이다. 우리는 우리의 설교가 어떤 변화를 가져오는지 거의, 혹은 전혀 모르고 있다. 어떤 설교자는 사도행전 2장 37절과 같은 경험을 한 번 해

요청을 적절하게 사용하기

---

216) 심리학자인 랑어(I. Langer)는 이렇게 진단한다. "당신이 누군가에게 요청을 하는 것은 마치 어떤 왕국에 들어서는 것과 같다." 사람들은 그 왕국을 수호하기 위해서 온갖 회피와 방어의 전략을 사용한다. 그들 가운데 일부는 – 교회 회중의 경우도 마찬가지인데 – '요청 알레르기' 증상을 보인다.
217) 심리학의 영역에서는 우리의 '형편에 맞지 않는' 소식을 일컫는 말로 **인지적 불협화음**(kognitive Dissonanz)'이라는 개념이 자리를 잡았다.
218) 참조: H. D. Schneider, Unter welchen Voraussetzungen kann Verkündigung Einstellungen ändern? In: Wissenschaft und Praxis in Kirche und Gesellschaft, 1969, 246~257.

봤으면, 하고 열망한다. "그들이 이 말을 듣고 마음에 찔려 베드로와 다른 사도들에게 물어 이르되 형제들아 우리가 어찌할꼬 하거늘…."

그러나 실제로 이런 구체적인 경험이 오늘날 일어나기도 한다. 복음의 말씀을 듣고 내면의 힘을 얻어서 새롭게 일어서고, 기쁨 가운데서 새로운 삶을 위한 용기를 길어 올리는 사람들이 있다. "회개하고 복음을 믿어라"(막 1:15)는 예수님의 말씀을 그대로 믿고 자신의 삶을 하나님께 맡기는 사람들이 있다. 설교 말씀을 들으면서 끊임없이 자신의 삶을 고쳐 나가고, 가난하고 소외당한 사람들을 위해 복음의 이름으로 헌신하는 사람들이 있다. 이러한 변화와 발전은 아주 오랜 과정을 거치며 일어나는 것들이다. 그러므로 설교자들은 인내를 가지고 "은총의 낙관주의"(고든 럽[Gordon Rupp])를 붙잡고, 용기를 내어 청중을 향해 뭔가를 요청할 수 있다.**219)**

전체적인 맥락에서 우리의 주된 관심은 설교의 기회를 강조하면서, 동시에 한 편의 설교가 할 수 있는 것과 할 수 없는 것에 대하여 사실적으로 진단하는 것이다. 특히 설교가 마땅히 뭔가를 요구/요청해야 하는 자리에서 그것의 가능성과 한계를 살피고자 함이다. 지금까지 우리는 커뮤니케이션의 영역에서 나타나는 요청의 측면에 대해 알아봤는데, 거기에 기초하여 일단 이렇게 말할 수 있다. 아무것도 이루려고 하지 않는 사람은 정말 아무것도 이룰 수 없다. 설교를 통해 이루고자 하는 분명한 목표가 없는 설교자는 실제로 아무것도 이루지 못한다. 우리가 신학적으로 항상 기억해야 하는 것은, 설교자는 성경의 예언자 전통에 서 있다는 사실이다. 그러므로 분명히 설교자는 "내적인 관심사에 개입"(만프레

변화에는 시간이
필요하다

아무것도 이루려고
하지 않는 사람은 정말
아무것도 이룰 수 없다

219) 청중의 자리에서 '요청 알레르기'가 나타난다면, 발신자의 자리에서는 거기에 상응하는 '요청 공포증'이 있다. 어떤 설교자들은 청중을 향해 어떤 요청을 하면 자기가 권위주의적인 모습으로 비칠까 봐 두려워한다. 설교자와 회중 사이에 커뮤니케이션이 명료하지 않을 때 이런 문제가 발생한다.

드 피셔[Manfred Fischer])할 권리 - 또한 의무! - 가 있다. 이것은 설교자에게 때때로 부담이 될 수도 있다. 설교자는 하나님의 부름을 받아, 하나님의 이름으로, 성경에 기초하여 말하는 사람이다. 설교자는 - 자기 자신과 회중에게 - 성령께서 역사하심을 믿는 사람이다. 이러한 확신만이 설교자로 하여금 성경에 입각하여 청중에게 강력한 요청을 할 수 있는 용기와 의연함을 선사한다.[220]

찬성과 반대, 수용과 수정은 언제나 한 쌍을 이루는 것이며, 설교에서도 - 신학적으로나 언어적으로나 - 항상 새롭게 균형을 맞춰가야 하는 두 축이다. 이것과 더불어 분명히 짚고 넘어가야 할 것이 또 하나 있다. 설교자는 자신이 말한 것에(또한 말하지 않은 것에) 책임을 져야 한다는 사실이 그것이다. 설교자는 회중에게 너무 과도한 요구를 하거나 너무 시시한 요구를 해서는 안 된다. 그 사이 어딘가에서 균형을 잡고 최대의 열매를 거둘 수 있는 요구를 해야 한다. 자기가 그 중심을 찾지 못한 책임을 성령의 책임으로, 혹은 시대정신의 책임으로 돌려서는 안 된다. 설교에서 요청의 측면은 상대방의 변화를 지향함과 동시에 청중의 자유 혹은 자기 책임을 존중한다. 청중은 스스로 - 우리가 그걸 원하든 원하지 않든 - 그런 변화를 위해 결단하거나, 그것을 거부하는 선택을 할 수 있다. 마지막으로 한 가지, 그런 요청이 가장 큰 효과를 낼 때는 설교자가 그것을 열린 자세로 분명하게 표현할 때, 그리고 자기 스스로가 그 요청을 진지하게 받아들일 때이다. 설교자는 바로 이 점을 관계의 측면에서 분명하게 드러낸다. "나 스스로 받아들일 자세가 안 된 어떤 것을 내가 여러분에게 요구할 수는 없습니다!"

우리가 사례로 든 설교의 결론 부분은 설교자가 바로 이 요청의 측면

기꺼이 책임지기

220) 이번 장의 도입부에 소개한 내용, 즉 '복음의 커뮤니케이션'이라는 표현에 대한 내용을 다시 한 번 떠올려 보자.

을 어떻게 적용할 수 있는지를 잘 보여준다.

지혜로운 자는 듣는 자입니다. 그것이 우리의 삶에 기초를 제공합니다. 모든 행동의 기초가 되는 것, 귀를 기울이는 것입니다. 예수님의 말씀을 듣는 것입니다. 그런데 거기에는 시간이 필요하지요. […] 도대체 무엇이 내 행동의 바탕일까? 내가 이렇게 행동하는 이유를 어떻게 설명할 수 있을까? 내가 아이들을 대할 때, 직장에서 일할 때, 돈을 대할 때? 내가 의식적으로 행동할 때는 무엇을 지향하는가? 즉흥적으로 반응할 때는 무엇을 지향하는가?

구동독의 여성작가 크리스타 볼프(Christa Wolf)는 통일 직후, 한때 화려했던 건물이 비참하게 무너져 내린 것을 보았습니다. 그리고 동독의 몰락 원인에 대해 비판적으로, 또한 자기 비판적으로 성찰하면서 이렇게 말했습니다. "모든 것을 거머쥔 주인, 나의 도시를 확고하게 통치하던 하나의 주인이 있었으니, 그의 이름은 무분별한 순간의 이익(der rücksichtslose Augenblicksvorteil)이었다." 그녀가 보기에 동독의 몰락 원인은 비밀경찰이나 정치가가 아니었습니다. 그 원인은 모든 사람 안에 자리하고 있던 무분별한 순간의 이익이었습니다. 그런데 과연 오늘 우리의 모습은 어떻습니까? […] 사랑을 위해서 온갖 불이익과 갑작스러운 곤경과 길고 긴 과정까지 감내할 것을 권하는 말씀이 있습니다. 바로 산상수훈입니다. 예수님의 가르침은 가장 분별력 있는 긴 호흡의 전망입니다. 사랑만이 미래요 영원이기 때문입니다.

지혜로운 자는 듣는 자, 그리고 행하는 자입니다. 예수라는 기초를 가진 사람은 집을 지을 수 있습니다. 우리는 그 집을 짓는 데 동참할 수 있으며 또한 그래야 합니다. 우리의 모든 지혜를 동원하여 우리의 세계, 우리가 사랑하는 사람들을 크고 작은 자연재해로부터 보호해야 합니다. 예수님은 우리에게 들음과 행함을 요구하십니다. 들음과 행함, 믿음과 행위가 어떻게 함께 갈 수 있을까요? 신학적으로 이것은 결코 쉬운 문제가 아닙니다. 자꾸 행위를 강조하면 그건 행함으로 의로움을 얻으려는 시도 아니냐는 의심을 사게 되고, 거기에 반대하여 바울이 인용되기도 합니다. 그러나 바울 사도 역시 이 세상을 위한 행위가 필요하다고 말합니다. 행하지 않는 것은 죄라고 말합니다. 그러나 우리 삶의 집, 그 집의 근본이 되시는 하나님과 우리의 관계는 우리가 어떻게, 어떤 것을 가지고 집을 짓느냐에 따라 흔들리는 것이 결코 아닙니다. 근본과의 관계는 그대로입니다. 그래서 우리는 용기를 가지고 눈앞의 어떤 것을 실행할 수 있습니다. 뭔가를 시작하기 전에 최상의 조건을 갖춰 놓으려는 사람들이 많이 있습니다. 그러나 불완전한 집을 지을 때도 있습니다. 세상이 멸망할까 두려워하는 우리이지만, 그래도 사과나무를 심습니다. 비록 작은 것일망정 우리는 믿음 안에서 깨달은 바를 그저 실천하는 것입니다. 근본이 제일 중요합니다. 그러면 우리는 인생의 어떤 폭풍우 속에서도 굳건히 서 있을 수 있습니다.

그러므로 지혜로운 자는 너무 일찍 판단하지 않는 사람입니다. 오늘 멋지게 잘 서 있는 것이 모두 그대로 남지는 않을 겁니다. 지금 무너져 있는 것이 영원히 그 상태로 버려져 있지는 않을 겁니다. 사회주의는 무너졌으나, 자유로운 서유럽은 반석 위에 서 있다(?) – 성경이 말하는 것은 그런 이야기가 아닙니다. 어떤 분에게는 그런 비교가 자꾸 떠오를 수 있습니다. 충분히 이해가 됩니다. 그리고 결국 우리가 옳았다는 안도감과도 관련이 있는 것 같습니다. 그러나 예수께서 원하시는 것은 그런 인간적인 옳음을 붙잡는 것이 아니라 하나님의 의로우심, 하나님의 율법을 붙잡는 것입니다. 그리고 그에 상응하는 정의를 실현하는 것입니다. 우리가 독일이라는 나라, 우리 모두의 집을 모래 위에 세울 것인지 아니면 반석 위에 세울 것인지는 아직 결정되지 않았습니다. 그러나 우리는 함께 결정해 나갈 것입니다. 바로 그렇기 때문에 우리에게 중요한 질문이 있습니다. 무분별한 순간의 이익이 우리를 주도할 것인가? 아니면 우리가 다른 사람의 짐을 지고, 이로써 그리스도의 율법을 성취하면서(갈 6:2) 장기적인 공동의 과제를 받아들일 것인가? 오늘 우리의 헌금 "한 사람이 다른 사람의 짐을 지라!"도 그 질문과 관련된 것입니다.[221] "누구든지 나의 이 말을 듣고 행하는 자는 그 집을 반석 위에 지은 지혜로운 사람 같으리니." 그는 모래 위에 집을 짓지 않는 사람입니다. 아멘.

e) 회고와 전망

우리는 커뮤니케이션학의 관점에서 복음의 커뮤니케이션, 특별히 설교를 통해 일어나는 복음의 커뮤니케이션과 관련하여 몇 가지 측면을 고찰하였다. 이미 우리가 강조하고자 한 것처럼, 모든 커뮤니케이션 상황의 다양한 요인들은 서로서로 불가분의 관계에 있다. 그렇기 때문에 우리는 몇 가지 측면들 사이에서 긴장 관계가 생겨날 수도 있다는 사실을 지적하지 않을 수 없다. 예컨대 내용의 측면과 관련해서는 이런 문제가 발생할 수 있다. 어떤 주제는 너무나 방대한 내용을 담고 있어서 15~20분이라는 제한된 설교 시간 안에 도저히 다룰 수가 없다. 또는 이런 문제가 있다. 오랫동안 교회와 담을 쌓고 살다가 어찌어찌해서 교회에 온 사람의 '기호 저장고'는 설교자의 언어에 등장하는 그것과 너무나도 달라서, 도무지 서로 상통하지 않을 것이다. 자기 알림의 측면, 관계의 측면과 관련해서도 엄청난 갈등이 나타날 수 있다. 가령 설교자와 회중이 (신학적 경향, 사회 문제에 대한 견해, 목표 설정 등과 관련하여) 너무나 다른 견해를 가지고 있다면 큰 문제가 일어날 수 있는 것이다. 그런 상황에서 과연 어떤 방향의 요청을 할 수 있을까? 설교자와 회중이 "공동묘

---

221) 독일 통일 이후 독일 감리교회는 과거 동독과 서독의 교회가 함께 모인 총회(1992년)에서 양쪽 교회 교역자 임금의 격차를 좁히기 위한 자금 확충 방안으로 감리교회 전체 차원의 모금(특별 헌금)을 추진했는데, 그 모금 프로젝트의 제목이 "한 사람이 다른 사람의 짐을 지라!"였다.

지와 같은”(F. 슐츠 폰 툰) 분위기를 고수할 것인가? 아니면 솔직하게 서로의 요구를 내세우면서 서로를 공격하여 끝장을 볼 것인가?

　우리를 하나로 묶어 주는 중심, 공동의 토대가 없다면 장기적으로 볼 때 설교자와 회중의 관계는 원만해질 수가 없다. 신약학자 게르트 타이센은 그 모든 부분적인 측면을 하나로 묶어 주는 상위의 범주로서 “진리를 위한 공동의 노력”을 제안하고, 그것을 우리의 논의에 끌어들인다.222) 우리는 그의 입장에 전적으로 동의한다. 진리를 위한 공동의 노력이 또한 “사랑하면서의 투쟁”(칼 야스퍼스)의 성격을 띠게 된다면, 이것이야말로 인간이 하나님의 약속을 신뢰하면서 자신의 가능성과 한계를 고스란히 지니고 하나님 나라의 전파 과정에 뛰어드는 모습이 될 것이다. 복음의 커뮤니케이션이 추구하는 것이 바로 이것이 아니고 무엇이랴!

---

222) G. Theißen, Zeichensprache, 155~156. “설교는 그것의 대상으로부터 그 자체의 역동성을 이끌어낸다. 설교는 하나님과의 대화가 사람들의 대화 속으로 끼어들도록 하려는 것이다.”(162)

제8장

소통하는 설교

구체화와 사례

설교의 주변 환경
숙고하기

커뮤니케이션학의 관점에서 성경 말씀의 선포에 관해 곰곰이 생각하다 보면 설교만이 아니라 설교의 주변 환경에 대해서도 생각을 하게 된다.[223] 교회 건물, 예배 공간, 그 자리에 모인 회중…. 설교자가 그 모든 요인에 영향을 미칠 수 있는 것은 아니다. 그러나 커뮤니케이션학의 관점에서 볼 때 복음의 선포가 최적의 성공을 거두기 위해서는 내적인 요인과 외적인 요인, 언어적 요인과 비언어적 요인의 조화가 필요하다.

소통하는 설교가 어떤 것인지를 보여주기 위해서 우리는 세 개의 구체적인 사례를 제시하고자 한다. 첫째는 설교단에서 '나'라는 표현을 사용하는 것에 대한 성찰이다. 그 다음으로는 말씀 선포 중에 상징을 사용하는 문제를 생각해 보려고 한다. 마지막으로는 정말 진지한 문제, 즉 교회와 설교단에서 유머를 쓰는 것에 관한 문제를 다룸으로써 이 장을 마무리할 것이다.

223) 여기에 대해서는 제1장의 내용을 참조하라.

I. 설교단 위의 '나'에 대한 성찰

사도 바울은 고린도후서 4장 13절에서 이렇게 말한다. "나는 믿었으므로 또한 말하노라." 그의 신학적 저술은 그의 인격에서 나온 것이다. 그의 인격은 핵심 본질을 추구하고 있으니 그 본질이 그를 가장 깊은 곳에서 지탱해 주고 있다. 스스로 확신을 가진 사람만이 다른 사람에게 확신을 줄 수 있다는 사실이 그에게서도 전형적으로 드러나고 있다. 또 하나 분명한 것은, 모름지기 진리에 대한 증언은 객관적으로 전달될 수 있는 것이 아니라 언제나 인격적인 특성을 띠게 된다는 사실이다. 바울은 설교자로서, 또한 여러 편지의 저자로서 용기를 내어 개인적이고 인격적인 말을 전한다. 물론 그는 복음의 커뮤니케이션과 관련한 자기 이해를 다음과 같이 분명하게 공표한다. "우리는 우리를 전파하는 것이 아니라 오직 그리스도 예수의 주 되신 것과 또 예수를 위하여 우리가 너희의 종 된 것을 전파함이라."(고후 4:5)

설교학의 역사를 살펴보면, 설교단 위의 '나'에 관한 물음(설교 중 설교자의 자기 표현에 관한 물음)을 놓고 시대에 따라, 학파에 따라 다양한 대답이 있었음을 알 수 있다. 예나 지금이나 (미래의) 설교자에게 성경 말씀 외에 다른 것을 절대로 전하지 말라고 가르치는 설교학 교재들이 있다. 여기서 설교자의 '나'는 기껏해야 증언하는 '나'일 뿐이다. 그것을 제대로 지키지 않는다고 생각할 때마다 바울 사도의 말씀을 인용한다. "우리는 우리를 전파하는 것이 아니다!" 또 하나의 극단적인 입장은 설교 때마다 자신의 진정성을 보여야 한다고 주장한다. 설교라는 것이 결국은 설교자 자신의 신앙관(신관, 세계관), 설교자 자신의 경험에 큰 영향을 받기 때문이다. 두 입장 모두 결코 부정할 수 없는, 타당성 있는 논지를 대변하고 있다. 그러나 첫째 입장의 대변자들에게는 이런 질문을 던질 수 있다. 과연 그 '본문'이 (그 당시의 구체적인 청중과 더불어 전파되던 그 이야기가) 설교자의 인품과 설교자의 이야기를 완전히 빼놓고 오늘의 청중에게 설득력 있게 선포될 수 있을까? 그 반대 입장의 대변자들에게도 이런 질문을 던져야 한다. 만일 그렇게 설교자의 진정성이 강조된다면 성경의 메시지를 설교자 자신의 경험과 지식으로 걸러내는 위험성, 그래서 결국에는 심각한 주관주의에 빠질 위험성이 있지 않을까? 성경 본문은 언제나 우리의 주관적 경험을 뛰어넘는 가치를 지니고 있다. 그 말씀은 내가 내 안에서 만들어낼 수 없는, 오직 나의 밖에서 나에게 들려올 수밖에 없는 말씀, 자유를 주는 말씀, 길을 제시하는 말씀이다.

설교자는 두 번째 청중

우리는 제1장에서 설교의 첫 번째 청중은 바로 하나님이라고 말했다. 그런 의미에서 설교자는 그 설교의 두 번째 청중이라고 할 수 있다. 자기의 인격을 완전히 제외시킨 상태에서는 신학적 실존도, 인간과 인간 간의 커뮤니케이션도 생각할 수 없기 때문에, 설교자는 용기를 가지고 설교 중에 어느 정도까지는 자기 자신을 표현할 수 있다. 물론 계속해서 자기 얘기만 해서는 안 된다. "진정성 있는 설교란 설교자가 '나'라는 말을 쓰면서 끊임없이 자신의 감정 주변을 맴돌거나 자신의 내면 이야기를 늘어놓는 설교가 아니다. 설교자가 스스로를 정직하게 돌아보면서 자기가 책임감 있게 말할 수 있는 무언가를 분명하게 말할 때, 그 설교는 진정성 있는 설교가 된다."[224]

이제 설교자가 "스스로를 정직하게 돌아보면서 자기가 책임감 있게 말할 수 있는" 그것을 붙잡고 결연하게 '나'를 말하기로 다짐했다면, 만프레드 요주티스가 구별해 놓은 '나'의 다층성을 참조하는 것도 큰 도움이 된다.[225]

---

224) H. M. Müller, Homiletik, Berlin/New York 1996, 291.
225) 참조: M. Josuttis, Der Prediger in der Predigt. Sündiger Mensch oder mündiger Zeuge? In: 같은 저자, Praxis des Evangeliums zwischen Politik und Religion. Grundprobleme der Praktischen Theologie, München 1974, 70~94.

• **증언하는** 나: 자신의 신앙 경험으로 본문 말씀을 확증한다. "사랑하는 교우 여러분, 바울 사도가 말씀하신 것과 같은 상황을 저도 겪게 되었습니다. 그것은…."

증언하는 나

• **고백하는** 나: 어떤 것에 동의하거나 저항하면서 자신의 입장을 분명히 밝힌다. "나는 그 견해에 반대/찬성합니다. 그것은…." 여기서 중요한 것은 (바로 앞의 '나'처럼) 본문의 진리를 자신의 삶으로 증명하는 것이 아니라, 하나님의 진리와 인간 실존 사이의 차이를 설교자 개인의 모습을 통해 드러내는 것이다.

고백하는 나

• **삶의 이력** 속에 나타난 나: 여기서 설교자는 자기가 살아온 인생 이야기, 즉 라이프스토리의 관점에서 자신에 대해 이야기한다. 어린 시절의 경험, 특별한 만남, 독서를 통한 만남 등을 이야기하되 본문의 진리를 합리화하려는 의도와는 무관하다. 자신의 라이프스토리는 - 노출 충동과는 무관하게 - 청중을 인간 실존의 심층으로 안내하는 데 사용된다.

삶의 이력 속에 나타난 나

• **대리자/대표자**로서의 나: 설교자는 개인의 삶과 전혀 관련된 것이 아니라도 자기 자신에 대해 말할 수 있다. 청중을 대표하고 있는 자신에 대해 말하는 것이다. 이로써 설교자는 성경 본문과 만나되 개인적인 형태만이 아니라 보편적인 형태로 만나고자 한다. 설교자와 청중이 서로를 동일시하는 분위기가 매우 강할 때 이런 '나'를 쓰는 것이 좋다. 이런 유형의 문제점은 설교자가 자기의 모습을 청중에게 그대로 적용시키는 것이다. 대표자로서의 나를 고백적인 나와 (상대방이 잘 모르게) 결합시키는 것이다.

대표자로서의 나

• **표본적인** 나: 이 나는 대표자로서의 나와 매우 유사하다. 설교자는 자신에게 중요한 무엇인가를 청중에게 말하기 위해서 자기 이야기로부터 시작한다. 그러나 설교자는 먼저 자신을 위해서 본문의 메시지를 듣고, 그 다음에야 청중을 위한 그 메시지의 의미로 넘어간다.

표본적인 나

　　• 가상의 나: 소설 속 이야기의 경우와 유사하게 설교에서도 설교자가 아닌 다른 사람이 '나'로서 등장할 수 있다. 성경의 많은 이야기들은 1인칭 관점에서 새롭게 서술될 수 있다. 설교 중에도 다윗 왕, 요나 선지자, 예수의 어머니 마리아가 자신들이 경험한 하나님 이야기를 들려줄 수 있다. 욥은 자신의 아픔과 절망을 이야기한다. 부활하신 그리스도를 만난 여인은 아직 두려움이 가시지 않은 상태로 부활의 기쁨을 이야기한다.

　　지금까지 언급한 '나'의 유형 외에도 '요구하는 나'와 '주장하는 나'를 덧붙일 수 있다.**226)** 이 두 가지 1인칭 유형은 도전하는 연설의 틀에서 큰 효과를 낸다.(제3장 참조) 설교자는 정치적 설교나 복음 설교에서 청중에게 도전적인 언어로 다가간다. 혹은 어떤 객관적 사실을 밝혀내되 그것을 자신의 종교적 경험과 연결시키지 않는다. 여기서는 설교자의 규범적인 (뭔가를 규정하는) 요구가 표현되며, 설교자는 자신의 소명을 의식하며 그것을 선포함이 타당한 것이라고 생각한다. 청중은 이러한 규범적 요구를 권위 있는 요청으로 받아들일 수도 있고, 과도한 요구라고 생각하여 거부할 수도 있다.

　　여기에 소개된 여러 유형이 잘 보여주듯이, 설교자가 1인칭 단수의 형태로 말씀 선포의 일부가 될 수 있는 언어적 가능성은 대단히 풍부하다. '우리'라는 말을 쓰는 것도 같은 맥락에서 생각할 수 있다. '우리'라는

말은 '나'보다 훨씬 조심스러운 표현이다. 설교자와 청중 사이에 진정한 관계성이 형성되어 있을 때 '우리'라는 표현은 큰 효과를 낼 수 있다. 그러나 상대방을 자기 멋대로 끌어들일 때(진정성이 없는 '우리')에는 오히려

---

226) 참조: W. Bub, Evangelisationspredigt, 55〜56.

문제가 될 수 있다.

그런데 설교자가 '나'도 쓰지 않고 '우리'도 쓰지 않으면서 설교를 하면, 청중은 그 설교를 딱딱하고 왠지 거리감이 느껴지는 설교로 받아들일 소지가 크다. 그런 식으로 설교를 하면, 자기 자신과 청중이 똑같이 하나님 앞에 서 있다는 느낌을 주는 설교를 하기 어렵다.

II. 생생하게 그려내듯 설교하기: 설교와 상징

1. 신앙의 모국어는 그림 언어

소녀는 바닷가에 서서
안절부절 긴 한숨을 쉬었네,
그녀의 마음 그렇게도 휘저은 건
저 지는 태양이었네.
나의 소녀여! 슬퍼 마시라
이건 언제나 되풀이되는 풍경이니,
여기 앞에서는 가라앉으나
저기 뒤에서는 돌아오리니.227)

하인리히 하이네(Heinrich Heine, 1797~1856)의 시는 똑같은 현상에 대한 사실적 관찰과 상징적 관찰의 차이를 선명하게 보여준다. 여기서는 어떤 것이 옳은가? 둘 다 나름의 방식으로 옳다고 할 수 있으리라. 지구는 돈다. 그래서 아름다운 일몰은 지구가 자전한 결과이다. 이것은 아이

227) H. Heine, Sämtliche Werke, hg. v. E. Elster, Bd. 1, Leipzig/Wien 1889, 229.

들도 다 아는 사실이다. 하지만 해가 지는 걸 보면서 그 누구도 이렇게 말하지 않는다. "저기 좀 봐. 지구가 도는 모습이 정말 아름답구나!" 그 대신 이렇게 외친다. "해 지는 모습이 정말 아름답구나!" 냉철한 사실 증명이 있는가 하면 심오한 상징적 관찰이 있다. 무엇이 진실인가? 사람과 상황에 따라 때로는 앞의 것, 때로는 뒤의 것에 무게가 실린다.

구약성경에는 우리의 삶과 긴밀하게 관련된 그림 언어가 많이 등장한다. 예컨대 '영혼'을 가리키는 히브리어 '네페쉬'(näfäsh)의 원뜻은 '목구멍'이다. 음식을 넘기고 호흡이 오가는 중요한 곳을 의미한다. 또 어떤 구절에서는 인간의 말과 상징적 행동이 긴밀하게 결합되는 곳도 있다. 특히 히브리 성경의 예언서에는 그런 대목이 많이 나온다. 이사야서는 이스라엘 백성을 '하나님의 포도원' 이미지로 표현한다.(사 5:1 이하) 예레미야는 하나님의 명령을 따라 나무로 만든 멍에를 메고 다님으로써 (렘 27:2 이하) 느부갓네살의 멍에에 대한 설교를 더욱 강하게 부각시킨다. 에스겔은 포로의 행장을 꾸리고 도시를 돌아다님으로써(겔 12:1 이하) 자신의 메시지를 강조한다. 호세아는 자기의 아내와 자녀들까지도 - 오늘날에는 거의 상상할 수도 없는 방식으로 - 예언자의 선포 사역과 결부시킨다.(호 1:2 이하)

신약성경의 경우도 비슷하다. 예수님은 설교를 하시면서 빈번하게 비유, 이미지, 상징을 사용하셨다. 가장 가까운 일상 속에 있는 것을 들어서 청중에게 (그들의 삶의 환경과 그들의 논리에 맞게) 하나님에 대한 것을 가르치셨다. 씨 뿌리는 자의 비유(막 4:1~20 평행), 겨자씨의 비유(막 4:30~34 평행), 잃어버린 양이나 잃어버린 드라크마나 잃어버린 아들에 대한 비유(눅 15장)가 대표적인 예이다. 요한복음에 나오는 '나는 ~이다'라는 말씀도 상징적인 표현을 통해서 그 시대 사람의 세계관이나 인식의 지평을 충분히 고려하고 있다. 이 모든 것을 감안할 때 우리가 분명히 알 수 있는 것은 "예수님도 새로운 삶의 상징, 몸짓, 이미지를 사용하시고 새로운 의미를 만들어내셨다는 사실이다. […] 그분은 화해와 우정의 메시지를 전하셨을 뿐만 아니라 그런 우정의 징표를 보여주셨다. 빵과 포도주, 기름과 물, 축복과 포옹, 발을 씻겨 주심, 모래 위에 쓰심, 먹고 마심과 단식."[228]

교회는 이러한 상징들을 교회의 다양한 방식으로 해석하고 활용해 왔다. 종교개혁의 전통을 내세우는 교회에서는 아주 오랫동안 말씀에만 집중한 나머지 "상징 없는 설교(호르스트 알브레히트[Horst Albrecht])"가 지배적이었다. 반면 로마가톨릭 전통에서는 꽤 오래 전부터 열린 자세로 상징을 받아들이고 설교의 이론과 실제에 적용해 왔다. 하지만 30여 년 전부터는 개신교 진영에서도 성경 수업이나 설교에 상징을 사용하는 데 적극적인 관심을 보이고 있다.[229] 여기에는 당시의 사회적 변화에 따른 교육학적 성찰 외에도[230] 신학적인 깨달음이 중요한 역할을 했다. 복음의 커뮤니케이션은 모든 표현의 형식을 활용하여 하나님에 관해 말하고, 말할 수 없는 것을 말하고, 표현할 수 없는 것을 표현해야 한다. 그러기 위해서는 이미지와 상징의 언어를 거치지 않을 수 없다. 무조건적인 것, 궁극적인 것, 거룩하고 영원한 것에 대해 말하기 위해서는 상징을 사용하지 않을 수 없다. 바야흐로 상징의 언어는 "신앙의 모국어"로 간주

하나님에 관해 말하기 위해서는 상징이 필요하다

---

228) F. Steffensky, Feier des Lebens. Spiritualität im Alltag, Stuttgart 1984, 78.

229) 이런 흐름에 결정적인 기여를 한 것이 1980년대의 **상징교수학**(Symboldidaktik)이다. 가톨릭 쪽에서는 후베르투스 할프파스(Hubertus Halbfas), 개신교 쪽에서는 페터 빌(Peter Biehl)의 종교수업 이론과 실제가 가장 두드러졌다. 이 맥락에서 참조할 만한 또 하나의 중요한 저작으로는 W. Jetter, Symbol und Ritual, Göttingen 1978이 있다.

230) 이와 관련하여 세 가지를 언급할 수 있다. 첫째, 사회의 분위기가 점점 다양해지면서 사람들의 삶의 맥락을 해석하는 일이 점점 어려워졌다. 둘째, 성경에 대한 관심과 지식이 급격히 줄어들면서 말씀을 선포하고 가르치는 일이 한계에 부딪혔다. 셋째, 교육의 과정이란 원칙적으로 폐쇄적인 것이 아니며 단순히 지적인 전달에만 한정되어서는 안 된다는 깨달음이 생겨났다.

되기 시작했다.**231)** 신학자 파울 틸리히(Paul Tillich)는 종교적 상징의 의미와 권리에 대해 이렇게 말했다.**232)** "종교적 상징의 의미를 파악하기 위해 상징의 합리화가 필요하지는 않다. 상징의 의미는 그것이 종교의 언어라는 사실, 종교를 직접적으로 표현할 수 있는 유일한 언어라는 사실이다. 종교에 **대해서**(Über die Religion)는 철학이나 신학의 개념으로도 말을 할 수 있다. 혹은 그 종교적인 것을 예술적인 그림으로 포착하려고 할 수도 있다. 그러나 종교적인 것 자체는 오직 상징으로만 표현될 수 있으며, 혹은 그 상징들이 하나의 통일체로 결합되어 우리가 신화라고 부르는 상징 복합체 안에서만 표현될 수 있다."

여기서 우리가 추구하는 것은 단순히 청중의 집중력을 높이기 위한 목적으로 어떤 구체적인 사물을 내보이는 것이 아니다. 그래서 우리는 먼저 종교적 상징의 중요한 특징 몇 가지를 명확하게 짚어볼 것이다. 특별히 '물'이라는 상징을 가지고 이야기를 풀어나가려고 한다.**233)**

2. 종교적 상징의 다섯 가지 특징

a) 상징은 유한한 세계의 일부이지만 그것 너머의 세계를 보여준다

상징은 다층적인 의미를 지니고 있는 말, 그림, 사물, 행동이다. 상징은 일상적인 현실 이면에 있는 실재를 투명하게 보여준다. 눈에 보이는 것이 눈에 보이지 않는 것을 보게 해준다. 상징은 유한한 세계의 일부이지만 동시에 그것 너머의 세계를 지시한다. 그러나 그 반대도 통한다. 상

---

231) L. Burgdörfer, Symbolisierend predigen, Studienbrief P1 in: Brennpunkt Gemeinde 47. Jg. 1994, Heft 4, 2.

232) P. Tillich, Symbol und Wirklichkeit, Göttingen 1986, 3. 기호(학)에 기대고 있는 학자들은 틸리히의 이러한 상징 개념을 비판한다. 참조: M. Meyer-Blanck, Vom Symbol zum Zeichen. Symboldidaktik und Semiotik, Rheinbach 2003; R. Volp, Zeichen. Semiotik in Theologie und Gottesdienst, München 1982.

233) 이후의 내용은 P. Tillich의 위의 책, 4쪽 이하, 그리고 P. Biehl, Symbole geben zu lernen, Bd II, Neukirchen-Vluyn 1993, 116~171을 참조했다.

징은 비유적인 의미로 풀어볼 수도 있지만, 글자 그대로 이해되어도 무방하다.[234] 엄밀한 학문을 수단으로 진술되는 명료성에 상징적 부가 가치가 추가된다. 그리고 이것이 상징 안에 응축된다. 상징이라는 말의 뜻도 그렇게 새겨볼 수 있다. 그리스어 동사 '심발레인'(symballein)은 '함께 던지다', '결합시키다'라는 뜻이다.

물을 예로 들어 보자. 사전에는 물에 대한 객관적인 정보가 나와 있다. "냄새와 맛이 없는 액체, 얇을 때는 색이 없다. 화학적으로는 수소와 산소의 결합: H_2O, 녹는 점 0℃, 끓는 점 100℃…."[235] 자연과학에서 물은 우리가 사는 데 없어서는 안 될 요소로 규정된다. 그러나 물이라는 단어의 쓰임새를 두루 살펴보면, 상징의 의미 잉여가 드러난다. 수력, 양수, 수질 오염, 성수, 홍수, 수평선, 수자원 부족….

b) 상징은 그것이 지시하는 무한한 세계에 관여한다

상징이 표현하는 것은 말로 표현될 수 있는 세계 너머의 것인 경우가 많다. 인간으로서 우리는 그것을 직감적으로 예감할 수 있을 뿐이다. 상징은 우리보다 큰 어떤 실재를 나타낸다. 우리가 아무리 노력해도 다 파악할 수 있는 실재, 철저하게 알 수 없는 실재와의 접촉으로 인도한다. 상징은 우리에게 위대한 신비를 열어 밝혀 준다. 그 신비는 우리가 그것을 '인식'한 후에도 여전히 신비로 남는다. 신앙과 관련해서는 더더욱 그렇다.

"물 없이는 생명도 없다." 이 말은 글자 그대로도 참이지만 비유적인 의미에서도 참이다. 가뭄이 한창일 때 '샘물'이라는 상징은 생명에 대한 희망을 떠올리게 한다. '강물'이라는 상징은 "모든 것은 흐른다!"라는 메

---

234) 반면 은유(metaphor)는 언제나 비유적으로 이해해야 한다.
235) Das neue Fischer Lexikon, Bd. 10, München 1981, 6387.

시지를 생각나게 한다. 우리 인생의 시간도 생성과 소멸의 흐름 속에 있다. 저 넓고 깊은 바다를 바라보면서 우리는 인생의 저 깊은 곳에 무엇이 있는지, 어떤 보물이 있는지, 어떤 짐이 가라앉아 있는지 생각하게 된다.

또한 물은 필수적인 생존 수단이기에 생존의 토대를 지켜 나가야 할 인간의 책임을 암시하며, 땅 위의 모든 생명이 매순간 기대어 있는 하나님의 축복에 대한 상징이기도 하다. 그래서 구약성경에서 하나님은 "생명의 원천(샘물)"(시 36:10)이시다. 물은 삼위일체 하나님의 이름으로 받은 세례를 떠올리게도 한다. 우주를 창조하시고 지탱하시고 완성하시는 하나님은 예수 그리스도 안에서 우리를 한 명 한 명 인격적으로 대해 주시고 은혜를 베풀어 주신다.

c) 생명은 '생명'을 가지고 있다. 태어나고 죽는다

교통 표지판이나 알파벳 문자 같은 단순한 기호는 얼마든지 새로 발명해낼 수도 있고, 임의로 활용하거나 폐지할 수도 있다. 이러한 기호는 자기가 지시하는 것의 내용과 반드시 일치될 필요는 없다. 그러나 상징은 그 내용과 맞물려 있다. 상징은 그것을 대변하는 기능을 하면서 일종의 라이프스토리를 만들어내기도 한다. 상징은 "태어나고 죽는다."(파울 틸리히) 상징은 의미를 잃어버리고 빛이 바랠 수도 있고 새롭게 의미를 획득하며 주목을 받을 수도 있다. 상징의 의미는 영원히 고정된 것이 아니다.

물은 어느 시대, 어느 문화권에서도 큰 의미를 부여받아 종교적 메시지를 선포하고 신앙의 제의를 수행하는 데 중요한 역할을 했다. 그런 의미에서 물은 지속성이 강한 상징이다. 최근에는 생태계의 위기로 인해 다시금 생명의 상징으로 주목을 받고 있다. 일상 속에서 물에 대한 실존적 의존성이 강하게 부각되면 부각될수록, 물이라는 개념이 신앙의 영역에서 차지하는 상징적 영향력도 강렬해진다.

성경만 보더라도 물과 관련된 구절이 엄청나게 많고 그 의미도 각양 각색이다. 천지창조의 이야기를 보면 하나님의 영이 혼돈의 '물 위'를 운행하신다.(창 1:2~3) 하나님께서 다스리시는 새로운 세상에는 목마른 사람들이 모두 와서 값없이 '생명의 물'을 마실 것이다.(계 22:17) 성경에서 물은 심판과 은혜로 나타나는 하나님의 역사하심과도 밀접하게 연관되어 있다. 그렇기 때문에 물의 상징이 신학적으로 중요한 맥락에서 빈번하게 사용되는 것이다.

d) 상징은 다른 설명이 불가능한 순간에 실재의 의미를 해명한다

우리의 일상 세계는 전반적으로 목표 지향적이고 자연과학적인 사고 및 행동 방식을 지향한다. 그래서 원인과 결과를 따지는 논리적 사고가 일차적으로 요구된다. 그런데 상징은 그야말로 다양한 의미의 세계를 보여줌으로써 우리의 시선이 진리를 향하도록 만들어 주는 힘을 가지고 있다. 표면적인 객관성의 맥락이 지배하는 일상 속에 묻혀 있던 그 진리 말이다. 상징은 지적인 노력이 한계에 부딪힌 바로 그 지점에서 작동하기 시작한다. 상징은 인간에게 대대적으로 말을 건네 온다. 상징은 "생각할 거리를 준다."(폴 리쾨르) 어디 그뿐이랴. 우리가 느낄 수 있는 무엇, 더욱 깊이 이해할 수 있는 무엇을 제공해 준다. 이것은 특히 종교적 상징에 해당되는 말이다. 우리는 거룩한 텍스트와 그림, 거룩한 장소와 만난다. 성스러움 그 자체에 참여한다. 이 모든 일은 인간적인 계획에 따라 일어나는 일이 아니다. 일상적인 사건을 대하면서도 열린 마음으로 그것의 상징적 의미를 받아들이면, 이 세상을 새롭게 해석하고 인생의 의미를 해명해 주는 놀라운 통찰의 세계가 활짝 열린다. 개개인이 그런 체험을 할 수도 있지만, 어떤 공동체나 인류 전체에게도 그런 일이 일어날

다양한 의미의 세계

수 있다.

우리는 물을 마신다. 음식을 만들 때, 몸을 씻을 때, 옷을 빨 때도 물을 쓴다. 물과의 접촉은 대개 아무 생각 없이, 그저 평범한 일상의 흐름에 따라 이루어진다. 그러나 그런 습관적인 만남에 문제가 생기면(자연재해, 수도관 파열), 그제야 한 방울의 물이 얼마나 소중한 것인지 눈을 뜨게 된다.

물이라는 상징은 개개인의 차원에서 꼭 필요한 것이기도 하지만, 인간의 모듬살이와 관련된 여러 가지 지평을 열어 주기도 한다.

- **사회적** 영역("물과 빵만 먹으면서"라는 표현은 죄를 짓고 감옥에서 벌 받는 상태를 가리키는 말이다.)
- **경제적** 영역("물을 어떻게 나눌 것인가?" 혹은 "분할할 것인가?"는 정의 문제를 다루는 맥락에서 등장하는 말이다.)
- **종교적** 영역(모든 생명은 인간이 장악할 수 없는 요인에 지속적으로 의존한다.)

e) 상징의 영향은 단일하지 않다(양면적이다)

틸리히의 주장에 의하면 상징은 "일으켜 세우는, 정돈하는, 무너뜨리는, 파괴적인" 힘을 가지고 있다.[236] 개개인에게도 그렇고 공동체의 경우에도 마찬가지다. 상징은 다양한 만큼 그것이 일으키는 효과도 다양하다. 상징의 기능은 그것을 수용하고 사용하는 공동체에 의해 결정된다. 예컨대 초대교회 공동체는 물고기 상징을 기독교의 인식 표지로 삼

236) P. Tillich, 앞의 책, 5.

았다.[237] 이 상징이 널리 퍼지게 된 것은 사람들인 교회 공동체 안에서 예수 그리스도의 이름으로 이루어지는 영적인 친교와 사회적 배려를 경험했기 때문에, 어려움 속에 놓인 사람들이 그 안에서 하나가 되었기에 가능한 일이었다.

그러나 상징을 사용하면서 나타나는 위험성이 있다는 사실도 짚고 넘어가야 할 것 같다. 20세기 초반의 역사는 상징 악용의 역사, 죽음과 공포로 얼룩진 역사였다. 어떤 사람과 어떤 이미지와 사물이 절대화되고 우상이 되었으며, 인간을 경멸하는 선전과 파괴의 수단으로 사용되었다.

물은 다양한 형태(기체, 액체, 고체)를 취할 수 있다. 그래서 형식 없음의 상징, 변화와 조절의 상징이 되기도 한다. '잔잔한 바다'의 물 이미지는 고요함과 평화의 빛을 발하지만, '성난 바다'는 냉혹한 죽음의 힘을 상징하기도 한다. '신선한 샘물'의 상징은 우리 안에 새로운 힘을 자극한다. 바다 위로 떠오르는 태양은 자유와 생명에 대한 갈망을 일깨운다. '불타는 강물'과 '메마른 우물'과 같은 상징은 생명과 미래에 대한 희망을 무너뜨리고, '갈색의 늪'과 같은 상징은 권력 남용의 위험성과 저항의 당위성을 떠올리게 한다.

성경도 물이라는 상징의 다양한 영향력을 알고 있다. 비는 하나님께서 인간에게 선사하시는 축복의 상징이다.(시 65:11) 그러나 홍수는 하나님의 심판을 나타내는 상징이기도 하다.(창 7:1 이하) 물론 그런 재앙이 다시는 닥치지 않을 것임을 무지개라는 징표를 통해서 알려주신다.(창 8:22) 예수님은 물을 포도주로 변화시키심으로써 철저하게 삶을 긍정하는 분임을 보이신다.(요 2:1~11) 그분은 물로 제자들의 발을 씻겨 주셨

---

237) 물고기를 뜻하는 그리스어 '이히튀스'(Ichthys)는 '예수, 그리스도, 하나님의 아들, 구원자'라는 고백의 축약으로 이해되었다.

다.(요 13:5~6) 우리는 물세례를 통해서 그분의 죽으심, 그분의 부활과 연합한다.(롬 6장)

성경의 여러 구절 안에서 나타난 이러한 다양함 때문에 물의 상징은 어떤 하나의 의미에 얽매이기를 거부한다. 물이 상징하는 것의 해석 가능성과 관련하여 변하지 않는 한 가지가 있다면, 그것은 흐르면서 늘 변화한다는 사실이다.

지금까지 고찰한 것을 요약해 보자. 상징은 유한한 현실 세계의 일부이면서 그 세계를 넘어서는 의미를 지니고 있다. 종교적 상징은 우리의 일상적 실재와 하나님의 실재 사이에서 다리의 기능을 한다. 성경의 상징, 일상 세계에서 찾아낸 상징은 의미의 잉여, 의미의 개방성을 통해 종교적인 것을 독특하면서도 적절하게 표현해내는 형식이다. 그런 상징 없이는 신앙의 체험을 의식하거나 전달하는 것이 불가능하다. 상징은 이성만이 아니라 감정의 세계에도 호소한다. 상징은 인간의 온 존재[全시]를 향한 메시지이다. 상징은 상황과 관련되어 있고 다중적인 의미를 가지고 있기 때문에, 상징을 대할 때는 어떤 해석의 틀 혹은 해석학적 열쇠가 필요하다. 그래야 성공적인 커뮤니케이션이 일어날 수 있다. 종교개혁의 전통에 서 있는 설교자는 루터가 이해의 열쇠로 사용했던 것, 즉 '그리스도를 드러내는 것(was Christum treibet)'을 책임 있는 상징 활용의 가이드라인으로 삼을 수 있을 것이다.

3. 상징 활용을 위한 다섯 가지 규칙

우리는 성경에서, 그리고 일상에서 찾을 수 있는 네 가지 상징 유형을 구분하고자 한다. 그것은 언어적인 것, 이미지적인 것, 대상적 성격을 가

진 것, 행동과 관련된 것이다.**238)**

네 가지 유형은 모두 설교에 활용할 수 있다.

- **텍스트**: 성경의 여러 가지 이야기, 기도문(시편), 예언자적이고 교훈적이고 고백적인 텍스트들.**239)** 예배 의식에 쓰이는 텍스트와 노래, 위대한 문학작품에 등장하는 시, 소설, 노래. 여러 전통에서 유래한 종교적 텍스트, 신문이나 잡지에 나오는 최신 기사.
- **그림**: 종교적인 그림(성화)과 세속적 그림, 그래픽, 판화, 예술 작품 엽서. 사진, 슬라이드 필름, OHP, 영화. 프로젝터를 써서 보여주는 컴퓨터 애니메이션 및 프레젠테이션.
- **사물**: 교회 안에서 찾아볼 수 있는 거룩한 물건과 예술 작품(십자가, 성경, 초, 세례대). 또 여러 가지 물건을 가져올 수도 있다. 예컨대 질그릇 항아리, 오래된 자동차 핸들, 컴퓨터 디스켓, 여러 가지 식물.
- **행동**: 성례전 중의 성스러운 행위. 축복기도, 기름 바르기, 성호 긋기와 같은 (세례, 성만찬 예식이 포함된 예배나 결혼 예배, 장례 예배 등 특별한 예배의 맥락에서 이루어지는) 상징적인 몸짓, 연극, 팬터마임, 춤, 상징적 퍼포먼스, 행진, 침묵시위 등 구체적으로 보여주는 선포의 요소들.

여기 언급한 상징 유형이 모든 선포의 상황, 모든 설교자에게 적당한 것은 아니다. 설교자가 위의 상징을 사용할 때는 항상 그것의 적합성을 세심하게 고려해야 한다. 목적이 수단을 정당화할 수 없기 때문이다. 설

---

238) 참조: A. Lorenzer, Das Konzil der Buchhalter – Von der Zerstörung der Sinnlichkeit, Frankfurt/M. 1992.
239) 기독교교리가 형성되던 초창기에는 신앙고백을 **심볼**(Symbol)이라고 불렀다.

교를 위해, 설교를 하면서 구체적으로 상징을 활용할 때에는 다음과 같
은 규칙에 유의하는 것이 좋다.

a) 하나의 상징, 하나의 상징 세계에 집중하기

우리는 상징이 인생의 깊은 차원을 건드린다고 믿기 때문에, 이런저
런 상징을 뒤섞은 '상징 샐러드'를 차릴 것이 아니라 하나의 상징, 하나
의 상징 세계에 집중하는 것이 필요하다. 우리의 주의를 흐트러뜨리고
방해하는 요소를 최대한 제외시킬 때 비로소 우리는 상징에 대한 깊은
이해에 도달할 수 있다. 상징을 과잉 사용하면 우리의 정신은 분산되어
본질적인 것에 집중하지 못하고 오히려 상징에 싫증을 낼 수도 있다. 게
다가 오늘날 우리는 상징의 인플레이션 속에서 살고 있다고 생각해야
한다. 요즘에는 교회만 상징을 사용하는 것이 아니다. 전자 미디어나 광
고계도 이미 오래 전부터 상징의 위력을 간파하고 그것을 대대적으로
활용하고 있다. 심지어 최근에는 종교적 상징(십자가, 약간 변형된 성경 말
씀, 신부나 수녀의 복장을 입은 모델들)이 광고에 이용되기도 한다. 현대 트
렌드 연구가 마티아스 호르크스(Matthias Horx)는 이렇게 진단한다. "현
대 사회가 교회로부터 등을 돌리면 돌릴수록 일상 문화에서 종교적 상
징이 점점 더 많이 유포된다."240)

점점 사라져 가고 있는 기독교의 상징을 되찾아내고 그것을 교회의
일에 활용하고자 한다면 "적으면 적을수록 낫다!"는 마음가짐으로 실천
하는 것이 중요하다. 그래야만 가장 소중한 것이 제대로 부각될 수 있다.
그러기 위해서는 먼저 설교자 자신이 그 상징에 대한 확신을 가지고 있
어야 한다. 상징 스스로 자신의 의미를 드러낼 것이라는 확신 말이다.

240) M. Horx, Trendbuch II, Düsseldorf 1996, 123.

1982년 가톨릭 신학자 후베르투스 할프파스(Hubertus Halbfas)는 그 당시 막강한 영향력을 행사하고 있던 "주제·문제 지향적 종교 수업"을 신랄하게 비판하면서 자신의 상징 교수학을 집필했다. 그의 비판은 오늘날 설교와 수업 시간을 위해 상징을 사용하려는 사람에게도 그대로 해당되는 말이다.

"이제 남은 것이라고는 조잡스러움뿐이다. 온갖 종류의 매체를 다 써 봤다. 그 매체 나름의 메시지에 귀를 기울이며 조심스럽게 단계적으로 활용하는 것이 아니라, 주어진 주제나 문제 설정 속에서 상당히 낯선 요구에 내맡겨진다. 그래서 수많은 텍스트, 그림, 영화, 음향 등이 그저 '흥미를 유발하는 자료', '시각 학습 자료', '토론의 부속 자료', '적용 사례'쯤으로 오용된다. 그것이 원래 가지고 있던 독특한 가치가 철저하게 희생될 때가 많다. 성경의 본문까지도 이런 운명에 놓이게 된다는 사실이 너무나도 수치스러운 일이다. 성경 본문이 어떤 문제를 거론하는 데 필요한 증거 자료 수준으로 전락해 버리는 것이다. 결과적으로 이런 '매체'의 활용은 어떤 주제나 기능의 측면에서 일어난다. 천편일률적인 견해, 애매모호한 언어, 두루뭉술한 문장이 판을 친다. 어떤 것의 이면에 스며 있는 의미, 행간에 숨어 있는 의미를 찾으려는 노력, 나지막한 목소리와 말로 표현할 수 없는 것을 들으려는 세심한 노력이 거의 사라져버렸다."[241]

b) 상징 속으로 들어가기

너무나 바쁘게 살아가는 사람들, 자꾸만 새로운 자극을 찾는 습관에 빠져 있는 사람들에게는 감각의 자극을 축소시키는 일이 필요하다. 그 래야 상징과 마주하여 깊은 의미의 세계를 발견할 수 있다. 바쁘게 스쳐

241) H. Halbfas, Das dritte Auge, Düsseldorf 1982.

지나가는 시간 속에서는 우리의 실존 깊은 곳의 목소리를 들을 수 없다. 누군가 그것을 강요하면 더 더욱 듣지 못한다. 그러므로 설교자는 설교 중에 느닷없이 어떤 상징을 들고 나와 그것을 회중에게 들이대는 식이 아니라, 서서히 회중을 그 상징의 세계로 안내하는 자세가 필요하다. 예컨대 예배를 시작하는 초대의 멘트를 하면서, 성경 봉독과 설교 사이에 (아주 간단하게) 암시적인 몇 마디의 말을 하는 것이다. 그리고 설교 시간에도 여유 있는 안내자의 모습으로 그 상징을 소개하고 안내한다. 설교자는 회중과 함께 한 걸음씩, 한 걸음씩 설교의 길을 가다가 적절한 자리에서는 휴식을 취하기도 한다.

준비된 환경
　　말씀을 선포하면서 상징을 사용하는 것과 관련하여 그 효과가 입증된 방법으로 이른바 '준비된 환경'이 있다. 이것은 적절하게 예배의 공간을 꾸며놓는 것, 어떤 의미를 담아 좌석을 새롭게 배치하는 것, 거기에 맞는 음악을 사용하는 것 등을 말한다. 이것의 목적은 회중의 주의력과 집중력을 자극하는 것이다. 경험에 비추어볼 때, 이런 작업은 침묵과 명상의 분위기 속에서 훌륭한 성과를 낸다.

　　나는 가나의 혼인 잔치 본문(요 2:1~11)으로 설교("변화는 가능하다")를 준비하면서 예배당 안에 여러 종류의 항아리를 군데군데 세워두었다. 설교단 옆에는 홀쭉한 연단 하나를 가져다 놓았다. 설교를 시작하면서 나는 그 위에 커다란 항아리 하나를 올려놓았다. 마치 명상을 하듯 항아리라는 상징과 우리의 인생 사이에 어떤 연관성을 그려내 보이고자 했다. 회중에게도 그 항아리와 자신 사이에 어떤 내적인 관련성을 찾아보라고 초대했다. 그때 다음과 같은 질문이 중요한 역할을 했다. 우리 인생의 항아리는 무엇으로 만들어졌습니까? 그 안에는 무엇이 들어 있습니까? 우리 인생의 항아리가 위기에 처할 때도 있었습니까? (망치) 나의 삶 속에서도 하나님의 역사하심 덕분에 물이 포도주로 변한 적이 있었습니까? 요즘 그런 변화가 필요한 곳은 어디일까요? 나는 무엇을 할 수 있을까요?

이어서 나는 본문의 이야기가 전해 주는 하나의 메시지에 집중했다. "하나님께서 함께하실 때 변화는 가능하다!"

c) 상징 그 자체의 고유한 힘을 신뢰하기

상징과 긴밀하게 만나기 위해서는 시간이 필요하다. 상징을 가지고 설교를 하는데 설교의 속도가 너무 빠르면 청중은 그 상징과 내용적으로 씨름할 수가 없다. 또 하나 꼭 필요한 것은 설교자가 상징 자체의 고유한 힘을 신뢰하는 것이다. 상징이 스스로 우리에게 말을 건네 온다는 사실, 혹은 하나님의 영이 그 상징을 사용하여 말씀하신다는 사실을 신뢰하는 것이다. 지나치게 성급한 설명, 모든 것을 다 규정하는 설명은 청중의 생각과 감정을 제한시킨다. 조심스러우면서도 기대감으로 가득한 안내의 태도는 청중으로 하여금 그 상징의 의미를 적극적으로 받아들일 수 있도록 도와준다.

설교 중에 상징을 활용하면 무엇보다도 청중의 판타지에 호소할 수 있다. 원래 기대했던 것에서 약간 이탈하는 것은 (예컨대 그 상징을 조금 다른 맥락에 놓아 보는 것은) 새로운 관심을 불러일으키곤 한다. 날카로운 대조는 (완전히 반대되는 성격의 상징을 소개하는 것이라든지, 상징을 부수는 것이라든지) 신선한 충격이 될 수도 있고, 그것을 받아들일 자세가 되어 있는 사람에게는 더 넓은 이해의 지평을 열어 준다. 그러나 이런 모험을 감행하는 설교자는 거부 반응이 나올 수도 있다는 사실을 염두에 두어야 한다.

d) 상징에서 다시 나오기

가나의 혼인 잔치 본문으로 설교하는 사람은 그 설교를 듣는 사람들이 마냥 갈릴리에 남아 있게 해서는 안 된다. 말씀을 선포한다는 것은 오늘에서 출발하여 본문에 이르는 길을 갔다가, 또한 다시 돌아오는 것을 의미한다. 그러므로 책임 있게 상징을 활용하는 설교자는 그 상징과 긴밀하게 만난 청중이 다시 일상 세계로 돌아오는 길을 잘 동반해 주어야 한다. 이것이 제대로 이루어지지 않으면 결국에는 모든 것이 옛 세계에 붙들릴 위험이 있다. 주일예배는 드렸지만 그것이 일상 속의 예배를 위해 이렇다 할 의미를 갖지 못하는 것이다.

일상으로 돌아오는 길을 동반하는 기능 가운데 하나는 그 상징과의 만남의 한계를 지적해 주는 것이다.[242] 그 어떤 텍스트·이미지·상징도 모든 것을 말할 수 없으며, 모든 것을 말할 필요도 없다. 게다가 어떤 상징은 너무나도 상이한 심지어 상반된 방향의 생각들을 불러일으키기 때문에, 설교 시간에 그런 상징을 무분별하게 사용하게 되면 내용상의 혼란을 야기할 수밖에 없다. 예컨대 돌이라는 상징을 사용한다고 해보자. 돌은 견고함과 지속성을 의미하는 긍정적인 상징이 될 수도 있지만, 차가움과 폭력을 의미하는 부정적인 상징이 될 수도 있다. 그러므로 설교자는 자신이 사용할 상징이 복음의 해석 틀에서 어떻게 평가될 수 있는지를 잘 생각해야 한다. 좀 더 구체적으로 말하자면, 그 상징이 예컨대 기독교의 근본 상징인 십자가와 어떤 관계인지를 깊이 생각해 봐야 한다. 한 걸음 더 나아가, 그 상징과의 만남이 개개인의 삶에, 그리고 공동체의 삶에 어떤 전망을 주는지도 고려해 보아야 할 것이다.

상징 속으로 들어갔다가 다시 상징 밖으로 나오는 방법에는 여러 가

---

242) 종교교육학에서는 이것과 관련하여 상징 비판(Symbolkritik)이라는 개념이 자리를 잡았다.

지가 있다. 설교 도중에 예컨대 가나와 작별하는 시간을 갖게 할 수도 있다. 회중에게 미리 종이쪽지를 나누어 주고, 예배 중에 자신이 느낀 바를 종이에 적어서 그것을 가지고 집으로 돌아가게 하는 방법도 있다. 설교자가 어떤 구체적인 제안을 했는데, 그것이 청중과 설교자 자신에게 뭔가 중요한 의미로 남을 수도 있다.

또 다른 방법도 있다. 이번에는 그 예배에 참여한 사람들이 그 상징과 관련된 자신의 신앙 경험을 나누는 시간을 갖는 것이다. 그 상징을 통한 경험을 하나님 앞으로 가지고 나와 기도로 연결시키는 것도 좋은 방법이다.

e) 수확을 확보하기

복음의 선포는 하나님의 약속 아래에 있다. 예배에 참여하는 자는 그 예배를 통해 우리의 삶에 커다란 영향을 주는 깊은 깨달음과 만나게 된다. 그것은 우리가 성경의 말씀을 붙잡고 씨름할 때, 또 그 말씀과 관련된 상징과 씨름할 때 하나님께서 우리에게 선물하시는 깨달음이다. 그런데 이 깨달음이 우리의 일상 속에서 변화의 힘으로 나타나는 것도 영적으로 중요한 과정이다. 심리학의 연구 결과에 따르면, 상징은 어떤 것을 기억나게 해주고 어떤 의미를 더욱 강하게 해주는 기능을 한다. 학습심리학 전문가들은 다음과 같은 연구 결과를 보고했다. 사람이 어떤 내용을 그저 듣기만 하면, 거기서 기억에 남아 있는 것은 20% 미만이다. 듣기에 보기가 추가되면 50% 이상으로 올라간다. 그런데 사람이 직접 그 내용을 말로 해보면 70%가 기억에 남는다. 듣기, 보기, 말하기에 자기의 행동까지 추가되면 기억되는 부분이 90%를 넘을 수 있다고 한

기억과 강화

다.[243] 그러므로 학습심리학의 관점에서 볼 때에도(제4장 참조) 설교에서 해법 찾기의 과정이 지나간 다음, 그 해법을 강화하는 과정이 추가되는 것이 좋다.

예를 들어, 설교 때 활용한 그 상징(미니어처 항아리. 작은 고리에 "변화는 가능하다 - 요 2:1~11"이라고 새겨 넣음)을 예배 후 회중에게 나눠 준다. 책상 위 컴퓨터 옆에 놓인 그 작은 항아리를 볼 때마다 설교의 내용이 심화될 수 있도록 하기 위함이다. 설교 도중에 그 상징 메시지를 심화할 수 있는 구체적인 실천을 제안하는 것도 좋다. 예컨대 이런 것을 제안할 수 있다.

행위의 측면 제시하기

- 그 지역에서 진행하고 있는 프로젝트에 교우들이 동참하기
- 가까운 어린이 놀이터에서 자원봉사 놀이 팀을 꾸려 운영하기
- 나이지리아에 있는 교회와 자매결연하기

지금까지 우리는 설교 중에 상징을 활용할 수 있는 가능성에 대해서 알아보았다. 우리는 상징 활용의 긍정적인 가능성을 인정하면서도 이런 시도의 한계도 분명히 알아야 한다. 요즘 우리가 신앙인들의 침묵에 대해서 여러 가지로 문제를 토로하고 있는데, 상징을 그런 문제 극복을 위한 만병통치약처럼 생각하는 것은 경계해야 한다. 그러나 상징 언어는 신앙의 모국어로서 복음의 커뮤니케이션, 즉 하나님의 현존을 이 세상에서 명료하고 타당하게 증언하는 일을 위해 없어서는 안 될 중요한 자산이다.

243) 참조: K. Witzenbacher, Praxis der Unterrichtsvorbereitung, München 1994.

Ⅲ. 유머러스하게 설교하기: 웃음은 건강하다.
    설교에서도 마찬가지!

기독교, 특히 개신교는 유머하고는 그다지 친하지 않은 것으로 알려져 있다. 프리드리히 니체는 기독교인들을 향해서 이런 비판을 했다. "그들은 나에게 더 나은 노래를 불러 주어 내가 그들의 구원자를 믿을 수 있도록 해야 했다. 그의 제자들의 모습이 좀 더 구원받은 사람 같아 보였어야 했다."244) 쉽게 반박하기 어려운 예리한 비판이다. 많은 기독교인들이 (신앙, 하나님, 교회와 관련된) 유머에서는 비교적 인색한 까닭은 일단 구약과 신약 성경에서 찾아볼 수 있을 것 같다.245)

히브리 성경에서는 하나님이 웃으신다는 표현이 거의 나오지 않는다. 나온다 하더라도 그것은 어리석은 인간의 계획에 대한 조롱의 웃음일 뿐이다.(시 2:37, 59:9) 다른 한편 구약성경은 유대인의 위대한 조상 이삭에 대한 이야기에서 유머러스한 면모를 보이기도 한다. 이삭이라는 이름(히브리어 '이츠하크'는 '그가 웃었다'는 뜻)은 창세기 17장 15~21절과 18장 1~15절의 이야기로 거슬러 올라간다. 아브라함과 사라는 노년에 아들을 약속받았으며 그 약속에 웃음으로 반응했다. 그러므로 이 웃음은 구약의 역사, 곧 구원의 역사를 썼다고 말할 수 있을 것이다.

신약성경에서도 유머와 관련된 내용은 쉽게 찾을 수가 없다. 누가복음 6장 21절을 보면 예수께서 지금 우는 자에게 웃음을 약속하시는 부분이 나오는데 바로 그 다음에는 지금 웃는 자에게 무서운 경고의 말을 던

성경 속의 유머

244) F. Nietzsche, Von den Priestern. In: Also sprach Zarathustra Ⅱ(1883), Kritische Studiena-
    usgabe, Neuausgabe, München 1999, 118.
245) 성경에는 익살이나 농담 같은 장르가 거의 없다고 말해도 과언이 아니다. 참조: W. Thiede, Das
    verheißene Lachen, Humor in theologischer Perspektive, Göttingen 1986, 106~114; L. Kretz,
    Witz, Humor und Ironie bei Jesus, Olten 1981.

지신다.(눅 6:25) 그리스 교부 요한 크리소스토무스는 예수께서 한 번도 웃으신 적이 없다고 주장했다. 비록 성경이 명시적으로 그런 얘기는 하지 않지만,[246] 가나의 혼인잔치 같은 축제는 결코 슬픔의 축제가 아니었을 것이다. 산상수훈의 마지막에 나오는 집 짓는 자의 비유는 자세히 들여다보면 - 다른 비유들의 경우에도 그럴 때가 종종 있는데 - 아주 재미있는 풍자의 요소가 배어 있다.

성경에 웃을 만한 내용이 많지 않은 것은 사실이다. 그러나 해방된 사람의 기쁨, 구원의 환희에 관한 내용은 웃음을 내포하고 있다고 봐도 괜찮을 것 같다.[247] 철학자이자 기독교 저술가인 쇠렌 키르케고르는 요한일서 5장 4절에 기대어 이런 문장을 남겼다고 한다. "유머는 […] 세상을 이긴 기쁨이다." 미국의 신학자 라인홀드 니버(Reinhold Niebuhr)도 유머와 신앙의 긴밀한 관계에 대해 이렇게 말한다.[248]

유머와 신앙

유머와 신앙의 친밀한 관계는 그 둘이 우리 실존의 모순을 붙잡고 씨름한다는 사실에서 나온다. 유머는 인생의 직접적인 모순과 관계가 있다. 신앙은 궁극적인 모순과 관계된다. 그 둘에게서 인간 정신의 자유로움이 드러나며, 인생의 맥락 너머를 생각할 수 있는 능력, 인간 자신을 넘어서서 실재를 총체적으로 조망할 수 있는 능력이 드러난다. 그렇게 총체성을 보게 되면 우리가 삶의 모순을 어떻게 대해야 하는지도 알 수 있게 된다. 우리

---

246) 티데(W. Thiede)는 이런 특징을 다음과 같이 설명한다. 복음서는 "예수님에게서 두드러지게 나타나는 본질적 특징, 즉 함께 아파함"에 집중하면서 비교적 진지한 이미지의 예수님을 그려내고 있다. "예수께서는 함께 아파하면서 철저하게 사람들의 편에 서셨고, 특별히 자연 재앙과 기근과 질병과 죽음 때문에 고통당하는 사람들, 더 나아가 하나님 때문에 고통당하는 사람들의 편에 서셨다. 그분의 이러한 삶은 결국 십자가에 이르는 삶이었다. 그런데 그분의 원수들은 웃는 자들이었다. 물론 그 웃음은 쓰고 매정한 웃음이었다."(위의 책, 40)

247) 참조: H. Cox, Das Fest der Narren. Das Gelächter ist der Hoffnung letzte Waffe, Berlin/Stuttgart 1970; J. Moltmann, Die ersten Freigelassenen der Schöpfung. Versuche über die Freude an der Freiheit und das Wohlgefallen am Spiel, München 1976.

248) R. Niebuhr, Discerning the Signs of the Times, New York 1946, 111 이하.

는 삶을 이해하려고, 또 그 삶 속에서 나의 위치를 이해하려고 온갖 노력을 하지만 결국에는 무의미함과 모순에 맞닥뜨리게 된다. 그것은 총체성에 대한 깔끔하게 정돈된 이미지에 맞지 않는다. 웃음은 우리에게 본질적으로는 큰 영향을 미치지 못하는 직접적인 모순들에 대한 우리의 반응이다. 신앙은 우리 인생의 의미 자체를 위협하는 궁극적인 모순에 대한 반응, 곧 유일하게 가능한 반응이다.

우리는 앞에서도 예배 중에 한 번쯤은 웃을 일이 있어야 한다고 말했다. 그렇다고 예배와 설교의 엄숙함을 반대하는 것은 아니다. 그러나 유머러스한 한 마디가 '구원의 웃음'으로서 긴장된 분위기를 풀어 주고,[249] 때로는 '정확한' 분석보다 잘 고른 만화 한 컷이나 적절한 농담이 어떤 내용을 훨씬 효과적으로 각인시켜 주는 것을 한 번도 경험해 보지 못한 사람은 없을 것이다. 웃음은 사람과 사람을 이어 주고, 긍정적인 학습 분위기를 만들어 준다. (깔깔대며 웃는 웃음이 아닌) 웃음은 예배와 설교 도중에도 어떤 중요한 내용에 대한 집중력을 높여 줄 수 있다.[250] 어떤 농담이나 짧은 드라마를 보면서 자기도 직접 웃을 수 있는 사람, 그리고 "네가 바로 그 사람이다!"(삼하 12:7)라는 말의 의미를 깨달을 수 있는 사람은 유머가 얼마나 중요한지 알고 있다. 특히 뭔가 비판적인 말을 해야 하는 상황에서는 더 더욱 그러하다.

설교 중에 유머를 활용하고자 하는 사람이 늘 조심해야 할 것이 있다. 농담과 재담으로 웃음의 불꽃을 일으켜 보려고 했으나 오히려 난처한 상황이 될 때가 있기 때문이다. 어떤 이야기나 상징을 사용할 때도 비슷한 문제를 조심해야 한다. 늘 신중하게 소재를 고르고, 적절한 만큼만 사

---

249) 이것은 미국의 사회학자 피터 버거가 쓴 책의 제목이기도 하다. P. L. Berger, Redeeming Laughter: The Comic Dimension of Human Experience, Berlin/New York 1997.

250) 똑같은 것이 '목회상담'에도 적용된다. 참조: P. Bukowski, Humor in der Seelsorge, eukirchen-Vluyn/Wuppertal 2001.

용하고, 딱 알맞은 순간에 적용해야 하는 것이다.

이 장을, 그리고 이 책을 마무리하면서 격려의 의미로 독일의 유명한 배우이자 작가였던 한스 디터 휘시(Hans-Dieter Hüsch)가 시편 31편에 기대어 만든 시 한 편을 나누고자 한다.[251]

나는 즐거워라
구원받아
자유로워라
주님 손으로 붙드셨네, 나의 시간
나의 느낌, 생각
듣는 것, 말하는 것
나의 승리
그리고 실패
슬픔
그리고 부드러움

무엇이 나를 이렇게 기쁘게 하는가
나의 자그마한 세상에서
나는 노래하고 이리저리 춤추나니
어머니 뱃속에서부터 무덤에 묻힐 때까지

무엇이 나를 이렇게 대담하게 하는가
그 수많은 어둠의 나날
나의 맘에 찾아온 그 영혼이
나를 한평생 이끌어 주시려 하나니

251) H.–D. Hüsch, Das Schwere leicht gesagt, Düsseldorf 1991, 45.

무엇이 나를 이렇게 걱정 없이 살게 하며
슬픔이 나를 지배하지 못하도록 하는가
나의 하나님께서 내게 웃음을 가르쳐 주시니
세상 모든 것에 웃게 하시기 때문이로다.

Ⅰ. 설교의 토대

1. 설교학 자료 모음

Albrecht, C./Weeber, M. (Hg.), Klassiker der protestantischen Predigtlehre, Tübingen 2002.

Beutel A./Drehsen V./Müller H.-M. (Hg.), Homiletisches Lesebuch, 2., erg. Aufl., Tübingen 1989.

Beutel, A./Drehsen V./(Hg.), Wegmarken protestantischer Predigtgeschichte, Tübingen 1999.

Engemann, W./Lütze, F.M.(Hg.): Grundfragen der Predigt. Ein Studienbuch, Berlin 2006.

Handbuch der Predigt, bearbeitet von K.-H. Bieritz u. a., Berlin 1990.

Wintzer, F. (Hg.), Predigt, Texte zum Verständnis der Predigt in der Neuzeit, München 1989.

2. 설교학 기본 교재

Bohren, R., Predigtlehre, 6. Aufl., München 2002. 루돌프 보렌 지음, 박근원 옮김, 「설교학 원론」, 대한기독교출판사, 1979.

Brinkmann, F. T., Praktische Homiletik. Ein Leitfaden zur Predigtvorbereitung, Stuttgart u. a. 2000.

Bub, W., Evangelisationspredigt in der Volkskirche, Stuttgart 1990.

Bukowski, P., Predigt wahrnehmen, 4. Aufl., Neukirchen-Vluyn 1999.

Buttrick, D., Homiletics. Moves and Structures, Philadelphia 1987.

Dannowski, H. W., Kompendium der Predigtlehre, 2. Aufl., Gütersloh 1990.

Dennecke, A., Persönlich predigen. Anleitungen und Modelle für die Praxis, Gütersloh 1979.

Engemann, W., Einführung in die Homiletik, Tübingen/Basel 2002.

Eslinger, R., The Web of Preaching. New Options in Homiletic Method, Nashville 2002.

Garhammer, E./Schöttler H.-G., Predigt als offenes Kunstwerk, München 1998.

Herbst, M.,/Schneider, M., ··· wir predigen nicht uns selbst. Ein Arbeitsbuch zur Predigt- und Gottesdienstvorbereitung, Neukirchen-Vluyn 2001.

Hirschler, H., Biblisch predigen, 3. Aufl., Hannover 1992.

Josuttis, M., Gesetz und Evangelium in der Predigtarbeit. Homiletische Studien (1969), überarb. Neuaufl., Gütersloh 1995.

Kerner, H. (Hg.), Predigt in einer polyphonen Kultur, Leipzig 2006.

Klippert, W., Vom Text zur Predigt. Grundlage und Praxis biblischer Verkündigung, 5. Aufl., Wuppertal 2006.

Meyer zu Uptrup, K., Gestalthomiletik. Wie wir heute predigen können, Stuttgart 1986.

Möller, C., Seelsorglich predigen. Die parakletische Dimension von Predigt, Seelsorge und Gemeninde, 3. Aufl., Waltrop 2003.

Müller, H. M., Homiletik, Berlin/New York 1996.

Nembach, U., Predigen heute - Ein Handbuch, 2. Aufl., Stuttgart u. a. 2000.

Nicol, M., Einander ins Bild setzen. Dramaturgische Homiletik, Göttingen 2002.

Nicol, M./Deeg, A., Im Wechselschritt zur Kanzel. Praxisbuch Dramaturgische Homiletik, Göttingen 2005.

Pohl, A., Anleitung zum Predigen, 3. Aufl., Wuppertal/Kassel 1976.

Reuter, I., Predigt verstehen. Grundlagen einer homiletischen Hermeneutik, Leipzig 2000.

Stadelmann, H., Evangelikale Predigtlehre. Plädoyer und Anleitung für die Auslegungspredigt, Haan 2005.

Theißen, G., Zeichensprache des Glaubens, Gütersloh 1994.

Thiele, M., Geistliche Beredsamkeit. Reflexionen zur Predigtkunst, Stuttgart 2004.

Trillhaas, W., Einführung in die Predigtlehre, 5. Aufl., Darmstadt 1991.

Trillhaas, W., Evangelische Predigtlehre, Nachdruck der 2. erw. Auflage, Waltrop 2004.

V. d. Geest, H., Du hast mich angesprochen. Die Wirkung von Gottesdienst und Predigt, 3. Aufl., Zürich 1990.

Wilson, P. S., The Practice of Preaching, Nashville 1995.

Zerfaß, R., Grundkurs Predigt, Bd. 1/Bd. 2, Düsseldorf 1997/2002.

3. 설교의 언어와 수사학

Grözinger, A., Die Sprache des Menschen, München 1991.

Josuttis, M., Rhetorik und Theologie in der Predigtarbeit, München 1985.

Otto, G., Predigt als rhetorische Aufgabe, Neukirchen-Vluyn 1987.

______ , Rhetorische Predigtlehre, Leipzig 1999.

Schulz von Thun, F., Sich verständlich ausdrücken. (Lernmaterialien), 5. verb. Aufl., München 2002.

Tucholsky, K., Ratschläge für einen schlechten Redner, in: Ders., Gesammelte Werke, Bd.

8, Reinbek 1975, S. 290-292.

Wagner, E., Rhetorik in der christlichen Gemeinde, 2. Aufl., Göttingen 2001.

4. 기호와 언어 행위에 대한 논의

Austin, J. L., Zur Theorie der Sprechakte, Ditzingen 2002.

Eco, U., Das offene Kunstwerk, Frankfurt/M., 9. Aufl. 2002. 움베르토 에코 지음, 조형준 옮김, 「열린 예술 작품」, 새물결, 2006.

Engemann, W., Semiotische Homiletik, Prämissen - Analysen - Konsequenzen, Tübingen. u. a. 1993.

Grözinger, A., Praktische Theologie und Ästhetik, 2. Aufl., München 1991.

Luther, H., Predigt als Handlung. Überlegungen zur Pragmatik des Predigens. In: Zeitschrift für Theologie und Kirche 80.Jg. (1983), S. 223ff.

5. 설교 사건의 심리학적 측면

Engemann, W., Persönlichkeitsstruktur und Predigt, 2. Aufl., Berlin 1992.

Münzberger, L./Ruthe, R., Typen und Temperamente, 5. überarb. Aufl., Moers 2006.

Piper, H.-C., Kommunizieren lernen in Seelsorge und Predigt, Göttingen 1981.

Riemann, F., Grundformen der Angst, 37. Aufl., München/Basel 2006. 프리츠 리만 지음, 전영애 옮김, 「불안의 심리」, 문예출판사, 2007.

Riess, R., Zur pastoralpsychologischen Problematik des Predigers, Wiederabdruck in: Beutel, A. u. a. (Hg.), Homiletisches Lesebuch, a. a. O., S. 156-176.

Schulz von Thun, F., Miteinander reden 1: Störungen und Klärungen, Reinbek 1981.

______ , Miteinander reden 2: Stile, Werte und Persönlichkeitsentwicklung, Reinbek 1989.

______ , Miteinander reden 3: Das "innere Team" und situationsgerechte Kommunikation, Reinbek 1998 (Sonderausgabe: Miteinander reden 1-3, Reinbek 2006).

Watzlawick, P./Beavin, J. H./Jackson, D. D., Menschliche Kommunikation, 10. Aufl., Bern/Stuttgart/Wien 2000.

6. 예배와 설교

Baltruweit, F./Ruddat, G., Gemeinde gestaltet Gottesdienst, Gütersloh 2002.

Bieritz, K.-H., Das Kirchenjahr. Feste, Gedenk- und Feiertage in Geschichte und Gegenwart, 7. aktualisierte Aufl., München 2005.

______ , Liturgik, Berlin/New York 2004.

Douglass, K., Gottes Liebe feiern, 2. Aufl., Emmelsbüll 2000.

Domay, E./Köhler, H. (Hg.) Der Gottesdienst. Liturgische Texte in gerechter Sprache,

Bd. 1: Der Gottesdienst/Bd. 2: Das Abendmahl/Bd. 3: Die Psalmen/Bd 4: Die Lesungen, Gütersloh 1997f.

Fischer, H., Gottesdienst praktisch. 3, neu bearb. Aufl., Göttingen 2001.

Grethlein, Chr., Grundfragen der Liturgik. Ein Studienbuch zur zeitgemäßen Gottesdienstgestaltung, Gütersloh 2001. 크리스티안 그레트라인 지음, 김상구 옮김, 「예배학 개론」, 기독교문서선교회, 2006.

______ , / Ruddat, G. (Hg.), Liturgisches Kompendium, Göttingen 2003.

Josuttis, M., Der Weg in das Leben. Eine Einführung in den Gottesdienst auf verhaltenswissenschaftlicher Grundlage, 2. Aufl., Gütersloh 1993.

______ , Die Einführung in das Leben. Pastoraltheologie zwischen Phänomenologie und Spiritualität, 2. Aufl., Gütersloh 2004.

Kabel, T., Handbuch Liturgische Präsenz, Bd. 1: Zur praktischen Inszenierung des Gottesdienstes/Bd. 2: Zur praktischen Inszenierung der Kasualien, Gütersloh 2002/2007.

Lange, E., Chancen des Alltags, Überlegungen zur Funktion des Gottesdienstes in der Gegenwart, 2. Aufl., München 1984.

Mildenberger, I./Ratzmann, W., Klage – Lob – Verkündigung. Formen und Funktionen gottesdienstlicher Musik, Leipzig 2004.

Mozer, T., Begeistert Gott feiern. Liturgie verstehen und gestalten, Göttingen 2005.

Schilson, A./Hake, J., Drama "Gottesdienst". Zwischen Inszenierung und Kult, Stuttgart u. a. 1998.

Schmidt-Lauber, H.-C./Meyer-Blanck, M./Biertiz, K.-H. (Hg.), Handbuch der Liturgik. Liturgiewissenschaft in Theologie und Praxis der Kirche, 3. vollst. überarb. und erg. Aufl., Göttingen 2003.

7. 설교 발표

Damblon, A., Frei predigen. Ein Lehr- und Arbeitsbuch, Düsseldorf 1991.

______ , Kleine Sprech- und Gesprächserziehung für kirchliche Mitarbeiter, Düsseldorf 1993.

Lehnert, V., Kein Blatt vor'm Mund. Frei predigen lernen in sieben Schritten, Neukirchen-Vluyn 2006.

Lodes, H., Atme richtig!, München 2000.

Wiedenmann, R.-D. u. a., Der Rhetorik-Trainer. Reden lernen für Gemeinde und Beruf, 2. Aufl., Haan 2004.

8. 설교 평가 – 경험적 설교 연구

Bohren, R./Jörns, K.-P. (Hg.), Die Predigtanalyse als Weg zur Predigt, Tübingen 1989.

Dahm, K. W., Hören und Verstehen. Kommunikationssoziologische Überlegungen zur gegenwärtigen Predigtnot. In: Predigtstudien, IV/2, Stuttgart/Berlin 1970 (Wiederabdruck in: Beutel, A. u. a. (Hg.) Homiletisches Lesebuch, a.a.O., S. 242-252).

Daiber, K.-F. u. a., Predigen und Hören. Ergebnisse einer Gottesdienstbefragung, Bd. 2: Kommunikation zwischen Predigern und Hörern, München 1983.

Eickhoff, K., Die Predigt beurteilen, Neukirchen-Vluyn 1998.

Piper, H.-C., Kommunikation und Kommunikationsstörungen in der Predigt, Göttingen 1976 (Wiederabdruck in: Wintzer, F., Predigt, a.a.O., S. 232-244).

Rothermundt, J., Der Heilige Geist und die Rhetorik. Theologische Grundlinien einer empirischen Homiletik, Gütersloh 1984.

II. 실제 설교를 위한 안내

1. 설교와 이야기

Beck, 1. (Hg.), Vorlesebuch Ökumene, Geschichten vom Glauben und Leben der Christen in aller Welt, Lahr 1991,

De Vries, S. und R. (Hg.), Erzählbuch Gottesdienst, Bd. 1/Bd. 2, 2. Aufl., Haan 1997/2002.

Egli, A., Erzählen in der Predigt. Untersuchungen zu Form und Leistungsfähigkeit erzählender Sprache in der Predigt, Zürich 1995.

Hoffsümmer, W. (Hg.), Kurzgeschichten. Bd. 1-8, München 2006.

Kreitzscheck, D., Zeitgewinn. Theorie und Praxis der erzählenden Predigt, Leipzig 2004.

Neidhart W./Eggenberger, H. (Hg.), Erzählbuch zur Bibel, Bd. 1, 6. Aufl./Bd. 2, 2. Aufl./ Bd. 3, Lahr/Düsseldorf 1990/1993/1997.

Steinwede, D. (Hg.), Neues Vorlesebuch Religion, Bd. 1/Bd. 2, Lahr 1996/1997.

_____ , / Ruprecht, S. (Hg.), Vorlesebuch Religion, Bd. 1/Bd.2/Bd. 3, 2. Aufl., Lahr/ Düsseldorf 1992f., Registerband, 2. Aufl., 1994.

Jürgensen, E., Frauen und Mädchen in der Bible. Ein Vorlesebuch für Schule und Gemeinde, Lahr 1997.

Uhle, H. J., Geschichten erzählen in Predigt und Gottesdienst. In: Pastoraltheologie 1997, S. 274ff.

2. 세계 문학과 성경적 선포

Brecht, B., Kalendergeschichten, Frankfurt/M. (1953) 2003.

Hebel, J. P., Kalendergeschichten, München 2000.

Kuschel, K.-J., Jesus im Spiegel der Weltliteratur, Düsseldorf 2007.

Vinçon, H. (Hg.), Osterfreude, Erzählungen und Gedichte zum Ostergeschehen, 2. Aufl., Gütersloh 2002.

Ders. (Hg.), Spuren des Wortes, Bd1./Bd.2/Bd.3, Stuttgart, 1988/1989/1990.

Waggerl, H., Kalendergeschichten, Frankfurt/M. 1994.

3. 상징, 그림, 물체를 활용한 생동감 있는 설교

Bäcker, R., Bildbegegnungen 2000-2003, Frankfurt/M. 2000ff.

Beer, U., Was Farben uns verraten, 5. Aufl., Herbolzheim 2004.

Biehl, P./Hinze, U./Tammeus, R., Symbole geben zu lernen Bd.1/Bd, 2, 2. Aufl., Neukirchen-Vluyn 1991/1993.

Biehl, P., Festsymbole, Neukirchen-Vluyn 1999.

Dannowski, H.-W./Sand, G., Im Anfang das Bild. Predigten und Denkanstöße zu moderner Kunst, Gütersloh 2006.

Domay, E., Vorlesebuch Symbole, 2. Aufl., Lahr/Düsseldorf 1990.

Früchtel, U., Mit der Bible Symbole entdecken, Göttingen 1991.

Goecke-Seischab, M., Von Klee bis Chagall, Kreativ arbeiten mit zeitgenössischen Graphiken zur Bible, München/Stuttgart 1994.

Goldschmidt, S., Gottesdienste mit Symbolen, 2. durchges. Aufl., Göttingen 2005.

Grün, A., Der Himmel öffnet sich – Mit Bildern beten, Würzburg 1994.

Hoffsümmer, W. (Hg.), 122 Symbolpredigten durch das Kirchenjahr. Für Kinder, Jugendliche und Erwachsene, Mainz 1992.

______ , (Hg.), 88 Symbolpredigten durch das Kirchenjahr. Für Erwachsene, Jugendliche und Kinder, Mainz 1995.

______ , (Hg.), Anschaulich verkündigen, 30 Iden zur kreativen Gottesdienstgestaltung, Mainz 1998.

Möller, Chr., Ich singe dir mit Herz und Mund. Liedauslegungen, Liedmeditationen, Liedpredigten, Stuttgart 1997.

Ott, M., Bewegte Botschaft. 35 Liedtänze, Zürich 1998.

Riedel, I ., Farben in Religion, Gesellschaft, Kunst und Psychotherapie, 2. Aufl., Stuttgart 1999.

______ , Bilder in Psychotherapie, Kunst und Religion. Ein Schlüssel zur Interpretation,

Stuttgart 2005.

4. 설교와 유머

Berger, P. L., Erlösendes Lachen, New York/Berlin 1998.

Bukowski, P., Humor in der Seelsorge. Eine Animation, Neukirchen-Vluyn 2001.

Müller, B., Um Himmels willen. Karikaturen zum Thema Kirche und Religion. Ein Arbeitsbuch, 2. Aufl., Stuttgart/München 2002.

Kretz, L., Witz, Humor und Ironie bei Jesus, 2. Aufl., Olten 1982.

Ruddat, G./Schroeter, H. (Hg.) Kleiner kabarettistischer Katechismus, Rheinbach 2001.

Thiede, W., Das verheißene Lachen. Humor in theologischer Perspektive, Göttingen 1986.

5. 예배와 설교를 위한 창조적인 요소들

Becker, J. (Hg.), Praxisbuch Anspiele 3, Stuttgart 1996.

Beutel, M./Heinze, C., Gottesdienste kreativ gestalten, Wuppertal/Kassel 1996.

Beutel, M./Ellwanger, K./Heinze, C., Gottesdienste kreativ gestalten Ⅱ, Wuppertal/Kassel 1998.

Bittlinger, C./Vogt, F., Die Sehnsucht leben. Gottesdienst – neu entdeckt, München 1999.

Douglass, K., Gottes Liebe feiern, 2. Aufl., Emmelsbüll 2000.

Grün, A., Geborgenheit finden – Rituale feiern, Stuttgart 2002.

Kimball, D., Emerging Church. Die postmoderne Kirche. Spiritualität und Gemeinde für neue Generationen, Asslar 2005.

Kirchhoff, C./Grube, A., Gottesdienst Impulse. Konzepte, Modelle und Bausteine für eine situationsgerechte Gottesdienstarbeit, Bochum 2004.

Magin, C./Schwier, H., Kanzel, Kreuz und Kamera, Impulse für Gottesdienst und Predigt, Leipzig 2005.

Mette, J., Impulsbuch Offener Gottesdienst, 2. Aufl., Haan 2002.

Pohl-Patalong, U., Bibliolog. Gemeinsam die Bibel entdecken – im Gottesdienst – in der Gemeinde – in der Schule, Stuttgart u. a. 2005.

<h1 align="center">Ⅲ. 추천할 만한 설교집과 설교묵상집</h1>

Berger, K., Wie ein Vogel ist das Wort. Wirklichkeit des Menschen und Parteilichkeit des Herzens nach Texten der Bibel, Stuttgart 1987.

Bohren, R., Der Ruf in die Herrlichkeit, Waltrop 2002.

Engemann, W., Ernten, wo man nicht gesät hat. Rechtfertigungspredigt heute, Bielefeld 2001.

Josuttis, M., Offene Geheimnisse. Predigten, Gütersloh 1999,

______ , Wirklichkeiten der Kirche. Zwanzig Predigten und ein Protest, Gütersloh 2003.

Iwand, H.-J., Predigt-Meditationen, Bd. Ⅰ u. Ⅱ, Göttingen 1963.

Jüngel, E., Predigten, Bd. Ⅰ-Ⅳ, München/Stuttgart 1968-2004.

Rad, G. v., Predigten, München 1972.

Sölle, D./Steffensky, F., Löse die Fesseln der Ungerechtigkeit. Predigten, Stuttgart 2005.

Theißen, G., Erlösungsbilder, Gütersloh 2002.